미디어, 종교로 상상하다

미디어, 종교로 상상하다

박진규 지음

컬처룩 미디어 총서 031

culture look

컬처룩 미디어 총서 031
미디어, 종교로 상상하다

지은이 박진규
펴낸이 이리라

책임편집 이여진
편집 하이픈
표지 디자인 엄혜리

2023년 4월 25일 1판 1쇄 펴냄

펴낸곳 컬처룩
등록 번호 제2011-000149
주소 03993 서울시 마포구 동교로 27길 12 씨티빌딩 302호
전화 02.322.7019 | 팩스 070.8257.7019 | culturelook@daum.net
www.culturelook.net

ISBN 979-11-92090-17-7 94300
ISBN 979-11-85521-06-0 (세트)

culturelook

차례

머리말 9

1장 미디어에 종교를 묻다 15

오늘날 종교는 여전히 필요한가 | 미디어와 종교

2장 매개 종교란 무엇인가 27

종교란 무엇인가 | 종교는 무엇을 하는가 | 종교는 제도 종교에만 머물지 않는다 | 종교와 '종교적인 것' | 종교를 발견하는 새로운 장소 미디어 | 매개 종교

3장 재난, 종교, 세속 사제 51

재난과 종교, 그리고 미디어 | 코로나19, 제도 종교의 위기 | 세속주의 저널리즘이 말하는 종교 | (신흥) 종교에 대한 타자화 | 저널리즘이 규정하는 종교의 일탈 | 미디어의 제도 종교 비판에서 발견한 것 | 재난 속 종교의 역할과 시민 종교 | 세월호와 '세속 사제'

4장 저널리즘 미디어는 종교를 어떻게 볼까 87

종교, 비판을 넘어 무관심으로 | 저널리즘의 종교 보도 규범 | 일간 신문의 종교 기사 | 다큐멘터리 제작진의 전문직 규범 | 종교에 대한 미디어의 비판을 이해하려면

5장 종교는 미디어를 어떻게 볼까 115

미디어의 비판에 대응하는 종교 | 보수 개신교가 미디어의 비판에 대응하는 방식 | 한국 보수 개신교의 미디어관 | 제도 종교의 미디어관과 '매개 종교'

6장 미디어 속 '종교 영웅': 선종, 열반, 소천의 내러티브 137

종교에 대한 미디어의 '칭찬' | '종교 영웅' 신화 | 종교 영웅의 인생 여정 | 종교 영웅이 상징하는 가치 | 종교 영웅 신화로 읽는 기대

7장 미디어는 어떤 종교를 바라는가 155

종교에 기대되는 '대안성'이란 | 프란치스코 교황 방한 | 교황을 매개하는 기사 | '지저스웨거' 비와이 | 일시 유예된 청년 세대의 반反개신교 정서 | 한국 사회에서 종교가 제공할 대안성의 요체

8장 미디어가 초자연 현상을 이야기하는 법 179

넷플릭스 드라마 〈지옥〉과 초자연성 | 현대 사회에서 '종교적인 것'의 자리 | 초자연적 존재가 등장하는 판타지 드라마 | 텔레비전 드라마가 초자연적 존재를 다루는 방식 | 일상성과 초자연성의 절충이 만드는 정치적 효과

9장 '힐링' 문화를 다시 읽다 205

힐링 열풍 | 얄팍한 위로로서의 힐링 | 혜민 스님의 힐링 | 힐링 문화에 대한 또 다른 해석 | 매개 종교와 '상상'

10장 미디어, 종교로 상상하다 231

"오늘날 종교는 여전히 필요한가?" | 매개 종교에 드러난 세속 사회의 기대 | 다른 세상을 상상케 하는 종교 | 미디어는 종교를 통해 새로운 세상을 상상한다

참고 문헌 254

찾아보기 264

일러두기

- 한글 전용을 원칙으로 하되, 필요한 경우 원어나 한자를 병기하였다.
- 한글 맞춤법은 '한글 맞춤법' 및 '표준어 규정'(1988), '표준어 모음'(1990)을 적용하였다.
- 외국의 인명, 지명 등은 국립국어원의 외래어 표기법을 따랐으며, 관례로 굳어진 경우는 예외를 두었다.
- 사용된 기호는 다음과 같다.

  신문 및 잡지 등 정기 간행물, 영화, TV 프로그램 제목 등: 〈 〉

  책(단행본): 《 》

머리말

이 책의 편집 작업이 한창이던 올해 3월 초, 〈나는 신이다: 신이 배신한 사람들〉이라는 다큐멘터리가 넷플릭스를 통해 스트리밍을 시작했다. JMS를 비롯해 종교의 이름으로 많은 이들을 현혹하고 반사회적 일탈과 추악한 성범죄까지 서슴지 않은 집단 네 곳과 그 교주들을 고발한 이 다큐멘터리는 우리 사회에 큰 반향을 일으켰다. 언론과 대중은 평소에 주목하지 않던 주제로 이야기를 나누기 시작했다. 사람들은 '사이비 종교'라 불리는 집단의 해악을 새삼 깨닫고, 이런 반사회적 집단의 창궐을 근절하지 못하는 책임은 누구에게 있는지를 따져 물었다. 외부자의 눈에 너무나 비합리적이고 황당해 보이는 교리와 문화에 미혹되는 사람들은 대체 누구이며, 왜 이렇게 쉽게 빠지는가에 대한 설명에도 관심이 컸다. 이들 집단의 고속 성장 비결로 언급된 신비한 질병 치유 등 초자연적 현상이 실제로 일어나는지 저마다의 설명도 오갔다. 반복되는 미디어의 사이비 종교 고발이 얼마나 실효성 있는지를 놓고도 나름의 평가가 내려진다.

아직 충분히 얘기하지 않은 것도 있다. 해당 종교 집단에 빠졌던, 아니 빠질 수밖에 없었던 사람들의 결핍, '주림'을 이제 누가, 무엇이, 어떻게 충족할 것인가의 문제다. 종교적 언어의 꾐에 빠져 직간접적 피해를 본 이들은 특별한 사람들이 아니었다. 인간이면 누구나 취약할 수밖에 없는 육체적 질병, 물질적 결핍, 관계의 갈망, 정서적 혼돈 등으로 염려하고 고통스러워하는 평범한 이들이다. 우리가 그 다큐멘터리에서 다시 확인한 것은 사회와 제도권 종교가 이를 채워 주지 못했을 때 쉽게 사교의 덫에 빠지고 마는 인간의 근원적 한계였다. 그렇다면 우리는 반사회적 종교의 위험성과 추악함을 고발하는 데 그쳐서는 안 된다. 우리 사회가 이런 위험한 존재를 사실상 키워온 것은 아닌지 비판적으로 돌아보면서 그에 합당한 대책은 무엇인지를 고민해야 한다.

〈나는 신이다〉는 이렇게 미디어의 강력한 의제 설정 기능을 통해 인간의 실존적 취약성, 초월성과 초자연적 현상의 실재 여부, 그리고 이성과 합리성만으로는 설명할 수 없는 인간 경험에 관한 사회적 관심을 촉발했다. 사실 이런 이야기들은 세속 사회 속 종교의 자격과 연결된다. 종교란 무엇인지, 무엇이어야 하는지, 무엇이어서는 안 되는지를 놓고 벌이는 토론이다. 합의된 종교의 범위와 한계를 재점검하고, 새로운 경계 설정의 필요성을 검토하는 일이다. 모두 미디어와 종교가 만나면서 부상한 질문과 화두다.

이런 논의에 큰 도움이 되는 학술 전통이 '미디어와 종교'다. 세속 사회에서 종교의 의미와 역할을 미디어와의 접점을 통해 탐구하는 전통이라는 점에서 그렇다. 미디어와 종교 연구자들은 지금도 매우 의미 있고 다양한 이야기들을 쏟아 내고 있다. 이 분야의 불모지였던 한국에서도 이제는 미디어학, 종교학, 신학 등 여러 학문에서 출발한 의미 있는 연구 결과들이 발표되기 시작했다. 이 책 역시 그 학술 전통의 성과물 중 하나다.

내가 이 전통을 처음 접하게 된 것은 1998년 한 대형 서점의 외국 서적 섹션에서 우연히 만난 한 권의 책 덕분이었다. 미디어와 종교의 교차점을 문화연구cultural studies의 이론과 방법론으로 탐색하는 신생 분야를 소개하는 《미디어, 종교, 문화에 대해 재고하기*Rethinking Media, Religion, and Culture*》라는 책이었다. 이 흥미로운 접근 방식에 매료된 나는 편저자 스튜어트 후버Stewart Hoover 교수와 공부하고자 미국 콜로라도대학교로 유학을 떠났고, 이후 미디어와 종교는 내 전공이 되었다. 나는 이 분야로 박사 학위를 받은 첫 한국인이었다.

시간이 많이 흘렀지만, 한국의 미디어학에서 종교는 여전히 주변적 영역이다. 미디어학자들이 모인 자리에서 소개할 기회라도 생기면 꽤 많은 시간이 필요하다. 미디어와 종교라는 낯선 조합에 대한 이해가 없는 동료들에게 종교가 왜 미디어학의 관심사가 되어야 하는지 처음부터 설명하고 이해시켜야만 하기 때문이다. 게다가 이 분야를 연구한다고 하면 "종교가 있는지"라는 질문이 으레 따라붙는다. 그렇다고 답하면 슬슬 선입견이 작동하는 걸 느낄 수 있다. 학술적 엄밀성보다는 종교적 신념이 연구 대상이나 결과, 해석을 주도하는 것 아니냐는 것이다.

나는 연구자의 '객관성 이데올로기'를 신봉하지도, 연구자 개인이 주체로서 지닌 주관성을 부정하지도 않는다. 더 정확히 말하면, 연구자는 완벽하게 객관적인 존재일 수 없으므로 주관성이 개입할 수밖에 없음을 숨기거나 부끄러워할 이유가 없다고 본다. 하지만 동시에 내 연구가 개인적 신앙을 정당화하거나 내가 속한 종교 집단에 봉사하기 위한 수단이라고 여기지도 않는다. 그런 인식을 낳지 않기 위해 적정한 거리 유지에 꽤 공을 들인다. 물론 연구 결과를 이차적으로 해석하여 종교 커뮤니티를 대상으로 글을 쓰거나 특강을 하는 것이 나에게 중요한 일이긴 하지만, 연구자로서 작업물의 1차 소비자는 미디어학임을 언제나 명확히 한다. 미디어와 종교를 종교인의 신앙적 실천을 위한 분야라고 생각하면 오해다. 이른바 '세속화'를 겪으며 종교의 공적 영향력이 급격히 약화한 역사를 경험한 서유럽 연구자들에게 이 분야는 오히려 비종교인들의 고유 영역인 것처럼 여겨지기도 한다. 거듭 강조하면 종교에 대한 개인적 신앙 여부가 이 분야 연구의 전제 조건이거나 공유된 언어가 아니라는 것이다.

이 책은 "오늘날 종교는 필요한가?"라는 질문에서 출발했다. 이에 대해 세속 사회는 어떤 답을 내놓을지를 '매개 종교' 현상 분석을 통해 찾아낸 '잠정적인' 결론을 담았다. 2000년대 말부터 2020년대 초까지 한국의 특수한 정치, 사회, 경제, 문화적 맥락이 빚어낸 미디어와 종교의 교차 현상을 사례 중심으로 탐색한 결과물이다. 그동안 학술지 논문과 컨퍼런스 발표, 언론 기고문, 칼럼 등에서 발표한 생각과 통찰을 재구성했다. 시기별로 주목했던 개별적인 현상의 분석이었지만, 종교의 사회적 필요성에 대한 나름의 답을 내놓겠다는 목적에서 하나의 흐름으로 묶을 수 있었다.

여러 사례를 분석하며 처음 떠오른 핵심어는 '기대'였다. 미디어를 통해 드러난 종교를 향한 세속 사회의 평가에는 특정한 기대가 자리한다. 미디어는 세속성의 원리에 따라 규정된 일련의 기대를 기준 삼아 종교를 비판하기도, 칭찬하기도 한다. 그 기대의 구체적 목록을 분석하면서 '상상'이라는 또 하나의 핵심어가 도출되었다. 세속 사회 속 종교의 사회적 역할에 대한 기대가 바로 이 말에 함축된다고 판단했다. 《미디어, 종교로 상상하다》라는 제목은 이렇게 탄생했다.

앞에서 여기에서의 결론이 '잠정적'이라고 했다. 지금까지의 생각이 완전하다거나 최종적이라고 여기지 않기 때문이다. 논리의 완성도를 높일 부분이 있을 뿐 아니라, 앞으로 이어질 연구에 따라 수정될 점도 있다. 이번 작업을 통해 앞으로의 연구 여정을 이끌어 줄 새로운 질문도 생겼다. 이 책을 통해서 그 질문에 대한 답을 찾기 위한 과정에 함께할 동료들을 만난다면 무척 기쁘겠다.

내가 독자들과 공유하고 싶은 것은 다음 세 가지로 요약된다. 첫째, 종교의 가시성이 크게 높아진 우리의 현재를 이해하는 데 미디어가 얼마나 중요한지를 확인하고자 한다. 둘째, 향후 한국 사회에서 종교의 사회적 역할과 위상을 전망하는 준거 틀을 마련하고자 한다. 셋째, 한국 사회의 현재를 비판적으로 신단하고, 이를 바당으로 의미 있는 변화의 방향성을 모색하고자 한다. 비단 연구자에게만 하는 이야기는 아니다. 사회 구성원 모두가 우리의 과거와 현재를 성찰적으로 돌아보고, 나아갈 방향을 함께 고민하고 설정하는 데 통찰을 제공하려고 노력했다. 따라서 학술적 관심을 가진 이들만이 아니라 미디어와 종교의 교차점에 관심을 가진,

혹은 가져야 할 모든 독자에게 쉽게 다가갈 수 있기를 바란다. 또, 한국 사회의 현실을 이해하는 데 종교가 얼마나 중요한지 인정하는 이들에게는 미디어와 종교라는 분야가 새로운 도구가 되기를 기대한다. 그래서 학술 논문과 학문적 논의를 기초로 한 글이지만, 되도록 쉬운 언어를 사용하려고 노력했다. 평소 익숙한 학술적 글쓰기에 비해 그 시도가 얼마나 성공적일지 자신할 수는 없지만, 학술 공동체의 논의를 일상의 언어로 '번역'하여 대중에게 들려주는 것은 사회과학의 중요한 책무라고 생각한다.

감사할 분들이 많다. 학문적 멘토일 뿐 아니라 인격적 스승이셨던 스튜어트 후버 교수를 콜로라도대학교에서 지도 교수로 만난 건 엄청난 행운이었다. 세상을 낯설게 보려는 지적 노력을 몸으로 가르쳐 주신 연세대학교 서정우 명예 교수님께도 감사드린다. 언제나 학생들을 최우선에 두시는 서울여자대학교 언론영상학부 교수님들과 동료로 함께 일하는 즐거움이 크다. 미디어와 종교 연구 집단 '미디에이티드' 동료들께도 특별한 감사를 전한다. 함께하는 대화를 통해 이 분야를 공부한 것이 얼마나 잘한 일인지 항상 확인한다. 매번 내 이야기의 첫 번째 청자와 독자가 되어 주는 아내 이지숙과 아들 인호에게도 감사한다. 지난 몇 년간 투병과 간병으로 고생하시는 아버지와 어머니께 이 책이 작은 기쁨이라도 된다면 더없이 좋겠다. 언제나 사랑으로 응원해 주시는 장인, 장모님께도 감사의 말씀을 드린다. 마지막으로, 많이 알려지지 않은 분야의 책을 출간해 준 컬처룩과 꼼꼼하게 편집 과정을 담당해 주신 이여진 편집장님께 깊은 감사를 드린다.

1

미디어에 종교를 묻다

오늘날 종교는 여전히 필요한가

2020년 초부터 시작된 코로나19는 사회 구조, 정서 구조, 공유 가치, 고유문화 등 여러 차원에서 한국 사회의 민낯을 가감 없이 드러냈다. 종교도 예외는 아니었다. 코로나19 팬데믹은 한국 사회에서 종교가 처한 현실을 여실히 보여 줄 뿐 아니라, 앞으로 얼마나 험난한 길이 기다리는지를 분명하게 드러낸 때로 기록될 것이다.

한국에서 코로나19는 처음부터 종교와 깊게 관련되었다. 중국 우한에서 처음 시작된 바이러스의 전파가 아직 다른 나라 이야기로만 여겨질 때, 신천지예수교증거장막성전(이하 신천지)이라는 종교 집단은 코로나 감염의 위험을 우리 사회에 본격화한 주체였다. 1차 대유행 초기, 신천지와 관련해 전국에서 행해진 예배, 소모임, 관련 기관 및 조직, 주거 시설, 요양 시설 등에 이르기까지 집단 감염이 폭발한 중심에 이 신흥 종교가 자리했다. 국내 감염이 본격화하고 확진자 수가 급증하자, 방역 당국은 '밀접密接,' '밀집密集,' '밀폐密閉' 등 이른바 '3밀'을 방역의 최대 적으로 규정했다. 이에 따라 3밀의 위험을 수반하는 행위는 제한되거나 금지되었다. 예배, 미사, 법회 등 종교 집회는 이에 해당하는 가장 분명한 사례로 규정되었다. 이런 방역 정책에 반발한 교단은 성명을 발표하고 현장 예배를 고수했던 일부 개신교는 코로나19 방역을 위한 전 국민적 노력에 반하는 집단으로 지목되었다. 2차, 3차 대유행을 거치면서 개신교 교회를 비롯해 관련 기관발 집단 감염이 속속 발생하자 이러한 비판과 우려는 점점 더 강화되었다. 여기에 문재인 정부 집권 이전부터 매우 짙은 정치색을 드러내며 존재감을 과시하던 사랑제일교회의 전광훈 목사가 광화문에서 대규모 8·15 정치 집회를 주도하고, 이후 해당 교회에서 대규모 집단 감염이 발생하자 그 비판은 최고조에 달했다.

종교 집단에서 거듭 발생한 이런 문제는 사회 규범에서 용인되기 어렵다. 세속 사회에서 종교는 생업에 비해 상대적으로 덜 중요한 영역으로 인식되기 때문이다. 사실 정부가 코로나 확산 초기부터 현장 종교 집회 중단을 요구할 수 있었던 것도 종교 활동이 인간에게 핵심 기능이 아니라는 전제가 있었기 때문이었다. 더구나 일, 교육, 문화, 여가 등 일상의 모든 부분에서 온라인 전환이 강제되는 상황에서, '대면 예배'가 생명보다 중요하기 때문에 절대 양보할 수 없다는 '종교의 언어'는 사회 규범의 기초를 이루는 '세속의 언어'와 너무나 괴리가 컸다. 이제 종교는 코로나19로 인해 맞닥뜨려야 하는 새로운 시대 질서와 함께 호흡하기 어렵다는 인식마저 드러났다.

이렇게 종교에 대한 부정적 평가가 두드러졌던 코로나19 기간은 한국 사회의 현재를 이해하고 설명할 때 종교가 얼마나 중요한지 역설적으로 확인하게 해 주었다. 종교에 대한 깊이 있는 고려 없이는 한국의 현실을 제대로 파악하거나 이해할 수 없으며, 당연히 미래에 대한 타당한 예측도 불가능함을 절감하는 계기가 되었다. 비단 전무후무한 집단 감염병 사태가 아니었더라도 현재 한국의 정치, 사회, 문화 영역을 이해하는 데 종교의 중요성은 절대 작지 않다. 특히 우리 현대사에서 정치적 보수층의 형성과 확장에 종교 권력이 행사하는 영향력이 매우 크며, 그 힘의 크기와 향방은 한국 사회를 이해하는 데 필수적이다.

코로나 팬데믹은 “오늘날 종교의 존재 가치는 여전히 유효한가?”라는 진지한 질문을 제기했다. 이 기간 종교에 대한 비판적인 인식은 크게 증가했고, 종교 고유의 설 자리마저 위태롭다는 진단이 나왔다. 이런 상황에서 우리는 종교의 사회적 역할에 대한 세속 사회의 기대는 아직 남아 있는지 묻게 된다.

인간이 삶을 영위하다 부딪히는 한계 상황은 종교의 개인적 필요성에 대한 주된 설명이다(O'Dea, 1970). 특히, 종교라는 수단을 통해서 삶을 살아가는 힘과 의미를 제공받는 개개인에게 종교의 필요성은 의심의 대상이 아니다. 아름다운 섬 제주에는 모두 1만 8,000개의 신이 있다고 한다(이석범, 2016). 그 섬의 산과 바다 구석구석에서 우리는 각 시대를 살아가던 종교심宗教心의 원형을 만날 수 있다. 이는 척박한 땅과 바다, 변화무쌍한 날씨와 바람을 견디며 삶을 이어가야만 했던 과거와 현재의 제주민들이 어떻게 그 고난에 대응했는지 읽을 수 있는 텍스트다. 인간의 근원적 한계를 경험하며 살아가는 게 어디 제주민뿐일까. 모든 인간이 직면할 수밖에 없는 한계 상황에서 생과 사의 의미를 부여하고, 삶의 수수께끼를 풀어갈 이정표를 제시하는 종교의 힘은 최소한 이를 요청하는 모든 개인에게는 여전히 절대적이다. 아무리 인공 지능이 인간 기능의 대부분을 대신하는 세상이 된다고 해도 종교가 그들의 삶에 제공하는 바는 대체 불가능할 것이다.

하지만 종교의 필요성을 사회 차원으로 확장하면 얘기는 달라진다. 갈수록 종교에 대한 사회적 비판과 우려는 커져만 간다. 종교에 맡겨진 역할을 다하지 못한다는 비판이 높고, 종교의 사회적 기능이 아직 남아 있는지를 의심하는 목소리마저 늘고 있다. 소속 종교를 떠나는 이들이 점점 늘어 갈 뿐 아니라, 최근 통계 자료를 보면 아예 종교에 관심 자체를 거둔 이들 역시 많아지고 있다(한국갤럽, 2021). 이런 현상을 일찍이 겪고 있는 서구와 비슷해지는 것으로 보인다. 이러다가 곧 종교의 사회적 시효가 다했다는 선고가 내려질 수도 있다는 전망마저 나온다.

그렇다고 종교의 존재가 아무런 의미가 없다고 볼 수는 없다. 오히려 종교가 다시 중요해지고 있다는 점을 보여 주는 현상도 여럿 발견된다. 세계 곳곳에서 일어나는 전쟁과 분쟁에는 종교의 이름으로 갈등이 지속되고, 테러 혹은 폭동이라 불리는 사건의 원인에도 종교는 언제나 단골로 오르내린다. 종교심을 실천하는 개개인의 열정도 식지 않았다. 코로나19 팬데믹에서 드러났듯이 종교 규범과 사회 규범이 충돌할 때 종교를 우선하여 행동하는 집단은 오히려 늘고 있다. 물론 이러한 존재감이 부상했다고 해서 종교가 사회적으로 필요하다고 주장하기는 어렵다. 사회가 기대하는 종교의 긍정적인 역할과는 거리가 멀기 때문이다.

현대 사회에서 종교는 더 이상 필요 없다고 주장하는 학자도 많다. 미국의 사회학자 필 주커먼Phil Zuckerman은 《종교 없는 삶 *Living the Secular Life*》에서 기존에 제도 종교가 담당했던 여러 기능이 현대 사회에 들어서면서 다른 사회 제도에 의해 대체되었기 때문에, 종교가 없더라도 사회적으로 아무 문제가 발생하지 않는다고 말한다. 나아가 종교가 초래하는 각종 부작용을 고려한다면 차라리 종교가 없는 편이 인간에게 더 이로울 것이라고 주장한다.

그보다 먼저 영국의 리처드 도킨스Richard Dawkins의 《만들어진 신*The God Delusion*》과 크리스토퍼 히친스Christopher Hitchens의 《신

은 위대하지 않다*God is not Great*》는 아주 강한 목소리로 종교 무용론을 주장하여 세계적으로 큰 반향을 일으켰다. 종교에 대한 이들의 비판은 2000년대 중반 서구에서 이른바 '신 논쟁God debate'으로 발전하여 종교의 필요성에 대한 학문적, 대중적 토론을 불러일으키기도 했다. 역사적으로 종교와 세속 사회의 독특한 관계가 형성된 유럽과 북미를 배경으로 이 논쟁은 지금까지도 이어진다.

신 논쟁에서 주커먼이나 도킨스, 히친스의 종교 무용론이 언제나 승리하는 것은 아니다. 이에 맞서, 종교의 사회적 역할이 여전히 있고, 종교 없는 사회가 반드시 더 나은 사회라고 결론지을 수 없다는 주장도 지속해서 제기된다. 이들은 서구의 근대화가 수반한 세속화secularization 역시 제도 종교 힘의 약화를 말하는 것이지, 종교 자체가 사라진다는 것은 아니라고 말한다. 이들은 현대 사회에서 종교의 자리는 제도 종교로부터 그 바깥의 "예기치 않던 곳unexpected places"으로 이동하여 여전히 그 기능을 한다고 본다(Wuthnow, 1992).

그렇다면 오늘날 한국 사회에서는 종교가 여전히 필요하다고 할 수 있을까? 종교는 여전히 긍정적인 역할을 할 수 있는가? 우리가 걸어온 역사적 여정과 현재 한국 사회가 지닌 정치, 사회, 경제, 문화적 맥락에서 종교의 위치는 어디인가? 이 질문들에 대하여 세속 사회가 내놓는 답은 무엇인가?

한국 사회에서 종교의 필요성을 질문하고, 그 답을 세속 사회의 입을 통해 들으려는 시도는 꽤 중요하다. 이는 단지, 제도 종교와 종교인의 생존과 지속성을 진단하는 일에만 그치지 않고, 앞으로 한국 사회가 어떤 길로 나아가야 하는지를 제시하는 일이기도 하기 때문이다. 종교의 필요성을 꼼꼼히 따져 보면서 우리 사회가 지금 어디에 있는지, 어디를 향하고 있는지, 무엇이 결핍되어 있는지, 또 무엇이 과잉되어 있는지를 진단하고 평가할 수 있다.

그런데 종교의 필요성에 대한 세속 사회의 답을 찾는 과정에서 '미디어'는 중요한 열쇠가 된다. 종교에 대한 세속 사회의 생각을 잘 읽을 수 있는 수단이 바로 미디어이기 때문이다. 미디어는 종교에 관한 세속 사회의 가치, 규범, 정서, 합의, 논쟁, 변화 등을 읽어 내는 데 매우 유용한 통로다. 미디어가 존재하는 경제적, 문화적, 정치적 구조와 생존 방식, 그리고 미디어에 참여하는 개인과 사회의 기대치는 종교에 대한 세속 사회의 생각을 중층적으로 담아내는 데 아주 유리하게 작동한다.

여기에 이 책이 제안하는 '매개 종교mediated religion'라는 개념은 유용하게 활용될 것이다. 미디어를 통해서 읽는 종교는 개신교, 불교, 가톨릭, 이슬람 등 제도 종교organized religion/institutional religion에만 머무르지 않는다. 제도 종교를 포함해 훨씬 넓은 의미의 '종교적인 것the religious'까지 포괄한다. 즉 무속, 초자연 현상, 초월적 존재, 외계인, 스포츠, 팬덤 등 아주 다양하고 흥미로운 현상을 아우른다. 따라서 미디어 속 종교, 즉 미디어를 통해 읽을 수 있는 종교를 '매개 종교' 혹은 '매개된 종교'라고 따로 이름 붙일 필요가 있다. ('매개 종교' 개념과 관련 논의는 2장에서 다룰 것이다.)

미디어와 종교

이 책에서는 그동안 내가 '미디어와 종교'라는 낯선 분야를 통해 탐색해 온 여러 결과물을 다룰 것이다. 이 분야는 '미디어'와 '종교'라는 그동안 이질적이라고 여겨졌던 두 영역이 서로 만나는 아주 다양하면서도 흥미로운 지점들에 대한 연구를 전문으로 한다. 현대 사회를 구성하는 부분으로서 각자에게 맡겨진 제반 기능을 담당하는 단위를 사회 제도social institutions라 부르는데, 미디어와 종교는 그동안 각각 독립적인 사회 제도로서 서로 교차하는 지점이 별로 없다고 여겨져 왔다. 특히 과학과 첨단 기술이 발달할수록 현대 사회에서 가장 핵심적인 부분으로 부상하는 미디어, 그리고 현대와는 어울리지 않는 전근대적인 구습과 전통 정도로 여겨지던 종교는 서로 만날 일이 없거나, 만약 있더라도 크게 주목할 만한 건 아니라는 게 일반적인 생각이었다.

1980년대만 하더라도 미디어와 종교 연구는 개신교, 불교, 가톨릭 등 종교 기관이 소유, 운영하는 미디어, 즉 종교 미디어에 관한 연구가 대부분이었다. 하지만 1990년대를 거치면서 학자들은 종교 미디어가 아니더라도 이 두 사회 제도가 아주 긴밀하게 연결되어 있으며, 서로 교차하는 부분 역시 상당히 많다는 점에 주목하기 시작한다. 특히 새로운 밀레니엄을 전후로 세계 곳곳에서 나타난 다양한 현상은 미디어와 종교의 관계를 면밀하게 살피지 않는다면 충분한 설명이 불가능한 성질의 것들이었다. 달력에서 이전에 한 번도 경험하지 못한 '2000'이라는 숫자를 직면한 사람들은 이 새로운 시간에 대응하면서 공포, 환상, 예언 등 매우 종교적인 감각과 언어를 동원하였다. 이러한 감각은 미디어를 통해 생생히 재현되었고, 때로는 전 지구적 사회 전반의 주요 흐름으로 증폭되기도 했고, 때로는 합리성 규범을 위반한다는 점에서 조롱거리가 되기도 했다. 특히 2001년 전 세계를 경악과 공포에 몰아넣은 9·11 사태는 전 지구적 갈등의 원인으로 체제 이념이 차지했던 자리를 이제 종교가 대신할 것임을 예고하는 사건이었다. 미디어가 사회에서 빈번하게 발생하는 전쟁, 테러, 폭압 등을 종교의 이름으로 설명해야만 하는 시대가 된 것이다.

한국도 크게 다르지 않았다. 각종 신흥 종교와 컬트cult 집단이 등장해 새천년에 일어날 '천지개벽'을 예언하고 사회적 혼란을 일으켰다. '밀레니엄 버그millennium bug'라 이름 붙여진 테크놀로지 문제를 대하는 대중의 반응 역시 기술과 과학만으로는 설명할 수 없는 성격을 지녔다. 언론은 이를 보도하고 해석함으로써, 이러한 현상을 어떻게 바라봐야 하는지에 대한 나름의 사회적 기준을 설정하려 했지만, 이 기준은 대중에게 그대로 작동하지 않았고 새로운 시대를 맞이하는 인간의 본성에 대한 논쟁으로 발전하기도 했다.

지구촌 구석구석에서 벌어진 이러한 현상들은 학계에 속속 보고되고 그 의미가 분석되었다. 이제 학자들은 종교를 이해할 때 미디어의 중요성을, 미디어를 이해할 때 종교의 중요성을 반드시 고려해야만 한다는 공감대를 형성하게 된다. 이에 따라 미디어학뿐 아니라 종교학, 신학, 사회학, 문화인류학, 문학, 철학 등 여러 학문 분야에서 미디어와 종교의 교차 현상을 탐구하고 해석하려는 연구자들이 모이기 시작했고, '미디어와 종교'는 독립된 연구 분야의 하나로 인정받게 된다. 이들은 자신의 학문 분야를 '미디어, 종교, 문화media, religion, and culture'라고 이름 붙이고(박진규, 2009 참조), 국제 학술 공동체 ISMRC(International Society for Media, Religion, and Culture)를 결성하여 2년에 한 번씩 세계를 돌며 국제 컨퍼런스를 열고 있다. 2016년에는 아시아 최초로 서울에서 개최되기도 했다.

이렇게 미디어와 종교 분야가 독립적인 학문 분야로 빠르게 성장했지만, 미디어와 종교 연구는 미디어학과 종교학 모두에서 아직 주변적인 위치에 머물러 있다. 특히 한국의 학계에서 이러한 주변적 위상은 더 분명하다. 먼저, 미디어학 분야에서 종교는 여전히 많은 이들의 관심사가 아니다. 공公과 사私에 대한 근대적 이분법을 따라온 사회과학에서 종교는 사적 영역으로 구분되곤 하는데, 이러한 전통을 이어받은 미디어학은 그동안 종교를 정당한 탐구 대상으로 간주하지 않았다. 반대로 인문학 전통이 강한 종교학에서도 미디어는 본격적인 연구 주제라고 보기 어렵다. 현대 사회에서 미디어의 중요성이 커지면서 미디어를 언급하는 종교 연구자가 점점 늘고 있지만, 종교학 출신으로 미디어에 연구 관심을 둔 연구자들은 주류가 아니다. 또, 미디어에 관한 학술적 논의와 성과를 종교학으로 끌어들이려는 노력 역시 충분치 않다.

이 책은 서론 격인 1장을 포함해 열 개의 장으로 구성되었다. 2장은 '매개 종교'라는 새로운 개념을 소개하고 그것이 미디어와 종교의 교차점 분석에 지니는 유용성을 설명한다. 3장에서는 세월호 참사와 코로나 팬데믹의 재난 속에서 종교와 미디어가 만나는 몇 개의 지점들을 통해 이 책의 논의가 담아낼 다양한 화두를 짚어 본다. 4장에서는 종교에 대하여 비판적인 저널리즘 사례를 분석하고 그 비판이 궁극적으로 함의하는 바를 종교에 대한 '기대expectation'라는 개념으로 설명한다. 역으로 5장은 종교 집단이 미디어를 바라보는 방식과 논리를 분석함으로써, 제도 종교가 미디어를 어떤 존재로 규정하는지에 따라 만들어지는 결과를 논의한다. 6장, 7장, 9장은 미디어 텍스트를 통해 종교에 대한 세속 사회의 '기대'를 구체적으로 탐색할 수 있는 사례들을 다룬다. 종교 지도자의 죽음, 프란치스코 교황, 래퍼 비와이, 대중문화 속 '힐링' 담론은 각각 세속 사회가 기대하는 종교의 사회적 역할이 무엇인지를 구체적으로 읽어 낼 수 있는 좋은 텍스트가 된다. 8장은 초월성과 초자연성이 등장하는 픽션 텍스트를 통해 종교를 다루는 미디어의 궁극적 관심은 결국 매우 현실적인 차원에 있음을 확인한다. 결론에 해당하는 10장에서는 미디어와 종교를 '상상imagination'이라는 개념으로 연결하여 한국 사회에서 이 둘의 만남이 함의하는 바를 정리한다.

2

매개 종교란 무엇인가

종교란 무엇인가

도대체 종교란 무엇인가? 너무 뻔한 질문일지 모르지만 적절한 답을 찾기는 그리 쉽지 않다. 이 질문에 답하기 위해 우리는 머릿속에 흔히 신神, 경전, 공통의 신념, 교리, 공동체, 건물 등을 떠올린다. 그런데 이러한 생각들은 종교의 의미를 규정할 때 맞기도 하지만, 그렇지 않을 때도 많다.

원래 '종교religion/宗敎'라는 서양식 용어가 들어오기 전까지 이 땅에는 지금의 종교와 같은 뜻을 지닌 개념은 존재하지 않았다. 물론 불교, 유교, 무속 등 우리가 지금 종교라고 부르는 것들이 있기는 했지만, 이 말이 상용화되기 전까지는 지금 종교 하면 자연스레 따라붙는 인식의 틀이 없었다는 말이다. "당신은 종교가 있나요?"라거나 "당신의 종교는 무엇인가요?"라는 질문 자체도 서양의 종교 개념이 들어온 이후에나 가능했다. 이 질문들이 전제하는 종교 간의 명확한 구획, 배타적 소속 등은 당시 사람들에겐 너무나 낯선 생각이었기 때문이다. 물론 서양 종교가 들어오기 전에도 불교, 유교 등이 신념 체계로서 상호 배타적인 특징을 보이기는 했지만, 개인적인 차원에서 어느 하나를 선택한다는 사고는 종교에 대한 서구의 근대주의적 이해가 들어온 이후에나 성립할 수 있었다. 이렇게 우리가 너무나 익숙하게 '종교라 부르는 어떤 것'은 다양한 사회의 역사적인(시간), 그리고 문화적인(공간) 맥락에 따라 매우 다른 형태와 내용을 지닐 수밖에 없다. 그렇기에 이를 모두 포괄하는 하나의 정의를 구하는 것은 아주 어려운 일이다.

사실 종교가 무엇인가는 종교학자들에게조차 쉽지 않은 질문이다. 한국 종교학 분야의 석학으로 존경받는 정진홍 교수도 자신의 책 서문에 "'종교'라고 사람들이 일컫는 인간의 삶의 한 모습"(정진홍, 2002: 5)이라는 표현을 사용함으로써 종교를 정의하기가 얼마나 어려운지를 에둘러 드러낸다. 그렇다고 종교에 대한 정의가 아예 없는 것은 아니다. 오히려 수많은 학자가 허다한 정의를 내세운다. 그러나 모두가 동의하는 하나를 찾기란 불가능에 가깝다. 어떤 학문적 전통에서 출발하는지, 무엇을 분석하려 하는지, 무엇을 중요하다고 생각하는지에 따라 누군가의 종교가 다른 누군가에게는 종교가 아닐 수 있으며, 누군가에게 종교가 아닌 것이 다른 누군가에게는 종교일 수도 있다. 그래서 종교를 공부하는 사람들이 함께 모이면, 종교 정의와 관련한 논쟁은 가능한 한 피하려 애쓰는 모습도 볼 수 있다.

종교를 정의할 때 학자들은 주로 두 가지 방식을 따른다. 하나는 '본질적substantive' 정의 방식인데, 여기서는 '무엇이어야 종교인가'를 다룬다. 종교가 갖춰야 할 본질essesnce을 추려 냄으로써 정의하려는 방식이다. 종교의 본질적 속성으로는 성스러움the sacred/holiness, 궁극성ultimacy, 힘power 등이 주로 거론된다. 다시 말해 종교란 이러한 본질들을 사회 내에 제도화한 체계가 된다. 이런 방식으로 규정하면 종교의 범위가 명확해진다는 장점이 있지만, 시대와 문화에 따라 나타나는 종교의 다양한 변화를 충분히 담아내지 못한다는 약점도 있다.

다른 하나는 기능적functional 정의 방식인데, 이 방식에선 '무엇을 해야' 종교라 부를 수 있을지를 따진다. 개인, 그리고 사회를 대상으로 하는 기능을 따져야 비로소 종교 여부를 가려낼 수 있다는 입장이다. 이런 방식으로 종교를 정의하는 사람들이 주로 종교가 하는 일이라고 꼽는 것은 개인과 사회를 향해 궁극적인 문제에 대한 답을 제공하고, 가장 높은 차원의 의미를 제공하는 것 등이다. 기능적 정의를 따르면 종교 현상을 폭넓게 규정할 수 있다는 장점이 있다. 여기서는 신의 존재나, 초자연성에 대한 믿음은 종교를 규정하는 데 큰 문제가 되지 않는다. 그러다 보니 종교의 범위가 너무 넓고 모호해져 버린다는 비판을 받기도 한다.

'미디어와 종교'는 다양한 학문 전통이 융합한 분야이기 때문에 위의 두 가지 정의가 모두 통용되지만 기능적 정의가 선호되는 편이다. 이 분야 연구자들이 미디어와 종교의 교차점으로 주목하는 '종교 현상'이란 원래 포괄적인 성격을 지니는 경우가 많아서 본질적 정의로는 다 담아낼 수 없기 때문이다.

종교는 무엇을 하는가

종교가 하는 일, 즉 기능으로 더 꼽을 수 있는 건 무엇일까? 하나의 사회 제도로서 종교가 사회의 생존을 위해 담당해야 할 필수적 역할은 무엇이냐는 것이다. 이원규는 종교의 기능을 사회적 기능과 심리적 기능으로 구분한다(이원규, 2006: 211~218). 먼저, 사회적 기능으로는 첫째, 사회의 공통 가치와 규범을 제공하고 이를 준수해야 할 근거를 제공함으로써 '도덕 공동체'를 구성하도록 하는 사회 통합social integration의 기능, 둘째, 사회 구성원들에게 지배적인 규범을 따르고 일탈을 회피하도록 만드는 사회 통제social control의 기능, 셋째, 현 사회를 평가하고 비판함으로써 사회적 의식을 변화시켜 새로운 방향으로 전환하도록 만드는 사회 변형social transformation의 기능이 있다.

한편, 심리적 기능은 주로 인간의 한계 상황에서 그에 대한 심층적, 궁극적 의미를 부여하는 기능을 말한다. 여기에는 첫째, 죽음, 극한의 상황, 가치의 충돌 등이 초래하는 긴장에 대한 해석과 의미를 제공하는 긴장-해소stress-resolution의 기능, 둘째, 사회 속에 존재하는 박탈과 좌절에 대한 위로와 감정적 도움을 제공하는 박탈-보상depression-compensation의 기능, 셋째, 개인에게 자신의 존재와 가치를 확인하도록 만드는 정체성identity과 소속감belongingness의 기능이 있다.

이렇게 기능적인 접근을 통해 종교를 보게 되면, 1장에서 언급한 필 주커먼의 논의는 한층 더 흥미로워진다. 주커먼은 종교의 유익은 이제 기한을 다했고, 지금은 종교 없는 삶이 인류를 위해 더 유익하다고 주장한다. 사회를 위해 기존에 종교가 담당했던 긍정적 기능은 이제 세속성sucularity에 의해 대체되었다고 보기 때문이다. 그는 도덕성, 선善과 안녕安寧, 가족 문화, 공동체성, 고난 극복, 죽음의 의미 등 기존에 종교가 담당했던 기능을 열거하며 이제는 '종교 없는 삶secular life'도 이를 훌륭히 제공할 수 있고, 오히려 종교 없이 사는 것이 더 나은 사회로 나갈 수 있는 길이라고 주장한다. 이를 다시 들여다보면, 그의 주장은 종교가 맡아야 할 기능은 여전히 유효하다는 말이 된다. 다만 그 기능을 수행하는 주체가 이제는 전통적인 종교가 아닐 뿐이다.

미디어와 종교를 논의하기 위해서는 먼저 이러한 종교의 기능을 살펴보는 것이 필요하다. 종교에 부과하는 이 기능들은 사회가 안정적으로 유지되기 위해서 종교가 담당해야 할 역할은 무엇인지에 관한 현실 사회의 합의라고 봐야 한다. 즉 종교라면 마땅히 이러이러한 기능을 수행해야 한다는 '세속 사회'의 목소리다. 미디어와 종교의 관계는 결국 세속 사회에서 종교가 어떤 위치를 차지하는지, 세속적 가치와 규범을 공유하는 대중에게 어떤 평가를 받는지 등을 면밀하게 들여다볼 때 비로소 이해와 설명이 가능하다. 따라서 세속 사회가 말하는 종교의 기능은 우리가 뒤에서 만나게 될 미디어와 종교가 교차하는 여러 사례의 이해를 위해서 잘 기억해 둘 필요가 있다.

처음의 질문으로 다시 돌아오자. 도대체 종교란 무엇인가? 이제 조금은 더 선명해졌다. 위에서 살펴본 종교의 본질, 그리고 기능을 갖춘 것으로 우리가 가장 먼저 떠올릴 건 제도 종교 institutional/organized religion다. 제도 종교란 체계적으로 조직된 신념 체계와 의례를 갖추고 있으며, 사회 내에서 공식적으로 인정되어 제도화된 종교 집단을 의미한다. 사회가 공인한다는 것은, 위에서 정리한 세속 사회의 합의, 즉 종교라면 이러이러한 기능을 담당해야 한다는 최소 기준을 충족했다는 것을 말한다. 흔히 우리가 종교라고 할 때 얘기하는 개신교, 불교, 가톨릭, 이슬람, 힌두교, 원불교 등등이 바로 제도 종교다. 사이비 종교, 유사 종교, 컬트 등은 종교의 외양은 가지고 있으나 제도 종교와는 다르게 이러한 세속 사회의 기준을 충족시키지 못하는 집단을 가리킬 때 사용하는 용어다.

종교는 제도 종교에만 머물지 않는다

그런데 종교를 제도 종교만으로 설명할 수 있을까? 만약 그렇다면, 사회 차원에서 종교의 중요성은 점차 감소한다고 보는 것이 맞다. 세계의 많은 지역에서 제도 종교는 반발과 비판의 대상이 되고 있다. 이슬람 등 일부 집단을 제외하면 전 세계적으로 제도 종교의 구성원 역시 감소하는 추세다. 특히 경제적으로 부유한 국가일수록 이러한 경향은 심해지고 있다.

이런 현상은 한국에서도 고스란히 나타난다. 10년마다 실시하는 인구 센서스에서 '종교 없음'에 응답하는 비율은 점차 증가한다. 2005년에는 47.1%였던 수치가 2015년에는 56.1%로 9% 포인트나 훌쩍 뛰었다. 이제 한국은 전체 인구의 절반 이상이 어떤 종교에도 속하지 않는 사회가 되었다. 2021년 한국갤럽의 조사 결과 역시 이러한 추세를 이어간다. 코로나19 상황이 반영된 이 통계에서 '종교 없음'이라고 응답한 비율은 처음으로 60%를 기록했다. 그런데 무종교인 비율의 증가보다 더 주목해야 할 점은 이들이 종교를 갖지 않는 이유다. 비종교인 가운데 54%가 '종교에 관심이 없어서'라고 대답했는데, 이는 2004년 37%, 2014년 45%에 비해 훨씬 높은 수치다. 또, 비종교인 가운데 61%는 호감 가는 종교가 아예 없다고 답했다.

물론 제도 종교의 쇠퇴 및 소속 신자의 감소가 곧바로 종교의 중요성 감소로 이어진다고 말할 수는 없다. 이런 흐름을 '탈종교 사회'라고 이름 붙이는 이들이 있지만, 엄밀하게 그 말이 성립하려면 여기서 종교는 제도 종교로 한정해야만 한다. 종교가 곧 제도 종교는 아니기 때문이다. 미국에서는 'SBNR'이라는 용어가 아주 흔한 말이 되었다. 'Spiritual, but not Religious'의 약자인 이 용어는 '종교적'인 사람들과 '영적'인 사람을 구분한다. 미국에서 religious는 주로 제도 종교와 연결되는데, 특정 종교가 요구하는 신념, 행위에 충실하다는 뜻이다. 반면 spiritual은 제도 종교와는 관계없이 개인의 삶에서 영적인 차원을 중시하는 태도를 가리킨다. 그런데 미국 사회에서 제도 종교에 대한 인식이 나빠지면서 religious라는 말은 점점 더 부정적인 의미로 받아들여지고 있다. 동시에 자신을 spiritual이라고 규정하려는 사람들은 늘고 있다. 따라서 SBNR은 제도 종교의 공적 영향력이 약화하고 소속 인구가 줄어드는 것이 '종교적religious'인 이들의 감소일 뿐이며, 이런 변화에서도 '영적spiritual'인 이들의 비중은 여전하거나 증가하는 현상을 설명하는 용어가 된다.

종교가 제도 종교에 머물지 않는다면, 제도 종교에 대한 편만遍滿한 불신은 재해석할 필요가 생긴다. 제도 종교의 쇠락은 종교에 대한 관심 자체의 감소 때문이 아니라 제도 종교가 세속 사회의 필요를 제대로 충족시키지 못하기 때문에 나타나는 현상으로 봐야 한다. 즉 사람들이 제도 종교로부터 이탈해도 여전히 그 필요는 남는다. 이제 사람들은 제도 종교가 아닌 다른 수단을 통해 그 필요를 충족하려 한다.

이런 관점에서 보면, 서구의 역사 전개에서 근대화 과정의 산물로 거론되는 세속화 역시 세속 국가의 출현과 정교분리 규범의 등장과 함께 제도 종교의 권위와 공적 영향력이 줄어든 것일 뿐이지, 종교 자체의 중요성이 사라지는 것은 아니라고 봐야 한다.

통상적으로 세속화론secularization thesis은 종교의 자리를 이성과 합리성이 대신함으로써 근대 사회에서 종교의 사회적, 문화적 중요성은 점차 상실된다고 주장한다. 하지만 근대 이후에도 종교적 차원, 즉 이성과 합리성만으로 설명할 수 없는 인간의 삶에 대한 사람들의 갈증은 사라지지 않았고, 이를 제도 종교 밖에서 해소하려고 한다고 보는 견해 역시 많은 지지를 받고 있다. 영국의 문화 비평가 테리 이글턴Terry Eagleton은 《신을 옹호하다: 마르크스주의자의 무신론 비판*Reason, Faith, and Revolution — Reflections on the God Debate*》에서 다음과 같이 말한다.

> (근대 이후에 이성/합리성이 종교를 대체했다고 해도) 그러나 초월성은 그냥 사라져 주지 않았다. (……) 과학과 물질적 복지, 민주 정치, 경제적 효용을 넘어선 영역에 대한 인간의 욕구에 종교가 제대로 부응하지 못하는 듯해 보일수록 문학과 예술, 문화, 인문학, 정신분석학, 그리고 최근에는 생태학 등이 그 빈자리를 차지하려 나섰다. 근대 들어 예술이 사실상 또 하나의 상품에 불과해졌음에도 그토록 커다란 비중을 지니게 된 이유는 영적인 가치가 거의 퇴색한 세상에서 예술이 초월성의 대용품을 제공하기 때문이다. (Eagleton, 2010/2010: 113)

이글턴은 종교의 해악을 강하게 주장한 크리스토퍼 히친스와 리처드 도킨스를 매우 신랄하게 비판한다(Eagleton, 2010/2010). 이들이 세속적 인본주의, 과학적 인본주의에 기초해 이성을 절대화하고 합리성을 통한 인류의 진보를 지나치게 낙관화한다는 이유에서다. 이 둘의 이름을 합쳐 경멸적으로 "디치킨스"라고 부르는 이글턴은 이들의 무신론이 종교가 만들어 낸 폐해를 과장하고, 오히려 종교적 믿음의 힘을 과대평가하고 있다고 주장한다. 동시에 그는 포스트모더니즘이 주창하는 신념 및 이성, 진실에 대한 극단적 회의 역시 비판한다. 진보와 해방 등 모더니즘적 거대 담론은 해체되어야 한다는 포스트모더니즘의 관점은 후기 근대 사회를 제대로 읽어 내지도, 그 모순에 대한 적실한 해법을 제시하지도 못한다고 보기 때문이다.

이렇게 이글턴은 세속적 인본주의와 포스트모더니즘 모두에 비판적인 입장을 취함에 따라, 종교의 잠재성을 재해석할 수 있는 위치에 서게 된다. 그는 종교에서 인간 해방을 위한 유용한 아이디어를 얻을 수 있다는 걸 놓치지 말아야 한다고 주장하며, 이는 이 시대 사회 변화를 꿈꾸는 정치적 좌파에게 꼭 필요한 발상이라고 말한다. 자신을 마르크스주의자로 규정하는 이글턴의 이러한 견해는 매우 흥미롭다. 흔히 마르크스주의는 종교를 '인민의 아편'으로 규정하고, 사회 해방의 걸림돌로 보는 인식이 보편적이다. 그러나 그는 애초 마르크스의 비판 대상은 종교 자체가 아닌 서유럽의 모순적 구조를 정당화하는 데 기여한 유대-기독교 전통의 제도 종교였음을 분명히 한다. 즉 종교와 제도 종교를 분리하는 것이다. 제도 종교의 실패가 사회 변화를 위해 종교가 지닌 잠재력을 완전히 소멸한 것은 아니라는 주장이다.

종교와 '종교적인 것'

이글턴의 이런 입장은 근대화와 함께 종교의 자리는 돌이킬 수 없게 되었다고 주장하는 자유주의적 계몽주의에서 출발한 세속화론과 그 결을 달리한다. 예를 들어, 자유주의적 계몽주의에서는 '9·11'로 상징되는 이슬람 근본주의의 부상을 역사적 퇴행으로 볼 수밖에 없다. 근대성을 가져온 세속화 흐름을 역행하는 것이기 때문이다. 하지만 이글턴은 오히려 이를, 이성과 합리성만으로는 절대 사라지지 않는 욕구와 갈망을 종교가 어떻게 해결하는지 제대로 이해하지 못한 계몽주의적 이성에 대한 반발로 설명한다. 그는 21세기 들어 세계 도처에서 종교가 다시 주목되는 현상 역시 종교적 신앙의 본질을 이해하지 못했던 근대성에 의해서 "억압된 것의 회귀 현상return of the repressed"(Eagleton, 2010/2010: 122)으로 규정한다.

이렇게 볼 때, 세속성에 의해 종교의 기능이 대체되었다는 필 주커먼의 주장 역시 종교 자체가 아닌 제도 종교에 대한 비판으로 다시 읽어야 한다. 종교를 향한 세속 사회의 요구 사항 자체가 사라진 것이 아니라, 더이상 제도 종교를 통해서는 그것이 충족되지 못하며, 나아가 제도 종교에게 그 필요의 충족을 맡겨서도 안 된다는 주장이라는 말이다. 다시 말해, 주커먼도 제도 종교를 벗어난 종교의 역할을 인정한 셈이 된다.

그렇다면 근대 이후 제도 종교로부터 이탈한 종교는 어디에서 찾아야 할까? 종교사회학자 로버트 우드나우Robert Wuthnow의 논의(1992)는 현대 사회에서 미디어와 종교의 관련성을 탐구하는 이들에게 흥미로운 통찰을 준다. 우드나우를 비롯한 많은 종교사회학자들은 20세기 들어 미국 등 서구에서 종교 지형이 어떻게 변화하는지를 분석하면서 종교가 공적 영역에서 지니는 중요성이 점차 약화하는 동시에 개인적이고 사적인 것으로 간주되는 경향이 강해진다고 지적한다. 우드나우는 이런 변화 속에서 이제 종교 혹은 성스러운 것the sacred은 "예기치 않았던 여러 곳unexpected places"에서 "재발견rediscovering"되어야 한다고 주장한다(Wuthnow, 1992: 5). 전통적으로 종교의 자리는 제도 종교에 국한되어 있었다. 즉 개신교, 불교, 가톨릭, 이슬람, 힌두교, 원불교 등 누구나 충분히 예상할 수 있는 장소였다. 하지만 제도 종교의 존재감이 약화하는 후기 근대 사회에 접어들면서 종교의 자리는 새롭게 발견되어야만 한다. 그런데 우드나우가 주목한 새로운 장소는 문화였다. 각종 상징symbolism과 담론discourse이 생산, 유통, 소비되는 곳으로서의 문화 영역이 종교를 발견할 새로운 장소라는 것이다.

문화가 종교를 발견하는 새로운 자리인 이유를 이해하는 데는 '살아내는 종교lived religion'[1]라는 개념이 도움이 될 수 있다. 살아내는 종교란 "매일의 일상에서 체험하는 종교"(Roof, 1992: 41)를 말하는데, 이는 현상학에서 사용되는 '생생한 체험lived experience'이라는 개념에서 출발한다. 생생한 체험은 집단의 경험, 혹은 타인에 의해 전달된 이야기가 아닌 한 개인이 삶 속에서 직접 부

1 'lived religion'는 '생활 종교'라고 번역하기도 하는데, 여기서는 일상에서 체험되는 종교라는 의미를 강조하기 위해 '살아내는 종교'라고 썼다.

뒷치며 쌓은 경험을 일컫는다. 마찬가지로 '살아내는 종교' 역시 매일매일 개인의 일상에서 이루어지는 종교적인 경험을 강조한다. 인간은 제도 종교의 가르침과 교리를 단순히 흉내 내기만 하는 존재가 아니라는 말이다. 사람들은 자신의 종교적 믿음과 실천practice을 직접 만들어 내고, 조율하고, 또 변경하는 데 매우 적극적일 뿐 아니라 성찰적인 존재라는 점에 주목하는 것이다(Nyhagen, 2017).

'살아내는 종교' 개념은 인간이 일상에서 적극적으로 자신의 종교적인 세상religious worlds을 만들어 갈 수 있는 능력을 지닌 존재임을 강조한다. 따라서 개인의 종교적 삶을 제대로 이해하려면, 단순히 그들이 제도 종교 차원에서 이미 만들어진 규율과 가르침을 어떻게 따르는가만 봐서는 안 된다. 그들이 일상에서 세상과 삶을 설명해 내는 수많은 상징을 어떻게 관리, 취사선택, 실천하는지를 살피고, 이를 통해 어떻게 그 종교적 세상 가운데 자신을 위치시키는지를 면밀하게 따져야만 한다(Roof, 1999).

사람들이 일상에서 어떻게 종교를 체험하고 또 '살아내는지'를 따져 본다면, 여기서 종교란 제도 종교에만 한정될 수 없다는 점이 다시 분명해진다. 제도 종교보다 훨씬 넓은 의미의 종교, 즉 '종교적인 것the religious'까지 포괄해야만 한다. '종교적인 것'이라는 개념은 존 듀이John Dewey가 종교를 제도 종교 밖의 차원에서 규정할 때 사용했던 용어다. 그는 종교religion를 단수의 의미로 규정하는 것은 불가능하며 복수의 서로 다른 종교들religions이 존재할 뿐이라고 말한다(Dewey, 1934). 그리고 '종교적인 것'이란 어떠한 사물이나 이상을 향한 특정한 태도를 모두 포괄하는 것으로서, 제도 종교뿐 아니라 제도 종교의 틀을 벗어난 것들까지 종교로 규정할 수 있는 길을 열어준다고 말한다. J. P. 윌리엄스J. P. Williams 역시 종교를 정의 내리는 것이 얼마나 어려운지 강조하면서 한 개인의 종교성religiosity을 형용할 때 사용하는 '종교적인religious' 태도를 그 대안으로 제시한다(Williams, 1962). 이렇게 종교는 제도 종교만으로 설명될 수 없으며 제도 종교를 벗어난 포괄적인 기능과 의미를 지닌다. 따라서 '종교적인 것'이라는 개념은 제도 종교를 비롯하여, 현대 사회의 문화 영역에서 발견할 수 있는 제도 종교를 벗어난 종교까지 포괄하는 유용한 개념이 된다.

종교를 발견하는 새로운 장소 미디어

지금까지 우리는 우리 삶에서 종교에 대한 관심이 단순히 제도 종교 차원에만 머무르지 않고 '종교적인 것'으로 확장되어야 한다는 점을 확인했다. 또한, 종교적인 것을 발견하는 새로운 자리는 우리 매일의 일상과 이를 둘러싼 문화 영역이라는 점도 살펴보았다. 현대 사회에서 종교를 이해할 때, 이 책의 관심사인 미디어가 얼마나 중요한지가 여기에 있다.

미디어 시대라 일컬어지는 현재, 미디어는 사람들 삶에서 세상을 이해하고, 해석하고, 설명하고, 진단하는 여러 상징과 의미가 제공되는 너무나 중요한 통로다. 따라서 우리가 일상에서 '살아내는 종교' 역시 이제 미디어를 떠나서는 충분히 설명될 수 없다. 종교를 이해하기 위해서 우리 초점을 미디어로 옮겨야 하는 이유는 최근 미디어 환경의 변화로도 설명할 수 있다. 소수의 주체가 제한된 채널을 통해 불특정 다수에게 메시지를 일방적으로 전달하던 신문, 방송 등 매스 미디어 시대에도 종교와 관련한 미디어의 중요성은 절대 작지 않았다. 하지만 이론적으로 무한한 채널과 정보 유통이 가능한 디지털 미디어 시대가 되면서 그 중요성은 훨씬 더 커졌다. 종교와 관련하여 미디어가 대중에게 제공하는 상징 자원이 폭발적으로 증가했기 때문이다. 인쇄 미디어와 방송 미디어를 지나 케이블/위성을 거쳐 트위터, 페이스북, 인스타그램, 유튜브 등의 소셜 미디어, 그리고 넷플릭스, 디즈니+, 애플TV, 웨이브 등 OTT에 이르기까지 미디어 환경의 급격한 변화는 종교와 관련한 수많은 이야기와 이미지, 상징, 담론을 우리의 일상과 삶의 현장으로 끌어들이는 역할을 하고 있다.

미디어는 종교가 존재하는 곳이라고 생각하기 어려웠던 "예기치 않던 여러 곳unexpected places" 가운데 가장 먼저 손꼽혀야 한다(Forbes, 2000). 설교와 법문을 중계하는 종교 미디어를 비롯하여, 제도 종교의 명과 암을 보도하는 저널리즘 미디어, 종교 집단과 종교인을 희화화하는 영화, 귀신과 영매를 등장시켜 초월적 세계를 그리는 드라마, 새로운 형태의 종교인 네트워크를 구성하는 소셜 미디어, 제도 종교에 대한 경멸과 조롱이 규범이 된 인터넷 공론장 등 그 사례는 그야말로 무궁무진하다.

이런 미디어 속 종교 상징의 포화 상태는 종교를 '하나의 상징 세계a symbolic universe'로 이해했던 피터 버거Peter Berger의 주장(Berger, 1967)에 힘을 보탠다. 그에게 종교란 삶이 가져다주는 극도의 혼란 속에서 성스러운 질서sacred order를 발견하고 유지하도록 하는 일련의 상징적 체계를 말한다. 그가 이해한 종교는 제도 종교뿐 아니라 개인의 인생 철학, 과학적 세계관, 세속 철학, 상식적 규범 등을 모두 포괄하게 만든다. 우드나우는 버거의 관점에 기반하여 다음과 같이 종교적 가르침을 정의한 바 있다.

> 종교적 가르침이란 도대체 이해할 수 없는 현실의 혼돈에 맞닥뜨린 개인에게 고통, 죽음, 비극, 불의에 대한 설명을 제공함으로써 그 혼돈으로부터 피할 수 있도록 돕는 것을 말한다. 그것은 핵심적 준거 틀frame of reference을 제공하여 한 개인의 인생을 통합적으로 볼 수 있게 한다. 이 준거 틀은 모든 삶에 적용되어서, 한 개인을 궁극의 시간과 공간에서 발견할 수 있게 할 뿐 아니라, 그의 삶에 궁극적인 목적이 무엇인지를 명시한다. 따라서 그는 이제 그 목적 달성을 위해 매일의 행위를 조직할 힘을 얻게 된다. (Wuthnow, 1992: 18~19)

미디어는 개개인의 일상에서 이런 준거 틀의 토대가 될 종교적 상징의 최대 공급원이 되었다. 따라서 현대 사회의 종교를 이해할 때 미디어의 중요성은 무척 크다. 이러한 맥락에서 새로운 분야 '미디어와 종교'를 독립적인 학문 분야로 확립하는 데 크게 기여한 미디어학자 스튜어트 후버Stewart Hoover는 미디어의 종교적 중요성을 개인의 의미 생산meaning-making과 연결하여 설명한다(Hoover, 2006). 미디어는 사람들이 종교를 살아내는 현장에서 종교적인 의미를 생산하는 데 필요한 핵심 통로가 된다는 것이다. 후버는 종교 상징을 제공하는 원천으로서 미디어가 사람들에게 자신이 누구인지(정체성), 무엇을 믿는지(신념), 무엇을 해야 하는지(규범)에 관한 의미를 총체적으로 생산하는 기능을 담당한다는 점을 강조한다.

매개 종교

현대 사회의 종교를 이해하는 데 미디어의 중요성이 이렇게 크기 때문에 우리는 미디어와 종교의 관계를 더 깊이 이해하기 위해 노력해야 한다. 여기서는 이러한 노력에 유용하게 사용될 개념으로 '매개 종교mediated religion'를 제안하고자 한다. 매개 종교 혹은 '매개된 종교'란 미디어가 매개하는 종교를 말한다. '미디어 속 종교'라고도 할 수 있다. 이 개념은 미디어란 본질적으로 매개mediation 기능을 담당한다는 인식에서부터 출발한다. 미디어학에서 매개는 주로 현실reality을 수용자 대중에게 전달하는 미디어의 기능을 말하는데, 여기서 전달되는 현실은 있는 그대로의 객관적 실체가 아니다. 즉 미디어의 매개는 현실을 있는 그대로 반영reflection하거나 투영projection하는 것이 아니라는 말이다. 미디어에 의해 매개된 현실 혹은 '재현된 현실represented reality'은 의도적 혹은 비의도적인 '선택selection'과 '배제exclusion'를 필연적으로 동반할 수밖에 없는 매우 복잡한 과정의 결과다.

여기서 사용된 매개 개념은 미디어학자 로저 실버스톤Roger Silverstone의 이론을 따른다. 그는 미디어를 '매개의 과정mediating process'으로 이해해야 한다고 주장한다(Silverstone, 1999/2009). 실버스

톤에게 매개란 단순히 미디어 텍스트와 수용자가 만나는 순간만 의미하지 않으며, 하나의 미디어 텍스트가 생산되기까지에 개입하는 다른 텍스트들, 담론들, 사건들이 복합적으로 얽히고 맥락을 이루면서 그 의미meanings가 만들어지고 변형되는 모든 과정을 포괄한다. 따라서 매개를 이해하기 위해서는 단순히 미디어 텍스트만을 바라봐서는 안 된다. 그 과정에 개입하는 다양한 주체, 권력의 행사, 테크놀로지, 이데올로기 등을 전반적으로 살펴야만 한다.

사실 매개란 단순히 기술적 의미의 미디어(사진, 신문, 잡지, 영화, 라디오, TV, 인터넷……)와만 연결되는 개념이 아니다. 말, 글, 상징 등보다 넓은 의미의 매개체와도 연결된다. 미디어와 종교 분야에서 사용되는 매개 역시 마찬가지다. 문화인류학 전통을 통해 미디어와 종교를 연구하는 비르기트 마이어Birgit Myer에게 매개는 매우 중요한 개념이다. 그는 종교 자체를 하나의 매개적 실천a practice of mediation이라고 규정한다. 또 종교의 본질은 인간과 초월적이고 영적인 힘power 사이에 다리를 놓는 역할에 있다고 본다. 이 매개 과정에 이용되는 미디어는 기술적 의미의 미디어뿐 아니라, 향incense, 허브, 희생 제물, 성상, 그림, 책, 성스러운 돌과 강, 인간의 몸에 이르기까지 매우 광범위하다(Meyer, 2009). 즉 마이어에게 종교는 미디어 자체라고 할 수 있다.

이 책에서 말하는 매개 종교 역시 단지 신문, TV, 영화 등 현대적 커뮤니케이션 테크놀로지와만 연결될 필요는 없다. 더 확장된 의미에서 다양한 매개물media에 의해 매개된 종교 전반을 포괄할 수 있다. 하지만 이 책에서는 주로 매스 미디어를 비롯하여 테크놀로지와 연결된 현대 문물로서의 미디어the media[2]와 연결된 차원을 중점적으로 살펴보려 한다.

매개 종교 개념을 사용하여 미디어와 종교의 관계를 탐색할 때 얻을 수 있는 이점은 크게 두 가지가 있다. 첫째, 미디어가 매개하는 제도 종교를 이해하는 우리의 관점이 달라진다. 보통 미디어가 특정 종교를 다룰 때, 그에 따른 반응의 초점은 그 재현의 '정확성'에 맞춰지곤 한다. 예를 들어, 어떤 드라마에 한 종교가 나오면, 그 종교의 '본래 모습'이 그 드라마에 얼마나 정확하게 잘 반영되었는지, 혹은 그 드라마가 본래 모습을 잘못 전달하거나, 의도적으로 왜곡하지는 않았는지 등을 눈에 불을 켜고 찾아 평가하려 한다. 만약 정확하지 않다고 판단하면, 그 구성원들은 억울해하거나 크게 분노한다.

그런데 매개 종교라는 개념을 통해서 보면 이야기가 달라진다. '제도 종교'와 '매개 종교'를 분리해서 생각할 수 있기 때문이다. 이 개념에 따르면, 미디어 속 종교는 제도 종교의 본질을 반영한 결과물이 아니다. 미디어에 의해서 매개된, 즉 상징적으로 구성된constructed 혹은 만들어진 또 하나의 종교라고 보는 것이 더 적합하다. 스튜어트 후버는 이를 상상imagination이라는 개념과 연결하여 설명한다. 미디어에 의해서 매개된 종교는 해당 종교 그 자체가 지니는 의미를 벗어나 상상을 포함하게 된다. 즉 매개 종교는 그 사회와 문화 내에 존재하는 각종 담론, 규범, 집단

2 영어에서 the media는 주로 매스 미디어를 비롯하여 테크놀로지와 연결된 현대 문물의 미디어를 가리키는 반면, media는 보다 광의의 매개체를 포괄하는 의미로 사용된다.

기억 등이 상상의 차원에서 연결됨으로써 완전히 새로운 의미를 구성하게 되는 것이다(Hoover, 2014 January). 신학자이면서 미디어 연구자인 피터 호스필드Peter Horsfield는 매개의 관점으로 기독교의 역사 전체를 개괄한 바 있다. 그는 현대의 기독교 역시 역사 속 다양한 모습의 기독교가 그랬던 것처럼 하나의 매개된 기독교일 뿐임을 이해해야 한다고 말한다(Horsfield, 2015).

이렇게 접근하면 사실상 제도 종교의 '본래 모습'이라는 것은 의미가 없다. 예를 들어, 미디어가 그리는 개신교는 본래 모습의 개신교가 아니라, '매개 개신교' 혹은 '매개된 개신교'로 이해해야 한다. 따라서 제도 종교로서 개신교의 본래 모습이 왜곡되었다고 흥분하거나 분노할 필요 없다는 말이다. 대신 필요한 것은 따로 있다. 매개된 종교로서 특정 종교가 왜 특정한 방식으로 구성되는지를 파악하는 것이다. TV 드라마에서 개신교를 부정적으로 그렸다면, 개신교가 왜 이렇게 부정적으로, 비판적으로 매개되는지, 혹은 왜 그런 방식으로 매개될 수밖에 없는지 등을 총체적으로 파악해야만 한다.

이런 총체적 접근을 위해서는 전제되어야 할 몇 가지가 있다. 먼저, 매개mediation와 재현representation이라는 미디어의 사회적 기능에 대한 이해가 바탕이 되어야 한다. 즉 매개와 재현을 현실의 정확한 반영과는 분리해서 생각해야 하며, 미디어의 성격도 잘 알아야 한다. 미디어의 조직, 인력, 재원 구조, 내부 문화에 이르기까지 깊이 이해해야 한다. 여기에 덧붙여 수용자의 존재에 대한 이해도 있어야 하며, 나아가 사회 전체에 대한 깊이 있는 이해도 중요하다. 이런 조건들을 다른 말로 하면 미디어 리터러시

media literacy 역량을 위한 기초라고 하겠다. 미디어 리터러시를 바탕으로 우리는 미디어가 특정 종교를 특정 방식으로 그리는 것에 대한 단편적이고 표면적인 평가가 아니라, 현재 우리 사회의 어떠한 사회적, 문화적, 또 정치적 맥락이 해당 종교를 이러한 상징적 구성체로 만들 수밖에 없었는지를 더 촘촘하고 입체적으로 분석할 수 있게 된다.

둘째, 매개 종교의 개념을 통해서 우리는 미디어 속 '제도 종교를 넘어서는 종교 현상'에 대한 관심이 가능해진다. 미디어가 매개하는 종교 현상이란 단지 제도 종교에만 국한되지 않는다. 훨씬 더 다양하고 흥미로운 현상에까지 확장된다. 앞서 살펴본 것처럼 미디어가 다루는 종교란 제도 종교를 넘어 '종교적인 것'을 포괄한다. 우리는 여기에서 매우 중요한 의미와 가치를 발견할 수 있다. 외계인의 존재 여부를 흥미롭게 그렸던 〈엑스파일 *The X-Files*〉(Fox, 1993~2002)이나, 초월적 존재와 초자연적 현상을 다룬 〈슈퍼내추럴 *Supernatural*〉(The CW, 2005~2020, 2016~2018) 같은 픽션물은 매개 종교의 좋은 사례가 된다. 여름이면 방송하는 〈오나의 귀신님〉(tvN, 2015), 〈싸우자 귀신아〉(tvN, 2016) 같은 납량 드라마와 장르 전문 채널에서 방송한 드라마 〈프리스트〉(OCN, 2018~2019)나 〈트랩〉(OCN, 2019), 〈구해줘〉(OCN, 2017) 등도 매개 종교로 주목할 수 있다. 또, 스타에 대한 일반 대중의 열광적인 사랑을 드러내는 팬덤 현상, 현대 사회에서 집단적 의례ritual 기능을 담당하는 대형 스포츠 이벤트도 여기에 해당한다. 이 외에도 미디어가 다루는 '종교적인 것'의 사례는 아주 많다.

우리는 이런 것들을 모두 '매개 종교 현상'이라고 부를 수 있다. 이렇게 다양한 매개를 통해 미디어는 여러 형태와 방식으로 기존 제도 종교가 담당하던 기능을 보완하거나 대체한다. 사람들에게 삶의 목적을 규정해 주고, 삶과 죽음은 무엇인지, 우리는 어떠한 삶을 살고 있는지 등 그 의미를 해석해 준다. 사회적인 고통의 현장에서 그 의미를 궁극성의 차원에서 설명하고, 더 나은 세상에 대한 믿음을 제공한다. 이성과 과학을 넘어서는 초월적, 초자연적 영역에 대한 대중의 생각에도 큰 영향을 미친다. 과학이 풀어내지 못하는 영역에 대한 호기심과 관심을 해소하는 데 필요한 자원을 공급하기도 한다. 모두 그동안 종교가 담당해 온 사회적 기능으로 꼽히던 덕목이다. 현대 사회에서는 제도 종교만이 아니라 미디어도 이런 기능을 담당하고 있다. 이렇게 본다면 제도 종교에 대한 비판적 시선이 확산하고 또 제도 종교의 공적인 영향력이 약화하는 최근의 상황에서 어쩌면 미디어의 종교적 역할은 제도 종교보다 더 중요해지고 있다고 주장할 수도 있다.

후버는 미디어가 수용자 대중에게 "상징의 창고symbolic inventory"가 된다고 말한다(Hoover, 2006: 55). 현재를 살아가는 대중의 종교적 삶에 매개 종교가 어떤 역할을 하는지 설명하는 데 쓸모 있는 개념이다. 현대 사회에서 미디어는 상징의 창고로서 우리가 살아가는 세상을 이해하고 의미를 만들어 내는 데 활용할 문화적 자원을 공급하는 핵심적 역할을 한다. 종교적 의미 생산도 예외가 아니다. 즉 대중은 미디어가 매개하는 다양한 종교 상징을 꺼내 쓰고 활용함으로써, 끊임없이 종교적 의미를 생산한다. 우리가 저널리즘과 엔터테인먼트 모두를 포괄하여 미디어 속 종교, 즉 매개 종교에 관심을 두고 분석해야만 하는 이유가 여기에 있다.

다음 장에서는 미디어와 종교가 만나는 필연적인 장소인 재난을 살펴본다. 코로나 팬데믹과 세월호 참사 사례를 통해 미디어는 어떤 기준에 따라 종교 집단의 행위를 평가하는지, 미디어가 제도 종교를 대신하여 세속 사회를 위해 수행하는 기능은 어떤 것인지 등 이 책에서 말하는 여러 화두를 정리해 본다.

3

재난, 종교, 세속 사제

재난과 종교, 그리고 미디어

재난disaster이란 인간의 유한한 통제를 벗어나는 뜻밖의 고난에 직면하는 것이다. 자연에서 발생하기도 하고 인간이 만들어 내기도 하며, 2022년 가을 데이터센터 화재로 인한 카카오톡 서비스 장애 사태가 시사하듯 테크놀로지가 촉발할 수도 있다. 감당할 수 있는 범위를 벗어난 고난을 의미한다는 점에서 인간의 가장 근원적인 본질과 원형을 드러내는 상황이기도 하다. 그래서 재난은 종교와 쉽게 연결된다. 자연재해와 종교심 사이에는 밀접한 관련이 있다는 연구도 많다(Bentzen, 2019). 지진을 비롯한 재해를 경험한 사람일수록 자신을 더 종교적이라 여기며, 자기 삶에서 종교가 중요하다고 평가하는 것으로 나타난다. 이러한 경향은 소득이나 교육 수준의 차이에 상관없이 비슷하다. 인간의 본질에 가깝다는 얘기다.

종교 사회학에서는 인간에게 종교가 필요한 이유를 불확실성, 불가능성, 희소성 등 피할 수 없는 인간 능력의 한계를 체험하는 상황 때문으로 설명하곤 한다(O'Dea, 1970). 이런 점에서 재난과 종교의 만남은 자연스럽다. 재난을 통해 우리는 인간의 본질과 종교 사이의 관련성을 들여다볼 수 있다. 그런데 현대 사회에서 우리가 경험하는 재난 상황은 대체로 미디어 의존적이다. 재난이 개인적 차원에만 한정되는 경우는 거의 없으며, 대부분 집단과 사회, 이제는 지구적 차원까지 매우 복잡하고 광범위하게 연결된 네트워크에서 발생하기 때문이다. 따라서 재난이 수반하는 고통, 슬픔, 애도, 기억과 기념도 모두 미디어를 통해 매개될 수밖에 없다. 즉 사회적 차원에서 일어나는 사건, 사고, 재해는 미디어를 통해 생산되는 '미디어 이벤트'의 성격을 지니게 된다(Dayan & Katz, 1992; Hoover, 2012). 그래서 재난의 성격과 의미를 깊이 있게 이해하려면 반드시 미디어를 통해 전달되고 또 새롭게 구성되는 공통의 감각과 정서, 지향을 분석해야 한다. 즉 지금 우리는 재난을 이야기할 때 언제나 종교, 그리고 미디어를 함께 고려해야만 하는 시대를 살고 있다.

최근 한국은 연속적으로 큰 재난을 경험했다. 크고 작은 자연재해의 잦은 발생은 접어두더라도 2014년 세월호 참사, 2020년부터 지속된 코로나19 팬데믹, 2022년에 일어난 10 · 29 이태원 참사에 이르기까지 전 사회적인 슬픔과 충격을 연이어 경험했고 이로 인한 집단적 트라우마를 걱정하는 목소리까지 들린다. 미디어와 종교의 필연적인 만남을 만들어 내는 이와 같은 재난 상황은 이 분야 연구자들이 고민하는 여러 쟁점이 무엇인지를 드러내 준다. 저널리즘 미디어가 종교를 평가하는 기준과 가치는 무엇인지, 종교를 다루는 미디어의 특징과 한계는 무엇인지, 종교에 대한 미디어의 비판이 가리키는 바는 무엇인지, 미디어가 제도 종교를 대신하여 담당하는 종교적 기능에는 어떤 것이 있는지 등을 살펴볼 수 있는 기회가 된다. 나아가 궁극적으로 이러한 쟁점을 통해 한국 사회의 현재와 미래에 관하여 말할 수 있는 것은 무엇인지도 발견한다.

코로나19, 제도 종교의 위기

2019년 말부터 시작되어 전 세계를 큰 틀에서 재편해 버린 코로나19 상황에서 우리는 재난, 종교, 미디어의 독특한 결합과 그것이 초래하는 결과를 목격했다. 2장에서 언급한 대로 한국의 경우 감염병의 본격적인 국내 확산이 2020년 2월 신천지라는 종교 집단에서 시작되었다. 아직 대유행이 시작되기 전, 이른바 '31번 확진자'가 진단 검사를 거부하고 마스크도 없이 대중교통을 이용해 여기저기 종교 행사에 참석한 것으로 밝혀졌고, 뒤이은 역학 조사에서 그 동선을 따라 대규모 집단 발병이 확인되었다. 그가 신천지 신도라는 점과 코로나 확산에 이 신흥 종교의 여러 특성이 직간접적인 영향을 미쳤다는 보도가 이어지면서 한국 사회는 그야말로 발칵 뒤집혔다.

이후 현장 예배 금지를 둘러싼 개신교와 정부의 갈등을 비롯하여, 교회와 종교 시설의 집단 감염 소식, 사랑제일교회 집단 감염, 개신교 단체가 주도한 8·15 광화문 집회로 촉발된 제2차 대유행 등 연이은 일들은 코로나19와 종교, 그리고 미디어의 관련성을 매우 강하게 만들었다. 산발적으로, 때로는 대규모로 불거진 종교 관련 집단 감염 사례와 함께 비대면 종교 집회를 요청하거나 명령하는 정부 정책에 대한 일부 종교 집단의 반발은 종교에 대한 미디어의 부정적 재현과 그에 따른 대중의 비판적 인식을 더욱 강화하는 결과를 낳았다.

코로나19 팬데믹은 한국 사회에서 종교의 위기를 가속화한 계기였다. 우리 사회 전반에 신천지와 개신교, 나아가 종교 일반에 대한 부정적인 인식이 돌이킬 수 없을 정도로 강해졌기 때문이다. '사회적 거리두기social distancing'라는 전에 들어보지 못한 초유의 공공 정책이 나올 정도로 팬데믹으로 인한 사회적 재편에 대한 요청은 사회적 삶의 모든 영역으로 확장되었다. 종교 영역 역시 예외일 수 없었다. 코로나19가 요청하는 새로운 질서의 시대에 종교란 과연 무엇이며, 무엇이어야 마땅한가를 둘러싼 진지하고 중요한 질문들이 제기되었다. 종교는 달라져야만 했다.

하지만 이에 대한 제도 종교의 응답은 실망스러웠다. 신천지로 인해 불거진 종교에 대한 부정적 인식이 이후 개신교를 통해 더 강화되고 나아가 제도 종교 일반으로 확장되었지만, 제도 종교 누구도 이를 불식시키거나 그 흐름을 바꿀 만한 계기를 마련하지는 못했다. 2022년 4월 발표한 〈국민일보〉의 조사에서 개신교에 대한 신뢰도는 18.1%로 나타났다(강주화, 2022. 4. 27). 이는 2020년 1월에 실시한 기독교윤리실천운동 조사의 31.8%, 2021년 1월 목회데이터연구소 조사의 20.9%에 비해 많이 낮아진 수치다. 코로나19 확산 이후 2년여 만에 13.7% 포인트가 떨어졌는데, 이는 결국 개신교가 팬데믹 기간에 잃어버린 신뢰의 객관적 지표라 할 수 있다. 조사 응답자 가운데 개신교인을 제외하면 신뢰도는 8.8%로 훨씬 더 떨어진다. 코로나 이전의 반토막에 불과하다.

비단 개신교만의 문제는 아닌 것으로 보인다. 코로나19 확산이 본격화된 2020년 6월 엠브레인의 조사에서는 응답자 71.6%가 "코로나 사태라는 중차대한 시국에 솔직히 종교가 한 역할은 없는 느낌이다"라고 답했다(엠브레인, 2020). 한국리서치는 2018년부터 매년 종교와 관련한 인식 조사를 실시하는데, 2021년 조사에서 눈에 띄는 것은 1년간 종교에 변화가 있는지를 물어보는 항목이었다. 코로나 팬데믹 기간의 영향을 가늠할 수 있는 통계다. 1년 전에 종교가 있었지만 현재는 없다고 답한 사람이 6%였고, 1년 전에 종교가 없었으나 현재는 있다는 사람이 2%로 나타났다. 1년 전 개신교 신자였던 사람 중에는 12%가 현재 종교가 없다고 답했다. 이 수치는 가톨릭 8%, 불교 12%로 조사되었다. 코로나 기간에 개신교뿐 아니라 종교 일반에 대한 부정적 인식이 강화되었다는 해석이 가능하다.

물론 코로나19로 인해 종교에 대한 한국 사회의 불신이 시작되었다고 생각하는 것은 오해다. 이미 1990년대부터 시작된 제도 종교에 대한 부정적 인식의 증가세가 꾸준히 이어지고 있다고 봐야 한다. 여기에 코로나19 국면은 그 추세를 한층 더 강화하는 계기였고, 이제 그 흐름은 돌이키기 어려운 것이 되었다. 앞서 언급했듯이 팬데믹 기간 중 종교에 대한 부정적 인식이 강화된 데는 신천지와 개신교가 큰 몫을 했다. 이를 '매개 종교'의 관점으로 다시 표현하면, 저널리즘 미디어에 의해 매개된 두 종교 집단의 모습이 이러한 부정적 인식을 '구성'한 것이라고 할 수 있다.[3]

3 신천지와 개신교에 대한 언론 보도를 비롯하여 코로나19로 인한 재난 상황은 미디어와 종교 분야 연구자들이 주목할 만한 다양한 현상을 만들어 냈다. 제도 종교의 온라인 의례와 관련한 진정성authenticity 논쟁, 그리고 포스트코로나 혹은 비대면 커뮤니케이션 시대가 만들어 낼 새로운 종교 현실 등은 앞으로 탐구할 주제다.

세속주의 저널리즘이 말하는 종교

코로나19 국면에서 세속 저널리즘은 어떤 기준에 따라 두 종교를 평가했을까? 저널리즘에게 종교 집단으로서 신천지와 개신교는 서로 다른가? 또는 규범적인 차원에서 이 둘은 달라야 하나? 코로나19가 불러온 독특한 상황에서 제기된 질문이다. 모두에게 낯선 바이러스의 확산 초기였던 2020년 3월 말 황교안 전 자유한국당 대표는 자신의 페이스북에서 다음과 같이 말한다. "신천지와 교회는 다르다." 당시는 신천지에서 시작된 대규모 감염으로 인해 방역 당국이 모든 종교 기관을 대상으로 집회의 비대면 전환을 강력하게 권고하고, 개신교계 일부 교단과 교회가 이에 반발하던 시기였다. 게다가 몇몇 교회에서 발생한 집단 감염 때문에 개신교에 대한 비판적 보도가 이어지고 여론 역시 악화하던 때였다. 그는 "마치 교회에 집단 감염의 책임이 있는 것처럼 신천지 여론을 악용"하는 것은 잘못된 일이라고 말했다.

해당 포스팅에서 황 전 대표가 "우한 코로나"[4]라는 논쟁적인 용어를 사용한 데서도 알 수 있듯이 이 발언은 문재인 정권의 방역 정책에 대한 반대를 표하는 차원에서 나온 것이라는 점이 분명하다. 하지만 이 발언의 취지가 정부와 함께 언론을 향한 불만이었다는 점에 주목할 필요가 있다. 언론이 신천지와 개신교를

4 코로나19 확산 조기 일부 언론과 인사들은 바이러스가 처음 발생한 것으로 알려진 지역명을 따라 '우한 코로나'라고 이름 붙여야 한다고 주장하면서, 이렇게 명명하지 않는 정부는 비겁하게 중국의 눈치를 보는 것이라며 비판했다.

동일하게 취급하는 것을 문제 삼기 때문이다. 언론에게 신천지와 개신교는 엄연히 다르며 그 취급도 달라야 마땅하지만, 이 둘의 질적인 차이를 인정하지 않는 것에 대한 항의였다.

황 전 대표의 주장에 대한 평가는 물론 정치적 입장에 따라 다르겠지만, 저널리즘의 규범 차원에서는 어떨까? 신천지와 개신교에 대한 저널리즘의 대우는 달라야 하나? 그렇다면, 혹은 그렇지 않다면, 각각의 이유는 무엇인가? 이에 대한 적절한 평가를 위해서는 먼저 세속 저널리즘이 기반한 가치와 규범을 살펴야 한다. 한국의 사회적 맥락에서 주류 저널리즘이 기초하는 기본 가치는 무엇인지, 그에 따른 종교 보도에 요청되는 규범은 무엇인지에 따라 그 평가는 달라질 것이기 때문이다.

먼저, '종교 미디어'[5]가 아닌 '세속 미디어'는 세속주의secularism가 말하는 세속성의 기본 전제와 규범을 따른다는 점을 확인해야 한다. 19세기 영국의 언론인 조지 홀리오크George Holyoake가 처음 사용하기 시작한 '세속주의'(Holyoake, 1896)라는 용어는 그 자체로 논의할 수많은 쟁점이 있다. 하지만 여기서는 그 뜻을 공적 사안과 국가로부터 종교를 분리해야 한다는 생각이나 원리를 의미하는 것으로 한정한다. 즉 공적 영역에서 종교의 역할을 최소화하거나 제거해야 한다는 철학에 따라 사회를 운영해야 한다는 사상이 세속주의다. 종교의 논리가 아닌 세속의 논리로 사회를 설명하고 진단하며, 나아가 조직하겠다는 원리로서의 세속주의는 근대

5 여기서 종교 미디어란 종교 기관이 특정 종교적 신념과 가치를 바탕으로 설립, 운영하는 미디어를 말한다.

이후 많은 국가가 채택하고 있다. 물론 '종교'와 '비종교'의 구분, '세속'과 '비세속'의 구분은 그 사회의 역사적, 문화적 맥락에 따라 서로 다르게 규정될 수 있다는 점에서 그리 단순한 논의는 아니지만 말이다.

세속주의 원리는 '세속성'이라는 가치에 기초한다. 여기서 세속성이란 종교와 세속의 구분에서 세속을 우선한다는 것으로서, 흔히 '정교분리separation of politics and religion'의 원칙과 연결된다. 종교-국가의 관계에서 국가가 어느 특정 종교 혹은 종교적 이데올로기와 동일시되는 것을 회피하는 원칙이다. 세속성을 기본 가치로 삼는 세속주의에서 종교 영역의 다원주의는 마땅히 따라야 할 규범적 가치가 된다. 어떠한 제도 종교도 사회 내 우월한 위치와 권력을 차지할 수 없다. 또한, 공적 영역에서 다종교 공존에 대한 보장과 함께 종교 간에 특혜 없는 처우는 당연하게 준수되어야 한다.

물론 세속성의 가치라는 것이 서구 근대화 과정의 산물이며, 따라서 서구의 역사적 특수성에 기반하여 만들어진 것임을 잊지 말아야 한다. 세속성은 기독교의 헤게모니적 위상과 이에 대한 도전 및 근대화가 수반한 세속화 등이 만들어 낸 복잡한 역사적 과정의 생산물이다. 따라서 세속성의 가치와 그것에 기반한 세속주의가 한국적 맥락에서 어떠한 특수성을 갖게 되는지는 면밀한 분석과 논의가 필요하다. 하지만 여기서 쟁점은 세속주의 사회에서 저널리즘에게 맡겨진 기능에 한정되기에 더 자세한 논의는 다음 기회로 넘긴다.

한국의 저널리즘은 영미 전통의 자유-다원주의 저널리즘

을 지향한다. 그 지향이 얼마나 성공적이냐 혹은 그 지향 자체가 정당하냐에 관해서는 논란이 있지만, 한국 저널리즘 현장과 저널리스트 양성 과정에서 이러한 지향성 자체가 지배적이라는 점은 분명하다. 자유–다원주의 저널리즘에서는 언론 기관과 언론인이 철저히 지켜야 할 강령으로 '객관성'과 '중립성'이 강조된다. 저널리즘 실천과 관련된 사안에서 주관적인 개입이 있어서도 안 되며, 이해관계를 지닌 주체들 사이에 어느 편에도 서지 말아야 한다는 것이다. 물론 이런 상태가 과연 가능한지를 회의적으로 보고, 이를 강조·강요하는 현실을 '객관주의 이데올로기'로 규정·비판하는 시각이 강해지고 있지만, 여전히 저널리즘 현장에서는 이 강령이 개인과 조직이 철저히 준수해야 할 전문적 가치로 받아들여진다. 이와 함께 언론의 핵심 기능으로 간주되는 '권력에 대한 감시와 비판' 역시 자유–다원주의 저널리즘 전통의 산물이다. 저널리즘은 정치권력으로부터 시민의 자유를 지켜내기 위해 매우 중요한 역할을 담당하는데, 그 핵심은 권력이 특정인과 특정 세력에게 집중되거나 남용, 오용되지 않도록 감시하고 비판하는 데 있다. 그리고 이는 종교 보도에도 그대로 적용된다. 예를 들어, 타 종교에 비해 개신교에 대한 언론의 비판적 시선이 더 강한 이유를 언론인은 한국 사회에서 개신교가 권력으로서의 위상을 차지하기 때문으로 설명한다(박진규, 2008).

그런데 세속주의 저널리즘에서도 종교의 설 자리가 아예 없는 것은 아니라는 점은 매우 중요하다. 자유주의는 구조기능주의적 사회론과 결합하여, 사회를 개인적, 집단적 필요를 충족시키는 여러 부분으로 이루어진 하나의 유기체라고 설명한다. 이

부분들을 사회 제도social institution라 부르며, 각 사회 제도에 맡겨진 정기능을 수행할 때 그 사회는 가장 안정적인 상태가 된다. 종교 역시 사회를 구성하는 주요 부분 중 하나라고 간주하기에 사회의 통합과 균형을 위하여 맡겨진 고유의 기능을 수행할 것이 기대된다.

이러한 시각에 따라 사회 제도로서 종교에 맡겨진 기능을 담당하는 기관이 바로 제도 종교다. 사회가 제도권 안에서 공인한 종교라는 말이다. 이에 비해 사이비 종교false religion 또는 유사 종교pseudo-religion는 종교로서의 특징과 형식을 일부 갖추었지만 충분한 공인을 받지 못하여 제도권에 진입하지 못한 종교를 일컫는다. 이 개념들은 종교의 외형을 가지고 사회에 부정적인 영향을 끼치는 집단을 부르는 용어로 사용되기도 한다. 이러한 분류는 기성 종교established religion와 신흥 종교new religion라는 개념들로 대체되기도 한다. 제도권 안에서 공인되어 상당한 수준의 외형과 인정을 확보한 종교와 그런 위상을 획득하기 위한 과정에 있는 종교에 대한 구분이다. 한편, 이단heresy/cult이라는 개념도 있는데, 이는 세속주의의 용어가 아님을 먼저 확인해야 한다. 이단이란 제도 종교의 정통 교리에서 벗어난 교리와 가르침을 일컫는데, 이는 특정 종교 체계 내에서 판단하고 규정할 것이지 세속 사회의 관심 및 판단의 대상이 아니다.

세속 저널리즘의 종교 보도 규범에 따르면, 개신교와 신천지는 각각 제도 종교와 신흥 종교로서 규정된다. 물론 신천지의 교리나 포교 방식 등이 개신교 내부에서는 일찍부터 문제가 되었고 이에 따라 이단으로 규정되어 비판의 대상이 된 지 오래되었지만, 세속 사회의 큰 관심 대상은 아니었으며 이단 논란 자체가 세속 저널리즘에는 종교적 언어에 불과할 뿐이었다. 물론 신천지가 초래한 여러 반사회적 현상이 있었지만, 코로나19 이전에는 개신교 커뮤니티를 중심으로 한 종교 담론 내에서만 논의되었고 세속 사회의 공적 담론에 편입되지는 못했다. 결국 기본적으로 이 두 종교 집단에 대한 저널리즘의 평가는 사회 제도로서 종교에 맡겨진 역할을 충실히 하는 데 기여하는지, 사회에서 합의된 규범과 질서를 철저히 준수하는지에 달려 있다고 봐야 한다. 만약 이러한 역할을 충실히 수행하고, 사회의 규범과 질서를 잘 준수한다면 두 집단을 질적으로 다르게 다뤄야 할 정당한 근거는 찾기 어렵다. 거꾸로 역할과 기능을 다하지 못하거나, 규범과 질서를 위반한 경우에는 두 집단 모두 비판과 거부의 대상이 되어야 마땅하다. 이것이 코로나19 이전 저널리즘이 처한 맥락이다.

주지하다시피 코로나19 상황에서 신천지와 개신교는 세속 저널리즘의 주요 보도 대상이었다. 따라서, 신흥 종교와 제도 종교를 다루는 저널리즘의 원칙이 어떻게 실천되었는지를 살펴볼 수 있는 기회가 된다. 이를 분석함으로써 우리는 이러한 원칙이 어떻게 준수, 위반, 타협, 혹은 왜곡되었는지를 평가할 수 있다. 나아가 저널리즘의 종교 보도가 한국 사회에서 시사하는 함의는 무엇인지도 탐색할 수 있다. 이를 위해서는 엄밀한 경험적 분석이 필요하겠으나, 여기서는 1차 대유행기(2020. 2. 18~4. 12)와 2차 대유행기(2020. 8. 14~9. 24)에 각각 신천지와 개신교를 대상으로 한 언론 보도의 흐름과 내용을 분석한 연구(박진규, 2020a)를 토대로 간략히 살펴본다.

(신흥) 종교에 대한 타자화

1차 대유행기에는 신천지 대구교회, 그리고 신천지 관련 청도 대남병원을 중심으로 확진자가 폭발적으로 증가하였다. 전국에 산재한 신천지 교회들을 통해 코로나19 확진자가 크게 확산했는데, 이 과정에서 신천지는 조직적으로 역학 조사를 방해하기도 했다.[6] 악화된 여론 앞에서 신천지 교주 이만희는 기자 회견을 열어 사과와 함께 세간의 오해를 풀겠다는 메시지를 발표한다. 이 기간 언론의 보도는 2월 18일부터 시작된 31번 확진자의 방역 수칙 위반, 신천지의 역학 조사 방해, 교주 이만희와 신천지 조직 구조에 대한 소개 및 분석 등에 집중되었다. 신문, 방송, 통신, 온라인 미디어의 기사, 칼럼, 만평, 그리고 〈PD수첩〉, 〈그것이 알고 싶다〉, 〈스트레이트〉, 〈이규연의 스포트라이트〉 등 대부분의 시사 다큐멘터리 프로그램까지 관련 보도에 적극적으로 참여하였다.

31번 확진자가 발생한 2월 18일 이후 그가 신천지 신도라는 것이 밝혀지면서 언론은 다음 기사 제목에서 볼 수 있듯이 신천지라는 당시로서는 낯설던 종교 집단을 보도하는 데 집중한다. 주요 보도 내용은 첫째, 신천지의 방역 비협조 및 정보 은폐에 대한 비판, 둘째, 신천지의 종교 문화 및 조직 구조에 대한 비판이다.

6 2022년 8월 12일 대법원 판결에서 신천지 교주 이만희의 횡령 혐의는 유죄로 확정되었으나 감염병예방법 위반 혐의에는 무죄가 내려졌다.

- 코로나19 확진자 쏟아진 신천지… '신도 단속, 거짓 종용' 의혹(《연합뉴스》, 2. 19)
- 위장교회 전국에 125곳… 복음방 등 포함하면 740여 곳(《국민일보》, 2. 20)
- 신천지 집단이 천년왕국? 12지파 창조한 적 없어 허구(《국민일보》, 2. 20)
- 신천지 예배방식 보니… 서로 밀착, 접촉 불가피(YTN, 2. 20)
- 이만희 "마귀의 짓"… '신도 23만여 명' 신천지 종교 활동 어떻게?(KBS, 2. 21)
- 대구 보건소 팀장 확진… 신천지 신도로 확인(《서울신문》, 2. 24)

여기서 우리는 저널리즘이 종교를 다루는 특징을 발견할 수 있다. 특히 사회 혼란에 신흥 종교가 연루될 때, 종교의 고유한 속성이 어떻게 종교 집단에 대한 '타자화othering'의 도구로 사용되는지가 드러난다. 신천지 교회의 집단 감염과 이후 전국적으로 확산하는 과정에서 방역 당국이 내놓은 수칙을 신천지가 의도적으로 위반한 점이나 역학 조사에 대한 조직적 방해 행위, 정보 은폐 및 비밀 활동 등에 대한 비판적 보도는 위에서 확인한 세속 저널리즘의 종교 보도 규범에 어긋나지 않는다. 감염병 상황에서 사회적 혼란을 가중하고 공유된 규칙을 명백하게 위반하는 것에 대한 정당한 비판이기 때문이다. 하지만 방역과 직접적인 관련이 없거나, 코로나19 이전부터 존재하던 신천지 특유의 종교 의례와 집단 문화까지 이러한 비판적 보도에 무분별하게 동원된 점에 대해서는 재검토가 필요하다.

신천지는 개신교 계열의 신흥 종교로 분류되지만, 의례와 문화 차원에서 개신교를 비롯한 기타 기성 종교와는 매우 다른 특징을 지닌다. 뉴스 영상을 통해 선명하게 전달된 신천지의 시각적 이미지를 살펴보자. 매우 넓은 실내 공간에 수많은 신도가 똑같은 복장을 하고 의자 없이 방석 위에 빽빽이 줄을 맞춰 앉아 있다. 이들은 높은 강단 위에서 위엄 있게 연설하는 교주의 말에 집중하다가 열정적으로 기도하고 또 손뼉을 치며 노래를 부른다. 엎드린 채로 무언가를 종이에 써서 사람들 사이를 오가는 제복 차림의 간부들에게 제출하기도 한다. 세속과 크게 다를 뿐 아니라, 기성 종교와도 차이가 나는 이런 이미지는 코로나 이전 개신교가 비판하던 반사회적 행태와 포교 방식의 비정상성과 합쳐져 신천지를 코로나19 확산의 주범이라는 인식이 급속하게 확산하는 데 기여했다.[7]

서도원과 하태현은 2020년 2월 18일부터 7월 31일까지 주요 5개 신문사의 신천지 관련 보도를 분석한 연구에서, 신천지를 다루는 언론 보도 담론의 하나로 '이단(사이비) 담론'을 꼽는다(서도원·하태현, 2021). 언론은 '종교 사기,' '괴물,' '혹세무민,' '광적인 집회,' '세상의 바이러스,' '이해할 수 없는 종교,' '전례가 수상쩍은 종교 집단,' '비이성적 맹신,' '신흥 이단 세력' 등의 은유를 사용함으로써 신천지의 이단성에 집중한 비판적 보도 행태를 보였다.

7 신천지의 일탈 행위와 반사회적 행태에 대한 보도는 개신교계 언론사로서 그동안 신천지 보도를 지속해 왔던 CBS와 〈국민일보〉에 의해 주도되고 다른 언론들이 뒤따르는 패턴을 보였다.

여기서 이단성은 앞서 살펴봤듯이 세속 저널리즘의 언어가 아니다. 이단성을 규정하는 의례적 특성과 종교 문화는 세속 저널리즘이 기반한 규범에서 정당한 평가의 대상이라고 하기 어렵다. 하지만 코로나19라는 낯선 바이러스가 매우 빠른 속도로 확산하고 그 정체와 위험도에 대한 과학적 정보가 축적되기 전 상황에서 그 확산의 중심에 있던 신천지는 타자화하기에 쉬운 대상이었다. 신천지가 종교 집단, 그것도 낯선 신흥 종교였다는 점은 이를 더 수월하게 만들었다.

흥미롭게도 신천지에 대한 저널리즘의 타자화와 유사한 현상을 이미 다른 재난 상황에서 경험한 적이 있다. 2014년 세월호 참사 당시 대표적인 저널리즘 오류 사례로 지목되는 유병언에 관한 보도가 바로 그것이다. 참사 직후 세월호를 운영하던 해운사의 실소유주가 이른바 '구원파'로 불리는 신흥 종교의 교주 유병언으로 알려지면서, 사법 당국은 유병언과 그 가족을 검거하기 위해 큰 노력을 기울인다. 이 과정에서 대부분 언론은 사고의 원인과 책임을 유병언과 그의 종교 집단에 돌리는 보도에 집중한다. 종교인과 종교 집단을 둘러싼 매우 집착적인 보도에서 경찰의 공개 수배에 쫓기던 유병언은 도피 중 사망한 채 발견된다. 이후 세월호 사고의 수사가 장기화하고 그 구조적 원인에 대한 심층적 논의가 진행되면서 사건 초기 유병언에 대한 언론의 집요한 추적과 집착은 결국 비판과 성찰의 대상이 되었다(김도연, 2016. 9. 7). 유병언과 그의 종교에 지나치게 매달림으로써, 사건과 큰 관련이 없는 비본질적 측면이 두드러지고 과도한 해석과 추측, 사실에 기반하지 않은 보도가 난무했기 때문이다.[8] 결과적으로 이런 저널리즘의 모습은 우리 사회가 세월호 사건의 본질에 집중하지 못하게 만드는 요인 중 하나였다는 평가를 받는다.

타자화란 특정 집단을 사회 내 구성원의 범주 밖 객체로 규정함으로써 정치적 효과를 거두려는 담론 전략을 말하는데, 주로 인종/민족, 국적, 지역, 젠더 등을 둘러싸고 나타난다. 코로나와 세월호 국면에 나타난 사례들은 종교 역시 이런 메커니즘에 활용되기 쉽다는 것을 시사한다. 세속주의를 기본 원리로 운영되는 사회에서 종교는 한 집단의 정체성 및 일부 특성을 일반화하고 부정적인 낙인을 찍는 데 유리한 조건을 갖춘다. 세속 사회의 시선에 비친 종교 집단의 속성, 즉 신비성이나 고유의 관계성/조직성은 타자화의 방향으로 작동하기에 용이하다. 특히 사회적 공인을 충분히 획득하지 못한 신흥 종교라면 더 타자화의 제물이 되기 쉽다. 기성 종교와의 권력관계에서 열등할 뿐 아니라, 신천지처럼 기성 종교에서 파생된 신흥 종교라면 더욱 은밀한 활동과 비공개적 문화에 기댈 수밖에 없기 때문이다.

또, 종교 집단의 소수자성은 재난이라는 상황에서 혐오의 대상으로 전환될 가능성 역시 크다. 코로나19 초기 중국인과 조선족에 대한 혐오 분위기, 2020년 5월 이태원 클럽발 집단 감염 당시 성소수자에 대한 혐오 분위기는 신천지에 대한 사회 인식과

8 세월호 당시 도피 중이던 유병언에 대한 과도한 보도 행태는 코로나19에서 이만희의 기사 회견에도 반복되었다. 당시 언론은 이만희가 차고 나온 이른바 '박근혜 시계'에 집착하고 이만희와 주변 인물의 일거수일투족을 분석하는 등 비본질적 사안에 집착하는 모습을 보였다.

언론 보도의 타자화 패턴과 유사하게 진행되었다. 신천지에 대한 저널리즘의 타자화는 결국 바이러스 확산의 사회적 의미를 깊이 있게 분석하고 평가하려는 노력에도 부정적인 영향을 미쳤다. 신천지와의 밀접한 관계라는 점에 묻혀, 청도 대남병원 집단 감염의 계급성, 대구 한마음아파트 집단 감염의 젠더성이 저널리즘과 공공의 주된 관심에서 벗어나 버린 것은 너무 아쉬운 점이다.

이러한 종교 보도의 문제점은 사실 세속 저널리즘이 종교에 대한 이해가 부족하다는 점에서 기인하는 현상이라고 볼 수도 있다. 한국의 저널리즘 현장에서 종교는 점점 더 주변화되고 있으며, 종교를 전문 분야로 하는 기자를 따로 두는 언론사 역시 줄어드는 추세다. 중앙 일간지가 주 1회 따로 종교면을 두어 관련 보도를 하던 것도 이젠 모든 신문사의 관행이라고 하기 어렵게 됐다. 물론 이 시기에 신천지에 대한 타자화를 우려하는 기사가 전혀 없었던 건 아니다. 하지만 다음 사례들처럼 그런 목소리는 언론인이 아닌 종교학자의 칼럼을 통해서야 나올 수 있었다는 점은 저널리즘의 종교 전문성 부족 문제를 방증한다.

> 그럼에도 신천지 교인들, 혹은 신천지 교단을 병마의 제단에 희생양으로 올리는 것만은 여전히 망설여진다. 신천지가 감염 확산의 통로가 된 것은 수상한 신종교라서도 아니고, 그 교의 때문도 아니며, 교단의 전모를 드러내기를 꺼리는 조직 특성과 관련이 있기 때문이다. 만약 그와 비슷한 속성을 가진 비공개 정치조직이나 소수자 커뮤니티에서 감염자가 발생했더라도 사태는 크게 달라지지 않았을 것이다. 비난하기에 편한 타자라고 해서 혐

> 오가 정당화되는 것은 아니다. (……) 누구도 차별받아서는 안 된다는 원칙에서 예외는 없다. 인종 때문이든, 종교 때문이든. (한승훈, 2020. 2. 25)

> 하지만 20만 명이 넘는 집단을 교주의 문제로 환원시켜 전체를 악마화하는 건 위험한 일이다. 비록 그들은 집단적으로 코로나19 사태에 중대한 책임이 있는 것으로 보이지만 그렇다고 그들 전체를 악의 범주로 낙인찍는 일은 부적절하다. 낙인찍기, 사회적 배제, 비존재화는 그들이 받아야 할 형벌이 아니다. 그들도 시민이다. 잘못한 것이 있더라도 말이다. (김진호, 2020. 2. 29)

신천지에 대한 타자화가 종교에 대한 저널리즘의 이해 부족에서 비롯되었다는 추론은 〈동아일보〉, 〈중앙일보〉 등 주요 언론들이 코로나 직전까지 신천지와 관련한 홍보성 기사를 크게 게재했다는 점에서도 뒷받침된다(정민경, 2020. 2. 27). 갈수록 악화하는 재정적 어려움 속에서 쉽게 돈벌이 수단으로 삼았던 종교 집단을 하루아침에 사회와 공존할 수 없는 존재로 돌변시키는 것은 위에서 살펴본 저널리즘의 종교 보도 규범에 대한 위반일 뿐 아니라, 평소 세속 저널리즘이 종교에 대하여 얼마나 무지한지를 보여 준다. (한국의 세속 저널리즘이 종교를 다룰 때 준수하는 규범 및 가치 등에 관해서는 4장에서 더 자세히 논의할 것이다.) 한편, 2차 대유행기에 나타난 종교 보도를 통해 평소 저널리즘이 종교의 어떤 모습을 비판의 대상으로 삼는지 살펴보자.

저널리즘이 규정하는 종교의 일탈

첫 번째 대유행은 안정을 찾았지만, 광복절을 전후하여 다시 확진자가 급증하는 2차 대유행기를 맞았다. 이번에는 개신교가 여론의 중심에 자리한다. 개신교 관련 단체들이 주도한 8·15 광화문 집회가 방역 당국의 강한 만류에도 불구하고 강행되었고, 이후 확진자 급증 현상과 맞물려 여론의 호된 질타를 받는다. 광화문 집회를 주도했던 전광훈 목사의 사랑제일교회는 방역 수칙을 위반하고 현장 예배를 고수하다 집단 감염이 발생, 전광훈 목사 본인까지 확진 판정을 받아 입원하게 된다. 이후 몇몇 개신교회와 관련 시설에서도 집단 감염이 연이어 발생한다. 청와대는 개신교계 지도자 15명을 초청하여 방역 협조를 요청하는 간담회 자리를 가졌는데, 여기서 나온 교계 대표의 발언이 다시 여론의 뭇매를 맞게 된다.

이 기간 종교 관련 언론 보도의 주요 내용은 개신교의 현장 예배 강행에 대한 비판과 그 원인에 대한 설명, 타 종교에 비해 개신교에서만 확진자가 폭발하는 이유 분석 등이 주를 이루었다. 전광훈 목사와 사랑제일교회의 정치성을 비판하고 전 목사의 교계 내 성장 배경을 설명하는 기사도 많았다. 개신교 내 자성의 움직임이나 방역 모범 사례를 제시하고 소개하는 내용, 코로나 시대에 개신교를 비롯한 종교의 새로운 모습을 제언하는 기사도 있었지만 많지는 않았다.

이런 가운데 미디어에 의해 매개된 개신교는 현장 예배를 강행하며 방역 당국 및 정부와 갈등을 빚은 집단이었다. 교회와 교인들을 둘러싼 방역 수칙 위반 사례와 비과학적인 신념 및 실천 사례가 이를 입증하는 근거로 제시되곤 했다. 더구나 개신교는 세속 사회와의 관계에서 불통과 독선으로 일관하는 집단으로 인식되었다. 여기에 한몫한 전광훈 목사의 행태와 종교 정치 역시 교계 내에서는 오랜 논란의 대상이었지만 대중의 인식에서는 그저 개신교 일부분으로 여겨질 뿐이었다. 이 기간 개신교를 다루는 기사와 칼럼 제목의 예는 다음과 같다.

- 수도권 확진자만 245명… 교회발 코로나 대유행 위기(《조선일보》, 8. 17)
- 교회방역 실패했는데… 왜 '온라인 예배'로 강제 못하나?(《뉴스1》, 8. 16)
- 국내 코로나19 화약고된 교회… 사실상 2차 대유행 시작(《뉴스1》, 8. 16)
- 성당, 사찰 잠잠한데… '집단 감염' 교회에 잦은 이유는?(《머니투데이》, 8. 17)
- 저들의 천국에 난 가지 않겠다(《한국일보》, 8. 18)
- 성경책 들고 도주, 만면에 웃음… 사랑제일교회 '기이한' 대응(《이데일리》, 8. 18)
- 신도, 헌금 사수… 개신교회가 코로나 전파 진원지 된 이유(《한겨레》, 8. 20)
- 2020년 8월, 한국에서 개신교는 사형 선고를 받았다(《오마이뉴스》, 8. 21)
- 왜 '일부' 개신교 교회들만 협조가 안 되는 걸까(《경향신문》, 8. 23)

- 한국 개신교의 유통기한은 남아 있을까?(《경향신문》, 8. 25)
- 교회 또 교회… 밝혀진 것만 절반 이상 '교회발'(MBC, 8. 27)
- 천주교, 불교인보다 개신교인 향한 부정 이미지 강해(《연합뉴스》, 8. 29)
- 대면예배 할 거냐고 "묻지마" 일부 교회 강행 의지(MBC, 8. 29)
- 오늘도 '예배당'엔 교인들이 모였습니다(《머니투데이》, 8. 30)
- "생명 같은 예배" 강행… 주민들 "교회 때문에 불안"(MBC, 8. 30)
- 일부라지만 대면예배 고집… '공공의 적'이 된 개신교(《한겨레》, 9. 1)
- 코로나19 확산… 교회가 진심으로 죄송합니다. 현수막 내건 교회들(《경향신문》, 9. 8)
- 아예 예배당 없앤 교회… 신자들에 '기본 소득' 나눠줘(jtbc, 9. 9)

기사 제목들이 시사하듯이 미디어는 이 시기 개신교를 매우 비판적으로 매개했다. 특히 기명 칼럼에서는 "유통기한 만료," "사형 선고," "저들의 천국" 등 강한 톤의 언어를 동원함으로써 비판의 수위를 높였다. 이러한 비판의 중심에는 세속 사회 내 개신교의 설 자리에 대한 회의적인 시각마저 존재한다. 세속주의 원리에 따라 개신교는 제도 종교에 맡겨진 역할과 기능을 다해야 하지만, 이는 고사하고 세속 사회의 구성원으로서 기본적으로 갖춰야 할 최소 자격마저 상실했다는 평가였다. 앞서 정리한 것처럼, 공적 영역에서 종교의 자리를 최소화하려는 세속성에 기초한 세속주의 저널리즘이라고 해도 종교의 자리와 기능은 보장한다.

세속 사회의 일원으로서 종교를 인정하고 맡겨진 몫을 다해 주기를 기대한다는 말이다. 하지만 코로나19 2차 대유행 국면에서 개신교가 보여 준 모습은 이러한 기본 전제에 대한 도전으로 인식되었고, 그 기대에 대한 심각한 위반으로 받아들여졌다. 제도 종교로서 개신교의 공공성에 대한 문제 제기였다.

이렇게 저널리즘 미디어의 종교 보도를 통해 우리는 세속 사회가 제노 종교에 요구하는 기본 자격은 무엇인지, 또 사회를 위해 담당해 주기를 바라는 역할은 무엇인지를 구체적으로 읽게 된다. 위의 사례처럼 종교 집단에 대한 비판을 통해서도 알 수 있고, 칭찬하고 응원하는 호의적 보도를 통해서도 깨달을 수 있다. (이에 대해서는 4장에서 더 자세히 살펴볼 것이다.)

코로나19 국면에 드러난 개신교에 대한 비판적 대중 인식은 여러 논의 거리를 제공한다. 이제 개신교는 한국 사회의 담론적 지형에서 고립된 집단이 되어 가는 것으로 보인다. 기존에 개신교에 따라다니던 불통과 독단의 이미지는 이젠 고립과 '게토ghetto화'의 우려로까지 확장했다. 이런 상황을 만든 많은 원인 가운데에는 개신교에 내재하는 언어language의 문제가 있다. 세속 사회의 일상에서 대중이 사용하는 언어를 제대로 '읽지reading' 못하고, 대중의 언어를 적절하게 사용하여 '쓰지writing' 못한다. 언어가 같지 않다면 원활한 소통이 될 리 만무하다. 이는 개신교가 심각하게 여기고 진지하게 계발해야 할 '대중 언어 리터러시'라고 하겠다(박진규, 2020. 11. 16).

코로나19 국면을 통해 거듭 확인한 것처럼 한국 개신교가 사용하는 언어는 '대중 언어'가 아니라 그들만의 '종교 언어'였다. 앞서 언급했던 황교안 전 대표의 "교회는 다르다"는 발언이나 8월 27일 청와대 간담회에서 김태영 당시 한국교회총연합 공동대표가 "교회를 영업장이나 사업장 취급"하지 말라는 발언은 대중 언어 리터러시를 갖추지 못한 개신교의 현실을 드러낸다. 감염병이 급격하게 확산하는 시점의 세속 사회에 신천지와 개신교의 차이는 주변적인 정보에 불과할 뿐이고, 현장 예배 금지 정책의 부당성을 설명하기 위해 꺼내든 "사업장"과 "영업장"은 소상공인, 골목상권, 중소기업과 수많은 서민의 생존 문제를 심각하게 폄훼하는 것이라는 점을 미처 헤아리지 못한다(박진규, 2020. 9. 8). 대중 언어에 능통하지 못하니 세속 사회가 그들을 향하여 이야기하는 바를 통해 세상을 읽지도 못할 뿐 아니라, 세속 사회를 향해 말할 때도 세상 사람들이 알아들을 수 있는 언어로 '번역'하지 못한 채 발화한다. 결국 세속 사회에서 수용되는 가치와 규범, 욕망과 결핍을 읽어 낼 능력이 부족하고, 자신들의 종교적 가치와 규범, 세계관을 세상에 전달할 능력 역시 모자란 것이다. (보수 개신교를 포함하여 미디어를 향한 제도 종교의 시각과 그것이 초래하는 정치적 함의에 대해서는 5장에서 더 자세히 논의한다.)

물론 여기서도 종교를 다루는 세속 저널리즘의 한계 역시 발견된다. 저널리즘이 매개한 개신교의 일관된 이미지는 과연 개신교 내에 존재하는 스펙트럼의 폭을 제대로 반영하는 것인가의 문제가 있다. 저널리즘 역시 개신교 보도가 흔히 주목하는 교계 및 지도자가 개신교 일반을 얼마나 적절하게 대표하는지, 개신교 내 다양한 집단에 대한 재현에서 자주 발생하는 과잉·과소 대표의 문제를 얼마나 심각하게 여기는지 등을 성찰해야 한다. 예를 들어, 차별금지법의 가장 큰 장애물로 개신교를 꼽는 대중의 보편적 인식과 달리 개신교인의 31.5%만 이에 반대하고 42.4%는 찬성한다는 조사 결과(한국기독교사회문제연구원, 2021)는 세속 사회를 향한 언로言路가 교계 권력에만 집중된 현실을 보여 주는 동시에, 종교 집단 내 복잡다단한 지형을 제대로 이해하지 못한 채 교권 위주의 보도에만 몰두하는 세속 저널리즘의 한계를 드러낸다. 종교 집단 내부에 존재하는 신학적, 이념적 지향의 다양성을 이해하지 못한 채 단일한 집단으로 재현하는 것이 초래하는 위험성을 충분히 인식하는 건 세속 저널리즘의 과제이자 책임이다. 물론 그렇더라도 '매개 종교' 개념이 전제하는 미디어 재현의 불완전성 문제를 완전히 극복할 수 없다는 점은 분명히 하자. 종교 집단에 대한 미디어의 '완벽한' 재현이란 존재하지 않는다.

미디어의 제도 종교 비판에서 발견한 것

이렇게 코로나19 국면은 제도 종교에 대한 미디어의 비판이 기초하는 세속성과 종교의 관계를 재확인하게 만든다. 그런데 흥미로운 것은, 제도 종교에 대한 세속 사회의 실망이 종교에 대한 기대 자체의 완전한 포기를 의미하지 않는다는 것이다. 사회가 종교에 부여한 기능을 제도 종교가 담당하지 못했을 때 나타나는 미디어의 비판을 한층 더 깊이 들여다보고 분석하면 이를 깨닫게 된다. 1차 대유행기에 〈한겨레〉에 실린 권범철 화백의 만평(권범철, 2020. 3. 3)을 보자.

이 만평은 바이러스 확산 초기 방역 당국의 권고를 무시하고 현장 예배를 고집하는 개신교를 비판한다. 출입 금지 표식이 둘린 교회 앞에서 방역복을 갖춰 입은 요원과 성경책을 든 두 사람이 마주 서 있다. 방역 요원에게 이들은 "주님 만나러 들어가야" 한다고 말한다. 방역에 협조하지 않는 개신교인들에 대한 비판임이 명확하다. 그런데 흥미로운 점은 그림 오른쪽 아래쪽에 있는 인물이다. 마스크를 착용한 사람 하나가 들것에 실린 환자를 이송하는데, 두 사람의 이야기를 듣곤 난감해하는 것으로 보인다. 그런데 이 인물은 긴 머리에 가시 면류관을 썼다. 예수를 상징한다는 걸 어렵잖게 알 수 있다. 두 사람이 교회로 들어가 만나려

그림 3－1 바이러스 확산 초기 방역 당국의 권고를 무시하고 현장 예배를 고집하는 개신교를 비판한다. (권범철, "주님 만나러 들어가야 해요," 〈한겨레〉, 2020. 3. 3)

는 예수가 정작 있는 곳은 교회 밖이며, 그가 하는 일은 방역을 돕는 일이라는 표현이다.

〈한겨레〉의 만평(권범철, 2020. 8. 21) 하나를 더 보자. 이번에는 2차 대유행기에 실린 것이다. 두 인물이 방안에서 창밖으로 보이는 네온사인 십자가를 쳐다보고 있다. 십자가 옆에는 "예배 강행 일부 교회"라는 문구로 당시 새로 시작된 대유행의 중심에 놓인 개신교를 호명한다. "일부 교회"라는 표현에서는 비판의 내상을 개신교 전체로 일반화하지 않으려는 조심스러움도 엿보인다. 두 인물 중 하나는 어린아이이고 다른 한 명은 긴 머리에 주황색 천을 몸에 두르고 있다. 책상에는 성경책이 놓여 있다. 그에게 이런

그림 3 – 2 코로나 2차 대유행기로 다시 시작된 바이러스 확산의 중심에 놓인 개신교를 호명한다. (권범철, "예배 강행 일부 교회," 〈한겨레〉, 2020. 8. 21)

상황이 난감하다는 건 말 줄임표로 알 수 있다. 이 인물 역시 예수임은 자명하다.

코로나19 상황에서 개신교가 보여 준 모습에 대해 두 만평은 모두 비판적인 입장을 취한다. 자신들의 종교 의례와 전통을 명분으로 방역을 무시하는 제도 종교에 대한 세속 저널리즘의 호된 질책이다. 그런데 1차와 2차 대유행의 맥락에서 개신교 일부가 보인 행태에 대하여는 매우 신랄하지만, 개신교 일반 혹은 개신교의 본질에 대한 비판은 아니라는 점을 분명히 한다. 두 만평 모두에서 예수로 상징되는 인물의 배치가 이를 보여 준다. 예수는 첫 번째 만평에서는 교인들, 두 번째 만평에서는 교회의 편에서 있지 않다. 개신교의 행태와는 반대되는 편, 즉 독자의 시선과 같은 편에 위치함으로써 비판의 대상이 예수 자체가 아니라는 점을 명확히 한다. 교회와 교인들이 상징하는 개신교의 현실과 예수로 상징되는 개신교의 본질을 분리하는 것이다. 이 만평들은 현실 개신교를 비판하면서도 예수에 대한, 개신교의 본질에 대한 기대를 완전히 포기한 건 아니라는 점을 시사한다. 나아가 실망스럽기 짝이 없는 제도 종교의 현실에도 불구하고, 종교의 본질과 역할에 대한 기대는 여전히 남아 있음을 보여 준다. 사회에서 종교의 몫은 여전히 채워져야만 한다는 필요의 표현이기도 하다.

이러한 특징은 미디어가 종교를 비판할 때 일반적으로 발견되는 패턴이다. 제도 종교의 현실과 종교의 본질을 분리함으로써 종교의 역할에 대한 기대 자체를 완전히 철회한 것은 아님을 명확히 한다. 종교의 '본질'에 대한 승인은 여전하다는 점이 전제되어 있다. 종교를 비판하는 저널리즘 보도에서 발견할 수 있는 '역설적 기대paradoxical expectation'다.

종교에 대한 사회의 기대는 미디어를 통해 드러난다고 했다. 그렇다면 그 기대의 구체적인 모습은 무엇일까?

재난 속 종교의 역할과 시민 종교

코로나 팬데믹에서 만나는 미디어와 종교는 또 하나의 질문을 제기한다. "재난 상황에서 종교가 담당해야 할 사회적 역할은 무엇인가?" 인간 한계 상황의 극단을 경험하는 재난은 삶의 가장 근원적 질문을 제기한다. 여기서 종교는 재난의 의미를 해석할 뿐 아니라, 인간의 삶에서 왜 죽음, 고통, 불행이 있는지, 이를 넘어서기 위해 요구되는 태도는 무엇인지에 대한 답을 제공한다(O'Dea, 1966). 코로나19 상황에서 제도 종교에 대한 부정적 인식이 더 공고해졌다는 것은 재난 상황에서 기대되는 종교의 역할을 제대로 하지 못했다는 대중의 인식일 것이다. 재난을 겪는 사회에서 대중은 공감과 위로, 현실의 의미 해석, 대안 제시에 목마르다. 재난 상황에서 많은 사람이 겪는 고통에 함께 아파하고 깊은 차원의 위로를 건네는 것은 종교의 핵심적 존재 이유가 된다. 또, 현실의 고통을 과거와 미래를 잇는 역사성 속에서 설명하고, 더 나은 세상을 향한 영감의 원천이 되는 것 역시 종교의 몫이다. 초유의 감염병 사태를 거치며 한국의 제도 종교는 이 자리를 채우는 데 실패했다.

제도 종교가 채우지 못한 그 자리는 결국 다른 존재에 의해 채워져야 한다. 2장에서 살펴봤듯이, 현대 사회에서는 문학, 예술, 미디어, 대중문화가 그 간극을 메우는 주요 주체로 지목된다. 이 중 미디어와 대중문화는 '매개 종교'로서 제도 종교가 하지 못한 역할의 일부를 수행한다.

코로나19 초기였던 2020년 3월 11일에 방송된 tvN 예능 〈유 퀴즈 온 더 블럭〉의 "Warriors(전사들)" 편은 갑작스레 재난을 맞이한 한국 사회에 위로를 전달하는 매개 종교 현상의 단편이었다. 길거리를 돌아다니며 섭외 없이 만나는 평범한 사람들과의 소소한 토크를 통해 즐거움을 안겨주던 〈유 퀴즈 온 더 블럭〉도 사회적 거리두기와 비대면의 일상화로 인해 스튜디오에 갇힐 수밖에 없었다. 이날은 가파른 감염 확산으로 방역과 의료진이 부족했던 대구 지역에 자원해 파견된 간호사와 영상 통화로 진행했다. 화상으로 대화를 나누던 중 애써 가족에 대한 걱정과 그리움을 감추려는 게스트의 모습에 MC 유재석은 먹먹해하며 조용히 눈물을 흘린다. 두고두고 화제가 된 이 장면은 당시 방역 대책을 두고 정쟁에만 몰두하던 정치권이나 방역 수칙 위반을 일삼으며 이기적인 모습을 보이던 일부 시민과 종교 집단 등과 대비되면서 큰 감동을 주었다. 팬데믹 재난을 맞은 대중에게 처음으로 공감과 위로를 제공한 순간이었다.

> 본방보며 같이 울었다…… 이런 방송 정말 최고인 것 같습니다. 실제 의료진분들 목소리는 접할 수 없었는데 유퀴즈 짱이에요. 모든 의료진분들 힘내세요! 방구석에서 뒹굴뒹굴만 하고 있어서, 새내기 로망 다 없어졌다고 투덜대서 죄송합니다. 방금 적은 돈

이지만 기부했어요ㅜ. 할 수 있는 건 없지만 진심을 담아 계속해서 기도할게요. 모두 힘내요, 대한민국!!! (온온)

다른 이의 상황에 눈물 흘리는 그는 진정한 성인, 유재석입니다. 존경합니다. (김감성)

이 프로그램의 유튜브 채널에 달린 위 댓글에서 볼 수 있듯이,[9] 시청자들이 표현하는 정서는 매우 '종교적'이다. 눈앞의 손익 계산에만 몰두하는 현대 사회에서 유불리를 뛰어넘는 헌신과 사랑을 보여 주는 의료진과 그에 대한 공감과 존경을 진솔하게 표하는 연예인을 통해 경험한 것에 대한 자연스러운 반응이었다. 물론 여기서 말하는 종교는 제도 종교가 아니다. 대신 '시민 종교civil religion' 개념으로 이해할 수 있다. 시민 종교는 미국의 사회학자 로버트 벨라Robert Bellah가 장자크 루소Jean-Jacques Rousseau의 개념을 미국적 맥락으로 재해석하여 발전시킨 개념이다. 한국의 시민 종교는 기독교적 전통을 기초로 한 미국 사회와 같을 수는 없다(차성환, 2000). 하지만 시민 종교는 근대적 정교분리의 사상과 함께 인류 역사상 처음으로 등장한 세속 국가를 배경으로 만들어졌다는 점에서 의미가 있다. 강인철은 시민 종교를 사회적 통합과 도덕적 결속을 생산하는 합의된 신념 체계라고 규정한다(강인철, 2019). 세속 사회에서 이런 신념 체계와 연결된 상징, 신화, 의

9 https://www.youtube.com/watch?v =WMiU3uMc0zg

례, 실천, 장소, 인물들의 체계는 성스럽게 여겨지거나 존중의 대상이 된다는 것이다.

특히 재난 상황에서 시민 종교는 추모와 애도의 몫을 담당한다. 9·11 참사 당시 미국 전역에서 희생자를 추모하고 모두가 경험하는 고통을 위로할 뿐 아니라, 그 참사의 의미를 해석하는 기능을 담당한 것은 시민 종교였다(Hoover, 2012). 그런데 미디어 이벤트로서의 성격을 강하게 지닌 9·11 상황에서는 종교와 관련한 생각들이 미디어와의 상호 작용을 통해 매우 독특한 종교 현상들을 만들어 냈다. 현대 사회에서 시민 종교는 주로 미디어를 통해 매개될 수밖에 없다는 점에서 미디어 시대에 시민 종교는 여기서 말하는 매개 종교와 깊은 관련성을 지닌다.

세월호와 '세속 사제'

한국 사회에서 미디어를 통해 재난 속 시민 종교의 징후를 더 분명하게 목격할 수 있었던 것은 세월호 사태 때였다(박진규, 2014). 갑작스러운 참사로 온 사회가 큰 슬픔에 빠져 있던 때 언론인 손석희의 존재감은 아주 특별했다. 오보와 '받아쓰기'로 일관하여 '기레기'라는 말까지 유행시킨 기성 언론에 대한 비난이 쏟아지던 상황에서 당시 jtbc 〈뉴스룸〉 앵커 손석희는 거의 유일한 호응의 대상이었다. 사고 후 여러 차례 실시간 검색 순위 1위에 올랐으며, 그의 말과 행동, 심지어 방송에서 입은 옷차림까지 주목의 대상이 되었다. 세월호 국면에서 그가 처음 주목을 받은 것은 다름 아닌 사과하는 모습이었다. 사고 당일 jtbc 기자가 생존 학생과 인터뷰 도중 친구의 사망 소식을 전하는 실수를 저질렀는데, 이는 그가 책임자였던 jtbc 보도 부문 전체에 심각한 신뢰 저하로 이어질 수도 있는 상황이었다. 하지만 그의 진정 어린 사과를 지켜본 사람들은 오히려 그의 뉴스에 시선을 고정하기 시작했다. 며칠 뒤부터는 실종자 가족들이 인터뷰는 jtbc와만 하겠다고 자청하기도 했고, 사고 당시 상황을 담은 문자와 동영상을 독점으로 제보하기도 했다. 가히 '손석희 현상'이라 부를 만했다(강준만, 2017).

그런데 이 손석희 현상을 찬찬히 들여다보면 속보성, 정확한 정보 전달, 비판 기능 등 저널리즘 고유 기능에 대한 환호가 아니었다. 사람들이 손석희에 반응했던 순간들은 형식적으로 느껴지지 않았던 사과, 인터뷰 중 구조 가능성이 높지 않다는 전문가의 말에 얼마간 말을 잇지 못하던 장면, 학부모와 인터뷰 중 추가 사망자가 발견됐다는 자막이 나오자 "자막은 올리지 마시구요"라던 즉흥적 주문, 매시간 감성적인 언어로 표현하는 오프닝과 클로징 등이었다. 모두 저널리즘의 교과서적 가치와는 다른 측면이었다. 사실 jtbc가 정보의 정확성에서 여러 오류를 보였음에도 불구하고 손석희에 대한 대중의 호의적 반응이 크게 달라지지 않았다. jtbc는 다른 방송사들과 달리 사고 후 1년 가까운 시간 동안 팽목항에 기자를 상주시켜 매일 리포팅을 이어갔고, 손석희는 이를 '어젠다 키핑agenda keeping'이라는 개념을 사용하여 저널리즘의 중요한 사명으로 풀어냈다(손석희, 2021).

미디어와 종교 분야의 학자들은 이렇게 위기나 재난 같은 극한의 상황에서 언론 혹은 언론인의 역할은 '사제priest'의 기능과 유사하다고 설명한다(Koutsulkos, 2016; Hoover, 2012). 사회에서 발생한 큰 사건의 의미와 관련한 중요한 생각들을 전달하고 그 사건의 거시적 서사를 제공하는 역할을 말한다. 9·11과 같은 재난에서 기자, 텔레비전 앵커, 칼럼니스트가 제공하는 언어는 종교 의례를 주재하는 사제의 언어와 닮아 있다. 고통의 치유와 다음 단계로의 전환을 이야기하는 것 역시 매우 종교적인 실천이다. 위기와 재난 상황에서 대중은 이를 함께 헤쳐 나가는 일종의 집단 의례ritual를 집전할 뿐 아니라 사람들 마음에 새겨진 깊은 상처를 다독이고 위로하며, 이런 상황의 철학적, 나아가 종교적 의미를 설명해 줄 수 있는 존재를 필요로 한다. 현대 사회에서는 미디어가 그 기능을 담당한다. 즉 세속 사제secular priesthood로서의 역할인 것이다.

코로나19 때와 마찬가지로 세월호 사고 이후 온 사회가 고통을 겪는 과정에서도 제도 종교의 자리는 크지 않았다. 어느 종교 지도자나 종교 집단도 그 역할을 하겠다고 나서지 못했고 사실 대중의 정서도 그것을 크게 기대하지 않았다. 오히려 종교가 '죄와 벌'이라는 단순 논리로 비극과 희생을 재단하곤 했던 예전의 안 좋은 기억을 되풀이하지 않은 것에 안도할 따름이었다. 이렇게 볼 때 손석희 현상은 재난 상황에서 사제로서의 미디어를 향한 대중의 기대가 어느 정도 충족된 사례라고 볼 수 있다. 집단적 정서에 대한 이해와 공감을 바탕으로 자신들의 입장과 목소리를 대변할 뿐 아니라, 앞으로의 올바른 방향을 제시하고 이끌어 줄 존재를 '매개된 사제 손석희'에게서 찾은 것이다.

한국 사회가 경험한 세월호 참사와 코로나 팬데믹은 재난 속 종교의 사회적 역할은 무엇인지를 다시 생각하는 계기가 된다. 그러한 세속 사회의 기대가 제도 종교를 통해 충족되지 못했을 때, 그 역할을 대체하는 매개 종교의 존재도 발견할 수 있었다. 제도 종교가 사회 속 종교의 역할이 무엇인지 진지하게 읽어 내고 그것에 효과적으로 대응하지 못한다면, 그 자리는 더 위협받을 수밖에 없을 뿐 아니라 종국에는 다른 존재에 내줄 수밖에 없다. 제도 종교의 위기가 곧 종교의 위기는 아니다.

다음 장에서는 종교를 다룬 다큐멘터리와 일간 신문의 종교면 분석을 통해 저널리즘 미디어가 종교를 평가하는 기준은 무엇인지를 살펴보고, 종교를 향한 미디어의 비판이 말하는 '역설적 기대'의 구체적인 내용을 다룬다.

4

저널리즘 미디어는 종교를 어떻게 볼까

종교, 비판을 넘어 무관심으로

현재 한국 사회의 대중 정서가 종교에 대해 호의적이지 않다는 데 이의를 다는 사람은 많지 않을 것이다. 기성 종교에 대한 일반적 인식은 대체로 부정적이며, 각 종교를 대표하는 종교 지도자와 직업 종교인들에 대한 태도 역시 비판적이다. 게다가 그 비판의 크기는 갈수록 커져만 간다.

2021년 5월 한국갤럽에에서 발표한 '한국인의 종교 1984~2021' 조사 결과는 이런 현실을 잘 보여 준다. 이 조사에서 종교가 있다고 답한 사람은 전체 응답자의 41%로 나타났는데, 7년 전인 2014년에 같은 문항 결과에 비해 무려 10% 포인트나 낮아진 수치이며, 이 조사가 시작된 1984년에 기록한 44%보다 처음 낮게 나타난 것이다. 종교가 없다고 응답한 이들에게 그 이유를 물었더니 54%가 "관심이 없어서"라 답했다. 이렇게 답한 응답자는 26%(1997), 37%(2004), 45%(2014)에 이어 계속 증가하고 있는데, 이제는 비종교인 중 절반 이상이 종교에 관심이 없다고 답하는 것이다. 다른 이유로는 "종교에 대한 불신과 실망"이 19%, "정신적, 시간적 여유가 없어서"가 17%, "나 자신을 믿기 때문에"가 8%로 뒤를 이었다.

종교의 사회적 기여도에 대한 평가 역시 매우 부정적이다. "요즘 종교는 우리 사회에 얼마나 도움을 준다고 생각하는지"를 묻는 질문에 62%가 "도움을 주지 않는다"고 답했다. 불과 7년 전에 사회에 도움을 준다고 답했던 비중이 63%였던 점을 고려하면, 그사이 종교의 사회적 역할에 대한 대중의 견해는 완전히 뒤

바뀐 셈이다. 더구나 종교가 없는 응답자로 한정하면 무려 82%가 도움이 되지 않는다고 생각한다.

이 책에서 우리는 "우리 사회에서 종교는 여전히 필요한가? 세속 사회는 이에 대하여 어떤 대답을 하고 있나?"를 질문하고 그 답을 찾고 있다. 그런데 이 조사 결과만 놓고 보면 그 질문에 대한 답은 매우 비관적일 수밖에 없다. 제도 종교에 속하지 않은 사람이 열 중 여섯이고, 이들 가운데 절반 이상은 종교에 아예 관심이 없다니까 말이다. 또, 열 중 여덟은 종교가 우리 사회에 기여하는 바가 없거나 적다고 여긴다. 한국 사회는 이제 종교가 별로 필요하지 않다고 말하는 것처럼 들린다.

물론, 2021년 3~4월에 조사된 이 결과는 2020년 초부터 시작된 코로나19라는 맥락에서 해석되어야 한다. 3장에서 확인한 것처럼 이 기간 종교에 대한 대중의 인식은 아주 나빠졌다. 그렇다고 코로나19가 종교에 대한 한국 사회의 태도를 갑자기 바꾸게 만든 것은 아니다. 종교에 대한 부정적, 비판적 시선은 이미 이전부터 이어져 오던 경향이었다. 즉 코로나19는 안 그래도 부정적으로 변화해 가는 종교에 대한 사회적 인식을 훨씬 강한 흐름으로 바꾸는 계기였다고 봐야 한다. 이제 우리 사회는 종교에 대한 비판과 비난을 넘어, 아예 관심마저 거두는 단계로 접어들었다는 점은 시사하는 바가 크다.

종교에 대한 미디어의 시선 역시 호의적이지 않다. 저널리즘과 엔터테인먼트를 불문하고 미디어는 대체로 종교를 비판적으로 그린다. 종교에 대한 미디어의 비판적 시선은 먼저 제도 종교가 지니는 문제와 모순을 고발하는 시사 저널리즘에서 자주 발견된다. 종교와 종교인의 윤리 문제, 종교 조직의 부정과 불공정, 세속 사회의 규범과 충돌하는 종교의 일탈 등은 일찍부터 뉴스, 신문 기사, 시사 프로그램, 다큐멘터리 등의 단골 소재였다.

엔터테인먼트 미디어도 크게 다르지 않다. 종교 집단에 따라 조금씩 정도가 다르지만, 드라마, 영화 등에서 종교는 자주 희화화, 때론 조롱의 대상이 된다. 특히 개신교에 대한 부정적 묘사는 아주 흔하게 볼 수 있다. 픽션 장르에서 탐욕과 독선으로 가득 찬 캐릭터를 개신교 신자로 설정하는 건 아예 클리셰에 가깝다. 드라마 〈스카이캐슬〉(jtbc, 2018~2019)에서 예서 할머니 윤 여사가 그렇고, 〈원더우먼〉(SBS, 2021)의 한주그룹 사람들이 그렇다. OTT 시대에 들어서면서 개신교 비판은 수위를 더해 가고 있다. 글로벌 흥행을 기록한 〈오징어게임〉(넷플릭스, 2021)에서 개신교인으로 묘사되는 인물은 가장 이기적이고 안하무인의 참가자였다. 〈지옥〉(넷플릭스, 2021)은 개신교의 교리를 희화화하는 장면을 담았고, 〈수리남〉(넷플릭스, 2022)에서 개신교 목사는 남미 지역 마약 범죄의 수괴로 그려진다. 큰 화제를 낳은 〈더 글로리〉(넷플릭스, 2022~2023)에서는 한 대형교회 목사 부부의 위선과 모순이 학교 폭력 가해자 중 한 인물의 주요 배경으로 묘사된다.

익명성을 바탕으로 움직이는 인터넷 공간에서 종교에 대한 비판적 정서는 훨씬 더 강하다. 종교인이 주체가 되어 만들어진 공간이 아니라면, 대부분 공간에서 종교 일반에 대한 부정적 태도는 대중이 공유하는 기본값이라고 봐야 한다. 누군가 이를 인지하지 못하거나 위반했을 경우, 너무나 쉽게 공격과 따돌림의 대상이 되고 만다.

이렇게 종교에 대한 세속 사회의, 그리고 미디어의 시선이 동시에 부정적이라는 사실은 해묵은 논쟁을 불러오기도 한다. 종교에 대한 우리 사회의 부정적 여론은 미디어의 비판적 재현 때문에 생겨난 현상인가? 아니면 미디어의 비판적 시선 자체가 종교에 대해 이미 부정적인 대중 정서를 반영한 것인가? 5장에서 살펴보겠지만, 일부 종교 집단에서는 음모론에 가까울 정도로 이 문제를 미디어의 의도직 영향력에 의한 인과관계로 설명하곤 한다. 미디어가 악의적으로 자신들을 비판하기 때문에, 그 결과로 사회적 인식 역시 나빠졌다는 말이다. 과연 그럴까?

한 분야의 전문가들을 초청해 그 분야의 뒷이야기를 유쾌하게 풀어내는 토크 프로그램 〈다수의 수다〉(jtbc, 2021)는 개신교, 불교, 가톨릭, 원불교의 성직자를 게스트로 초청했다. 이들은 한국 사회에서 성직자로서 삶의 보람과 애환을 친근한 입담으로 쏟아냈는데, 각 종교의 차별점과 함께 여러 종교 사이의 공통점과 화합이 부각되었다. 이 자리에서 MC 유희열은 "방송에서 종교는 금기다"라고 말한다. 사실 상업적 미디어 시스템을 기반으로 움직이는 우리 미디어 환경에서 종교에 대한 비판을 반길 미디어 종사자는 많지 않다. 특정 집단과의 마찰 자체가 상업적 성과에 도움이 되지 않을 뿐 아니라, 미디어의 비판에 매우 민감하게 반응하는 종교 집단들에 의해서 법적 다툼뿐 아니라 방송사 점거 등 물리적 충돌까지 종종 발생했던 경험[10]이 생생하기 때문이다. 이런 상

10 개신교 집단이 언론사와 극심한 갈등을 빚었던 사례로는 1998년 4월 금란교회 교인들이 자교회에 대한 보도에 반발하여 MBC 사옥에 난입했던 사건, 1999년 5월

황에서 미디어 종사자들에게 종교를 다루는 것은 일종의 금기로 여겨진다(김대중, 2008. 9. 7; 강성훈, 2007). 미디어에서 종교를 다루는 것 자체가 부담스러운 일인데, 대놓고 특정 종교를 비판하는 목소리를 내는 건 여간 힘든 일이 아니다. 따라서 음모론의 차원을 벗어나 미디어의 비판을 제대로 설명하려면, 미디어가 비판적인 시선으로 종교를 바라보게 되는, 혹은 그럴 수밖에 없는 이유와 맥락은 무엇인지를 좀 더 깊이 있게 따져 봐야 한다.

저널리즘의 종교 보도 규범

이러한 문제의식에서 나는, 시사 다큐멘터리 〈신의 길 인간의 길〉(SBS, 2008)의 제작 과정을 둘러싼 사례 연구(2008)와, 〈조선일보〉와 〈한겨레〉의 종교 섹션에 대한 내용 분석 연구(2011)를 한 바 있다. 이 연구들을 바탕으로 종교에 대한 저널리즘 미디어의 비판적 시선을 설명하고자 한다.

먼저, 종교는 저널리즘의 보도 대상으로서 만만한 존재가 아니라는 점을 인식할 필요가 있다. 스튜어트 후버(2006: 57)는 그 이유를 미국의 사회적 맥락에서 다음과 같이 정리한 바 있다. 첫째, 종교는 저널리즘의 전통적 규범이 강조하는 논리성 중심의 문법과 잘 어울리지 않는다. 둘째, 종교가 말하는 것들은 저널리즘의

〈PD수첩〉이 자신들의 지도자에 대해 비판적인 보도를 하자 만민중앙교회 교인들이 MBC 주조종실에 난입하여 35분간 방송이 중단된 사건 등이 있다.

주된 관심인 "여기, 그리고 지금here and now"의 범위를 벗어나는 경우가 많다. 셋째, 수많은 전통과 교단, 믿음의 종류로 인해 종교는 언론인에게 매우 복잡하고 난해한 것으로 여겨진다. 넷째, 종교 보도는 본질적으로 논쟁적이기 쉽다. 후버는 종교의 이러한 특징 때문에 결국 종교를 다루는 것은 언론인에게 "긁어 부스럼 만들기not worth trouble"로 인식된다고 지적한다.

한국의 저널리즘도 이러한 종교 보도의 특징을 크게 벗어나지 않는다. 저널리즘 현장에서 준수되는 영미식 저널리즘 규범 및 이데올로기가 종교에 접근하는 태도에 큰 영향을 미치기 때문이다. 뉴스 기사라는 것은 결국 기자 개인과 언론사 조직, 나아가 저널리즘 영역 전체에 통제력을 행사하는 각종 이데올로기가 직간접적으로 작동하여 생산된 결과물이다. 그런데 영미 저널리즘 전통은 뉴스 생산 조직의 성격을 전문직주의professionalism의 틀에서 규정함으로써, 뉴스 생산 과정에서 이에 따르는 직업적, 조직적, 윤리적 규범이 철저히 준수되도록 한다(Tuchman, 1978). 따라서 종교와 관련한 저널리즘 생산물을 이해하기 위해서는 저널리스트와 저널리즘 조직이 종교와 관련해 어떠한 규범을 설정하고 있는지를 먼저 살펴야 한다.

저널리즘이 근본적으로 종교에 비판적일 수밖에 없는 이유가 여기에 있다. 저널리즘의 전문직 규범은 서구 역사를 배경으로 나타난 근대성modernity에서 탄생했다. 근대성은 세속성에 기초하여 정치와 종교의 분리를 사회 구성의 기본 원리로 내세우고, 이를 통해 전근대 사회에서 지배 권력을 독점하던 종교의 영향력을 약화시켰다. 그리고 이 과정에 자유주의와 다원주의에 기초한 저널리즘이 큰 역할을 하게 된다. 태생적으로 종교와 저널리즘은 서로 충돌할 가능성이 컸다. 자유주의와 다원주의를 사상적 기초로 삼은 근대 저널리즘은 도덕적 절대명령을 이념으로 하는 종교와 어울리기 어렵기 때문이다. 다시 말해, 철저히 세속성의 원리에 기반해 움직이는 저널리즘은 내재적으로 종교와의 충돌 위험을 지닐 수밖에 없다.

근대 저널리즘은 사실 중심적 담론을 앞세워 공평성, 경험주의, 사실과 가치의 분리 등을 강조한다(Schmalzbauer, 2002). 따라서 전문직 언론인의 역할에 관한 규범은 '객관성' 및 '중립성'에 기초해 구성된다. 이에 따라 언론인 개인이 종교를 가질 수는 있어도, 그것이 자신의 직업적 실천에 작동해서는 안 된다는 전제가 만들어진다. 저널리스트 개인이 객관주의, 사실주의 규범을 직업적으로 실천하려는 데 있어서 자신의 종교성은 잠재적 걸림돌로 간주되는 것이다.

한국 저널리즘의 종교 보도에도 이러한 규범은 고스란히 작동하고 있다. 한국신문윤리위원회가 제정한 '신문윤리강령' 제3조 '언론의 독립' 조항에서는 종교를 정치·경제·사회와 함께 언론인의 독립된 자주성을 저해할 수 있는 '외부 세력'으로 규정한다. 따라서 이러한 세력이 언론에 간섭하거나 부당하게 이용하려 할 때 언론인은 이를 "단호히 거부"해야 함을 강조한다.

우리가 종교 보도 텍스트를 분석하고 이해할 때는 이러한 저널리즘의 세속성 규범을 중요한 출발점으로 삼아야 한다. 세속 저널리즘의 종교 보도는 '종교 뉴스religion news'이지 '종교적 뉴스religious news'가 아니라는 말이다. 즉 특정 종교 집단의 이해관계에 부합한 뉴스 가치를 지닌 뉴스(종교적 뉴스)가 아니라, 세속성과 객관성에 입각한 뉴스 가치에 의해 종교 관련 사안을 다루는 뉴스(종교 뉴스)로 이해해야만 한다. 종교 보도는 다종교주의 이데올로기에 입각하여 생산된다는 점을 인식하는 것도 중요하다. 특정 종교 집단에 대한 보도는 제도권에서 공인한 모든 종교 집단의 존재와 위상에 대한 동등한 인정을 바탕으로 하여, 그 종교에 대한 객관적 평가에서 나온 결과물이다. 종교 다원 사회를 지향하는 저널리즘의 규범은 개별 종교 집단이 내세우는 이데올로기에 앞선다. 이러한 지향성은 다시 저널리즘이 각 종교 집단을 평가할 때 활용하는 기준으로서 작동한다.

이러한 저널리즘의 종교 보도 규범은 우리에게 매우 중요한 통찰을 제공한다. 즉 세속성을 기반으로 하는 저널리즘의 종교 보도는 종교에 대한 사회의 규범적 담론을 읽을 수 있는 텍스트가 된다는 것이다. 비종교 미디어의 종교 보도는 종교가 저널리즘의 주요 대상이 될 만큼 그 사회적 영향력이 적지 않음을 증명할 뿐 아니라, 저널리즘에 부여된 책임에 따라 종교의 현재 상황을 진단, 평가한 결과에 대한 기록이다. 따라서 우리는 저널리즘의 종교 보도를 분석함으로써, 사회가 종교의 현 상황을 어떻게 평가하는지를 알 수 있으며, 나아가 그 평가의 기준으로 사용된 '종교의 이상적 역할'은 무엇인지도 읽어 낼 수 있다.

일간 신문의 종교 기사[11]

일간 신문의 '종교면'은 저널리즘의 종교 보도가 지닌 이러한 기본적인 특징과 내용을 분석할 수 있는 데이터베이스다. 세속성을 기반으로 하는 저널리즘이 종교를 어떻게 '규정'하며, 사회 속에서 어떤 '기능'을 할당하며, 어떤 '기준'으로 평가하는지, 또 무엇을 '기대'하는지 등을 읽어 낼 수 있는 좋은 텍스트이기 때문이다. 디지털 시대로 접어들면서 타격을 입게 된 종이 신문이 내용적, 형식적 변화를 꾀하는 과정에서 많이 달라지기는 했지만, 종합 일간지는 보통 일주일에 하루, 한 페이지씩 종교면을 배정하여 종교 관련 기사를 게재한다.[12] 종교 기사를 담당하는 기자는 주로 문화부 혹은 사회부에서 담당자를 순환제로 정하기도 하지만, 전문성을 인정하여 종교만 전담하는 전문 기자를 두는 언론사도 있다.

종교면 내용의 분석과 비교를 위해 〈조선일보〉와 〈한겨레〉의 종교면을 살펴보았다.[13] 종교면이 매주 한 번 배치된다는

11 이 부분은 박진규(2011)를 토대로 쓴 것이다.

12 최근에는 종교를 따로 분리하기보다는 주로 문화면에서 비정기적으로 종교 기사를 다루는 신문이 점점 많아지는 추세이다.

13 한국 사회의 이념적 스펙트럼에서 중요한 위치를 차지한다고 여겨지는 두 신문은 저널리즘 연구에서 언론사의 이념적 성향 차이를 보기 위해 자주 선택, 비교되곤 한다. 여기서는 2008년 6월부터 2010년 5월까지 약 24개월 동안 두 신문의 종교면에 실린 기사들을 모두 분석했다(표 4-1~5 참조). 이명박 정권의 전반기에 해당하는 이 시기는 대통령의 종교 편향 논란을 비롯하여 공적 영역에 종교가 개입하는 정도

점은 이 섹션의 기본적인 특징을 시사한다. 즉 돌발적으로 발생하는 종교 관련 사건 사고 기사는 다른 지면에 실리고, 종교면에는 주로 종교와 관련한 기획성 기사들이 실린다. 따라서 종교면 기사들은 종교 관련 돌발적 사안들이 갖는 개별 의미를 총체적으로 맥락화한 뒤, 이를 배경으로 종교 영역에서 이상적이라고 규정한 활동이나 인물을 기획 보도한 결과물이다. 이러한 특징 때문에 종교면 분석은 저널리즘이 어떠한 규범적 전제에 기초해 종교를 평가하는지를 파악하는 데 유리하다.

두 신문의 기사들은 주로 한국의 3대 종교에 집중했다. 신문에 따라 비중 차이는 있었지만, 모두 불교, 개신교, 가톨릭 순이었다. 〈한겨레〉가 원불교와 유교 등 소수 종교에 조금 더 관심을 보인 반면, 〈조선일보〉는 3대 종교 의존도가 더 높았다. 특정 종교가 아닌 영성이나 종교 일반을 다룬 기사는 주로 〈한겨레〉에 한정되었고, 비중도 크지 않았다. 이는 저널리즘이 정의하는 '종교'란 주로 제도 종교 혹은 기성 종교임을 보여 준다. 이러한 종교 규정은 앞에서 살펴보았던 제도 종교의 영향력 약화라는 흐름과 동시에 나타나고 있는 '종교적인 것'의 부상을 저널리즘이 얼마나 적절하게 다룰 수 있을까에 대한 문제를 제기하게 한다.

종교면은 종교의 이상적인 활동 및 인물을 발굴, 소개하는 기획성 기사 위주로 구성되기 때문에 그만큼 호의적인 평가가 많

가 크게 강화된 기간이었다. 이를 계기로 개신교를 비롯한 제도 종교 일반에 대한 언론의 비판적 태도가 본격적으로 형성되어 현재까지 그 흐름이 지속되고 있다는 점에서 이 기간 종교면 분석의 의의를 찾을 수 있다.

표 4-1 신문별 종교 평가 기사 면적(%)

	〈조선일보〉	〈한겨레〉	합계
호의적	79.3	63.6	71.1
중립적	8.9	8.0	8.4
비판적	11.8	28.3	20.5
합계	100.0	100.0	100.0

표 4-2 종교별 종교 평가 면적(%)

	호의적	중립적	비판적	합계
불교	80.7	9.7	9.6	100.0
개신교	47.5	5.0	47.5	100.0
가톨릭	82.3	8.4	9.3	100.0
원불교	95.5	4.5	0.0	100.0
복수 종교	72.0	20.2	7.8	100.0
기타	74.7	3.6	21.7	100.0
합계	71.1	8.4	20.5	100.0

을 수밖에 없다. 표 4-1이 보여 주듯이 두 신문 모두 호의적 평가의 기사가 63.7%에서 79.3%에 이르는 매우 높은 비중을 차지한다.

그런데 이를 종교별로 구분하면 두드러진 특징이 발견된다. 불교와 가톨릭에 대한 호의적 기사가 전체의 80%를 넘고 비판적 기사는 10% 이하이지만, 개신교 기사에서는 호의적, 비판적 기사가 모두 47.5%를 차지함으로써 종교면의 일반적 특징으로부터 완전히 벗어난 것이다. 이를 신문별로 살펴보면, 개신교에 대한 비판적 기사는 〈조선일보〉가 25.4%, 〈한겨레〉가 74%로 큰 차이를 보이는데, 개신교에 대해 〈한겨레〉가 대표하는 진보적 이념이 〈조선일보〉가 대표하는 보수적 이념보다 더 비판적이라고 해석할 수 있는 대목이다. 이러한 차이는 분석 기간인 2008년부터 2010년까지 한국의 현실 정치 지형과 연결하여 해석되어야 한다. 당시 이명박 정권은 이른바 "고소영(고려대, 소망교회, 영남)"이라는 말을 유행시킬 만큼, 개신교 친화적인 인사와 정책을 내세운다는 비판을 받고 있었다. 진보 언론에서는 2000년대 초반부터 본격적으로 현실 정치와 공적 영역에서 존재감을 높일 뿐 아니라, 뉴라이트 세력의 주요 축으로 부상한 개신교에 대한 비판적 보도가 많았다. 하지만 표 4-3과 표 4-4에서 보듯이, 불교와 가톨릭에 대한 비판적 기사가 〈조선일보〉는 각각 7.9%와 4.3%, 〈한겨레〉는 각각 10.9%와 17.8%라는 점을 고려하면, 두 신문 모두 다른 종교와 비교해서 개신교에 더 비판적이었다는 점에서는 일치한다. 1990년대 저널리즘의 주요 비판 대상이 주로 내적 분열상을 보였던 불교였고, 개신교에 대한 평가는 점차 긍정적인 방향

표 4 – 3 〈조선일보〉의 종교별 평가(%)

	호의적	중립적	비판적	합계
불교	80.4	11.7	7.9	100.0
개신교	68.7	5.9	25.4	100.0
가톨릭	88.1	7.6	4.3	100.0
원불교	79.9	20.1	0.0	100.0
복수 종교	87.2	12.8	0.0	100.0
기타	100.0	0.0	0.0	100.0
합계	79.3	8.9	11.8	100.0

표 4 – 4 〈한겨레〉의 종교별 평가(%)

	호의적	중립적	비판적	합계
불교	80.9	8.2	10.9	100.0
개신교	22.2	3.9	74.0	100.0
가톨릭	72.4	9.8	17.8	100.0
원불교	100.0	0.0	0.0	100.0
복수 종교	60.8	25.7	13.5	100.0
기타	72.8	3.9	23.3	100.0
합계	63.7	8.0	28.3	100.0

으로 변화하는 양상을 보였던 연구 결과(장홍근, 2001)와 비교할 때 매우 흥미로운 결과다.

저널리즘이 종교에 대하여 하는 이야기의 구체적인 내용은 무엇인지를 살펴보기 위해 종교면 기사가 명시적 혹은 암묵적으로 내세우는 주제/주장을 분석하였다. 이를 통해 저널리즘이 종교의 현실을 어떻게 평가하는지, 또 저널리즘이 이상화하는 종교의 사회적 역할은 무엇인지를 구체적으로 살펴볼 수 있었다.

총 18개로 분류된 주제/주장 가운데 가장 큰 비중을 차지한 항목은 '개인의 내적 구도'(24.7%)였다. 종교를 개인적 차원에서 종교성, 깨달음, 수행 등을 제공하는 사회 제도로 규정하는 기사, 종교적 구도를 통해 달성되는 개인적 행복과 만족을 다루는 기사가 여기 포함된다. 뒤를 이어 '봉사/나눔(15.0%),' '전통/민족 문화 계승(8.0%)'이 뒤를 이었고, '사회 정의/사회 참여' 역시 8%를 차지했다. 전통/민족 문화 계승이 주로 불교와 관련된 기사라는 점을 감안하면(표 4-5 참조), '사회 정의/사회 참여' 항목이 흥미롭다. 이 항목은 〈한겨레〉에서 10.1%로 나타나, 종교가 사회 정의나 사회 참여에 적극적이기를 바라는 것은 진보 이념에서 더 강한 것으로 볼 수도 있지만, 〈조선일보〉에서도 5.6%를 차지하여 역시 네 번째 빈도의 항목이라는 점이 주목된다.

기사의 주제/주장의 항목들을 그 성격에 따라 (1) '종교에 대한 비판/개혁 요청'과 (2) '종교의 이상적 역할/기능 제안'으로 재분류했다. 먼저, 특정 종교의 내적 개혁을 촉구하는 항목은 '타종교 및 사회에 대한 배타성 비판,' '종교 내 권력 다툼 비판,' '종교 간 소통,' '성장/물질주의 비판,' '종교의 시대적 변화 촉구,' '종

표 4-5 종교별 주제/주장 면적(%)

	불교	개신교	가톨릭	원불교	복수 종교	기타	합계
개인의 내적 구도	43.9	7.5	21.1	16.7	21.5	13.4	24.7
봉사/나눔	5.3	15.2	29.2	39.7	19.9	8.3	15.0
전통/민족 문화 계승	10.0	5.7	6.4	0.0	4.4	19.0	8.0
사회 정의/사회 참여	7.0	6.0	10.7	8.0	11.9	8.6	8.0
타 종교 및 사회에 대한 배타성 비판	2.9	14.0	3.0	0.0	6.6	0.0	6.0
생명/환경	3.8	7.0	2.6	0.0	5.9	14.5	5.3
사회 평화/화합	4.1	1.8	1.8	9.3	7.4	7.8	3.7
종교 내 권력 다툼 비판	3.3	8.1	0.0	4.6	0.0	0.0	3.5
종교 간 소통	3.1	2.7	1.7	0.0	11.6	2.2	3.2
성장/물질주의 비판	0.1	7.7	0.0	0.0	0.0	6.8	2.9
세계 속 한국 종교	2.8	1.3	4.0	19.0	0.0	2.7	2.9
삶의 궁극적 의미 규정	2.1	4.3	2.6	0.0	1.7	3.1	2.8
종교의 시대적 변화 촉구	2.3	1.5	4.4	0.0	2.0	0.0	2.2
사회 내 종교 고유 영역 구축	0.7	3.4	1.1	0.0	4.8	1.9	1.9
종교의 권력화 비판	2.8	2.2	0.5	0.0	0.0	0.0	1.7
종교 내 대안성 주장	1.6	2.4	0.5	0.0	0.0	0.0	1.3
단순 정보 전달	1.9	3.0	5.3	2.7	2.4	1.8	1.8
기타	1.9	6.2	5.1	0.0	0.0	10.0	5.2
합계	100.0	100.0	100.0	100.0	100.0	100.0	100.0

교의 권력화 비판,' '종교 내 대안성 주장' 등으로 정리된다. 이를 통해 저널리즘은 종교가 근본주의적인 성향을 띠며, 타 종교 및 세속 사회와의 상호 작용에서 배타적인 모습을 보이는 데 비판적이라는 것을 알 수 있다. 개별 종교 내 화합을 이루고 다양성이 존중되기를 바랄 뿐 아니라, 서로 다른 진리 체계인 종교 간에도 서로 소통하고 연합할 것을 기대한다는 점도 분명하다. 종교가 성장/물질주의를 추구하고, 권력화를 도모하는 것 역시 비판 대상이다. 물질 만능주의가 세속 사회를 움직이는 동인으로 인식되는 가운데, 종교가 이를 거스르는 존재이기를 바란다는 점은 매우 흥미롭다. 현대 사회에서 종교의 사회적 역할 및 존재 가치를 논할 때 반드시 고려해야 할 점으로 이해할 수 있다.

한편, 종교의 이상적인 모습을 제안하는 항목들은 '개인의 내적 구도,' '봉사/나눔,' '전통/민족 문화 계승,' '사회 정의/사회 참여,' '생명/환경,' '사회 평화/화합,' '세계 속 한국 종교,' '삶의 궁극적 의미 규정,' '사회 내 종교 고유 영역 구축' 등이 포함된다. 이러한 주제/주장은 주로 종교면의 주요 포맷인 기획 기사를 통해 전달된다.

여기서 가장 높은 비중을 차지한 항목은 '개인의 내적 구도'(24.7%)였는데, 두 신문 모두 다른 항목과의 차이가 컸다. 저널리즘이 종교의 중요한 사회적 역할로 개인적 차원에서 종교적, 영적 깨달음을 설정하고 있다는 점이 드러난다. 이 항목 다음으로 높은 비중을 보이는 항목인 '봉사/나눔'(15.0%)까지 합치면 저널리즘은 종교를 대체로 사적 영역, 개인적 차원에서 접근하고 있음을 알 수 있다. '봉사/나눔'이 사회적 행위이기는 하지만, 개인적 차원의 역할 혹은 소극적 의미의 사회 참여이기 때문이다. 적극적인 사회적 차원인 '사회 정의/사회 참여,' '생명/환경,' '사회 평화/화합' 등의 비중은 그리 높지 않았다.

이를 다시 종교별로 살펴보면, 저널리즘이 각 제도 종교에 대하여 어떻게 평가하고 있는지를 알 수 있다. 불교 관련 기사에서 '개인의 내적 구도'는 43.9%로 거의 절반에 이르며 '전통/민족 문화 계승'이 10%를 차지함으로써, 개인적 해탈과 자연 및 전통 친화적인 특성을 보이는 불교의 특성을 고스란히 보여 준다. 가톨릭은 '봉사/나눔'(29.2%)의 비중이 타 종교에 비해서 월등히 높고 '사회 정의/사회 참여'(10.7%)의 비중도 개신교나 불교에 비해 높아서, 소극적 의미의 사회 참여와 적극적 의미의 사회 참여에 모두 활발한 종교로 평가받고 있다.

개신교 기사에서는 '봉사/나눔'이 15.2%로 가장 높게 나타났지만, 주로 비판적 내용을 담고 있는 항목들의 비중이 컸다. '타 종교 및 사회에 대한 배타성 비판,' '종교 내 권력 다툼 비판,' '성장/물질주의 비판' 등이 높은 비중을 차지하는 항목들이었다. 기획성 기사가 많은 종교면의 특성에도 불구하고 개신교에 대해서는 비판적 기사의 비중이 높다고 했는데, 여기서 그 비판의 내용이 무엇인지 가늠할 수 있다. 배타성에 대한 비판은 주로 개신교를 향한 것이었으며, 종교 내 권력 다툼, 성장/물질주의에 대한 비판 역시 개신교가 주된 대상이었다. 즉 저널리즘이 개신교를 비판하는 주된 이유는 배타성, 분열성, 성장/물질주의 추구에 수렴된다.

다큐멘터리 제작진의 전문직 규범[14]

TV 다큐멘터리 〈신의 길 인간의 길〉은 저널리즘 미디어가 종교를 비판적으로 매개한 또 하나의 흥미로운 사례다. 〈신의 길 인간의 길〉은 기획, 제작, 내용, 반응 등 전 과정에서 저널리즘과 종교가 교차하며 논의할 주제를 많이 생산했다. 저널리즘이 종교를 비판할 때 주로 종교인의 법적, 윤리적 차원의 일탈에 집중하였던 것에 비해, 이 다큐멘터리는 이례적으로 종교 집단이 사회적으로 비난받는 문제의 원인으로 교리 및 신학적 쟁점에 집중하였다. 이후에도 〈신의 길 인간의 길〉처럼 기성 종교의 교리적 측면을 깊이 있게 다룬 프로그램은 찾아보기 힘들다는 점에서 매우 흥미로운 사례다.

4부작으로 제작된 이 다큐멘터리는 2008년 6월 말 3주에 걸쳐 방송되었다. 2007년 사내 공모를 통해 '2008년 SBS 10대 기획'으로 선정된 이 프로그램은 한국 개신교의 배타성 및 타 종교에 대한 몰이해, 공격적 선교 방식 등을 비판하는 내용으로 구성되었다. 특히 이러한 특성을 한국 개신교가 기초하는 근본주의적 신앙 및 문자주의적 성서 해석을 들어 설명한 점이나, 티머시 프리크Timothy Freke와 피터 갠디Peter Gandy의 책 《예수는 신화다*The Jesus Mysteries: Was the "Original Jesus" a Pagan God*》가 말하는 '신화적 예수론'을 비롯한 여러 학자의 논쟁적 주장을 통해 예수의 역사

14 이 부분은 박진규(2008)를 토대로 쓴 것으로, 인용된 제작진의 말은 연구를 위해 진행한 심층 인터뷰에서 옮긴 것이다.

적 실존에 대한 보수 개신교의 입장을 반박한 점이 큰 반향과 반발을 함께 일으킨다.

사전에 방송의 주요 내용이 알려지자 개신교계는 거세게 반발했다. 방송 전부터 항의 방문, 성명서 발표 등을 이어갔으며 방송이 시작된 후에는 한국기독교총연합회, 한국교회언론회 등을 주축으로 중앙 일간지 광고 게재, SBS 사옥 앞 시위 등을 통해 방송 중단을 요구하기도 한다. 이에 따라 애초에 4주 동안 매주 토요일에 방송될 예정이었지만, 3, 4부가 같은 주 토요일과 일요일에 연속 편성되는 파행을 겪는다. 방송 종료 후에도 이들은 중앙 일간지 광고, 개신교 계열 미디어의 대담 프로그램 편성, 포럼 개최, 상설 대응 단체 설립, 대응 홈페이지 개설 등을 통해 항의를 지속했다.

〈신의 길 인간의 길〉 제작진은 이 다큐멘터리가 한국 사회에서 자신들이 "할 만한," "충분히 받아들여질 수 있는," 나아가 "해야만 하는" 이야기라고 규정한다. 또, 많은 논란이 있었음에도 이 프로그램은 한국PD연합회가 선정하는 '이달의 PD상 TV 시사 교양 부문' 수상작에 선정됨으로써, 같은 직군의 동료들로부터 그 가치를 인정받았다. 즉, 이들은 이 다큐멘터리의 종교 비판이 매우 정당한 것이라고 평가한 것이다. 따라서, 이 프로그램의 제작 과정을 둘러싼 제작진의 인터뷰는 스스로를 문화적 엘리트로서, 전문직으로서 규정하는 저널리즘 종사자들이 종교를 비판적으로 다룰 때 작동하는 규범과 논리가 무엇인지 분석할 수 있는 유용한 데이터가 된다.[15]

미디어 종사자들은 스스로를 문화 엘리트로 규정한다. 특히

1990년대 이후 한국 사회에서 다큐멘터리 생산에 참여한다는 것은 매우 특별한 의미로 여겨졌다. 권위주의 정권으로부터 언론의 자유를 확보하는 과정에서 다큐멘터리 장르는 저항적 지식 생산과 연결되었고(박성일, 2003), 이후에도 다큐멘터리 제작에 참여하는 것 자체가 비판적 성향 체계를 공유하는 것으로 인식되기 때문이다(이오현, 2005). 따라서 학술적 목적의 인터뷰에서 다큐멘터리 제작진들이 자신의 직업적 실천을 이야기하는 것은 미디어 생산을 담당하는 문화 엘리트로서 어떤 가치, 규범, 약속 아래에서 전문직을 수행하고 있는지를 드러내고, 정당화하는 담론적 전략으로 이해해야 한다.

저널리즘에 종교가 부담스러운 대상이라는 것은 〈신의 길 인간의 길〉 제작진에게서도 확인된다. 특정 종교 집단에 대한 비판적인 프로그램을 제작하려면 해당 집단으로부터 큰 저항에 부딪힐 각오를 해야 한다. 더군다나 상업적인 성공이 보장되지 않는다는 점이 지적된다. 이렇게 다큐멘터리 소재로서 '종교'의 위험 요소가 많이 있음에도 특정 종교를 비판하는 프로그램을 만들 때는 그만큼 그 정당성에 대한 높은 확신이 있었음을 말해 준다. 제작진들은 그 정당성을 종교의 '사회성' 그리고 '권력성'에서 찾는다. 먼저, 이 다큐멘터리에서 자신들이 제기한 문제는 사

15 이 연구에서는 제작진이 인터뷰에서 밝힌 이야기를 분석할 때 '담론적 정당화'라는 개념을 사용하였다. 이는 인터뷰 과정에서 프로그램 제작에 관하여 이들이 발하는 것이 스스로의 사회적 위치와 직업적 규범에 비추어 타당하고 적절한 발언이라고 평가받으려는 욕구가 있다는 점에서 출발한다.

적 영역이 아닌 사회적 영역에 속한 것임을 강조한다. 종교는 기본적으로 개인적 차원의 신념 문제이지만, 그것이 다른 사회 구성원들과의 관계를 통해 밖으로 드러나고 사회에 영향을 미치게 되면 종교는 더이상 사적 영역으로 보호받을 수 없다는 것이다. 특히 현재 한국 사회에서 개신교는 정치적인 영역에서 매우 강한 영향력을 행사하고 있다는 점을 그 정당성의 근거로 제시한다.

> 그렇게 개인의 차원이라고 이야기하기에는 너무 한국 기독교가 도를 지나친 것 같아요. 개인의 차원이라고 하면서 어떻게 시청 앞에서 구국기도회를 하냐 라든지. 이명박 찍지 않으면 생명책에서 지워 버린다 이딴 소리를 하고. 그다음에 부산에서 있었던 집회를 보면 범어사를 무너뜨리고 사찰을 무너뜨리게 해달라든지 이런 얘기를 할 수가 있는지, 어떻게 단군상을 없애는 것도 대책위를 만든다든지. 그런 건 개인의 차원을 넘어서는 거죠. 그건 말이 안 되죠. (제작진 A)

이와 같은 개신교의 위상은 '권력성'이라는 조건과도 연결된다. 〈신의 길 인간의 길〉이 교리와 예수의 신성神性이라는 민감한 부분까지 다룰 수 있었던 것은 이들이 개신교를 한국 사회에서 하나의 권력으로 규정하기 때문이다. 인터뷰에서 제작진이 개신교를 비판하는 표현인 배타성, 오만, 독선의 특징은 저널리즘의 규범이 지향하는 다원주의에 대한 위반이라는 점이 본질이다. 앞의 종교면 분석에서도 개신교 비판의 주요 내용으로 분석되었던 개신교의 이런 특징은 세속성의 원리가 설정하는 종교의 이상적 모습과는 거리가 멀다. 여기에는 한국 사회의 다른 영역에서 점차 정착되어 가는 합리성, 다원성, 민주성 등의 가치를 개신교가 아직 따라잡지 못하고 있다는 평가가 동반된다.

> 또 하나는 너무 의심과 질문을 안 해요, 교회에서. 무조건 의심나면, 아 믿으세요. 그것이 믿음이다, 이런 얘기 많이 하죠. 어찌 보면 순진한 믿음이고 어떻게 보면 맹목적인 믿음인데, 신앙인데, 이 프로그램이 틀렸다는 것을 증명을 하고 싶다 그러면 공부를 해야 하잖아요. …… 저게 진짜 맞아? 하면서 자료를 찾아본다든지, 다른 프로그램을 본다든지. 한쪽 창문으로만 계속 세상을 보지 말고 가끔은 창문을 나와서 봐도 되지 않나. 창문을 열고 가끔 나오라고 그런 메시지를 던지고 싶었어요. (제작진 B)

다원주의 위반에 대한 비판은 결국 개신교가 권력화되었다는 인식에 기초한다. 현재 한국 사회에서 개신교는 수적으로 큰 비중을 차지할 뿐 아니라, 실체적 비중보다도 훨씬 확대된 위상을 지닌 집단으로 간주된다. 이러한 인식은 프로그램 제작진이 권력에 대한 감시와 비판이라는 저널리즘의 본령에 충실했다는 정당성으로 자연스럽게 연결된다.

> 종교 중에서도 가장 배타적이고 가장 폭압적이고, 이런 종교, 조화를 이루지 못한, 그러면서도 가장 모순덩어리, 이런 종교가 거의 뭐 27~28%를 차지하고 있는데, 사실은 거의 80%에 가까운 목소리를 내고 있는, 이것들을 그냥 저널리즘에서 개인의 신앙이

라고 묵과해도 되는 거냐, 그거는 아닌 것 같아요. (제작진 A)

즉 이들이 개신교를 비판하는 기본적인 근거는 개신교가 권력화된 종교이기 때문이다. 다원주의 사회에서 독선과 배타성으로 사회의 다른 부분과 조화를 이루지 못하는 권력에 대한 감시와 비판은 이들의 전문직 규범에서 매우 정당한 행위일 수밖에 없다. 스스로를 문화 엘리트로 규정하는 이들이 지향하는 이상 사회는 다원주의적 다양성이 인정되는 곳이다. 따라서 종교 영역에 속하는 집단이더라도 이 원리에서 벗어난 일탈을 저지른다면 당연히 이를 지적하고 바로잡는 데 어떠한 장애물도 두려워하지 말아야 한다는 규범이 만들어진다.

이렇게 특정 종교에 대한 미디어의 비판이 미디어에 부과되는 자유-다원주의적 권력 감시 기능 담당자로서의 정체성과 연결된다는 점은 반드시 되짚고 넘어가야 한다. 여기서 우리가 종교를 이해하고 규정할 때 새로운 프레임의 필요성이 제기되기 때문이다. 이제 한국 사회에서 제도 종교는 권력의 주변부에서 작동하는 데 머물지 않고, 하나의 독립된 권력으로 부상했다. 1990년대 이후 미디어의 제도 종교 비판은 점차 강해지고 있다. 이는 저널리즘을 비롯한 미디어 본연의 권력 감시 기능과 연결하여 설명해야만 한다.

제작진은 정권에 대한 비판과 개신교 비판을 연결해, 이를 자신들의 개혁적 정체성을 드러내기도 한다. 특정 종교에 대한 비판을 문화 엘리트로서의 개혁적 성향에 부합하는 것으로 생각한다. 그런데 흥미로운 것은, 종교 권력에 대한 비판은 정치권력에 대한 비판에 비해 상대적으로 쉬운 것으로 인식된다는 점이다. 제작진은 이 다큐멘터리가 정치적인 의도를 가지지 않았다는 점을 강조하면서, 자신들의 작업을 외부 정치 세력의 이해관계와 연결하려는 시각에 대해서는 크게 경계한다.

어쩌면 이들은 현실 정치보다 종교 영역을 비판하는 것이 자신들의 개혁적 정체성을 실천하기에 더 유리하다고 인식하는지도 모르겠다. 현실 정치의 복잡다단한 이해관계에 비해 종교는 저널리즘이 자신들의 전문직 규범을 수행하는 데 더 수월한 영역으로 인식되는 것이다. 특히 현재 한국 사회에서 지니는 상징적 위상 때문에 이들에게 개신교 비판은 어렵지 않은 선택이 된다. 왜냐하면, 한국 사회에서 개신교에 대하여 비판적 입장을 취하는 것은 대중 정서에 부합할 것이라는 판단이 전제되어 있기 때문이다. 제작진은 기획 과정에서 이 프로그램이 큰 물의를 일으킬 것이라고 예상하지 못했다고 밝힌다. 충분히 수용될 만한 수준의 문제 제기였다고 판단했다는 것이다.

> 기자들이 그런 질문을 했어요, 걱정이 되는지. 그때 제가 자신 있게 이야기를 했어요. "뭐 이 정도 내용이 뭐가 문제냐?" 기자들 중 일부도 그런 얘기를 했어요. "봤더니 뭐 별 내용 없네요." 이런 기자들도 있었거든요. 그리고 이 정도 내용이면 한국 사회가 벌써 소득 2만 불에 어느 정도의 그게 되어 있는데, 이 정도 내용도 못 받아들이겠느냐 하고 생각을 했었어요. (제작진 C)

종교에 대한 비판이 저널리즘의 개혁성을 드러내기는 하지만, 그렇다고 매우 큰 파장을 예상한 도발일 경우는 드물다. 〈신의 길 인간의 길〉 역시 보수 개신교 집단에 큰 충격과 반발을 불러왔지만, 한국 사회 저변에 존재하는 개신교에 대한 인식에서 크게 벗어나지 않을 것이라고 판단했기에 제작이 가능했던 것이다. 이들은 한국 사회의 변화와 그 속에서 종교의 변화를 읽어내는 자신들의 능력을 신뢰한다. 그런 점에서 제작진은 이 다큐멘터리가 한국 사회의 주류 담론에 대항하는 저항적, 대안적 담론이라기보다는 이미 한국 사회 전반에서 받아들여지는 대중 담론을 파악하고 이를 반영한 것이라는 점을 강조한다.

종교에 대한 미디어의 비판을 이해하려면

이상의 두 연구는 저널리즘의 종교에 대한 비판 현황과 이를 둘러싼 맥락을 통해 종교에 대한 미디어의 비판을 이해하기 위해 선행되어야 할 것은 무엇인지를 알려준다. 미디어의 종교 비판은 세속성을 기반으로 미디어에 부여된 규범적 역할과 연결하여 설명되어야 한다. 저널리즘은 자유-다원주의가 만들어 낸 전문직주의를 기초로 작동하는데, 이는 본질적으로 신념의 절대성을 바탕으로 하는 종교와 충돌할 가능성이 매우 크다. 특히 특정 종교가 근본주의적 신념 체계와 이에 따르는 하위문화적 행태를 보인다면, 이에 대한 미디어의 반응은 비판적일 수밖에 없다.

그러므로 미디어의 종교 비판의 원인을 제작에 참여하는 개인의 성향이나 미디어 기업의 조직적 특성만으로 설명하려는 것은 적절하지 않다. 미디어 제작자에게 부여된 권한이 아무리 크더라도 그 과정에서의 선택과 결정은 개인과 조직의 범위를 벗어나 보다 거시적인 시각에서 이루어지기 때문이다. 종교를 비판하는 미디어 제작에 참여하는 이들은 한국 사회의 사회적, 문화적, 정치적, 그리고 종교적 맥락을 파악하고 이 속에서 종교의 현실을 진단, 평가함으로써, 자신들의 생산물이 일반 대중의 정서에 부합하는지를 민감하게 따질 수밖에 없다.

이런 관점에서 볼 때, 2장에서 제안한 '매개 종교' 개념은 미디어의 종교 비판을 읽어 내는 새로운 시각을 제공한다. 미디어가 비판하는 특정 제도 종교는 그 종교에 대한 미디어의 매개 기능의 결과물이지, 그 제도 종교의 본 모습에 대한 투명한 반영이 아니다. 그럴 가능성 자체가 아예 없다. 따라서 미디어를 통해 그 제도 종교가 정확하게 그려졌는지, 혹은 왜곡되었는지를 따지는 것은 별 의미가 없다. 대신 우리에게 필요한 것은 어떠한 맥락에서 미디어가 그 종교를 특정한 형태로 매개했는지, 혹은 그렇게 매개할 수밖에 없었는지를 깊이 있게 분석하는 것이다. 후버는 미디어가 종교를 다룰 때, 그 범위와 방향 설정에 영향을 미치는 공공 담론public discourse에 대한 이해가 꼭 필요하다고 말한다(Hoover, 1998). 미디어의 종교 관련 텍스트 생산은 특정 종교에 대하여, 나아가 종교 일반에 대하여, 대중이 어떠한 인식과 담론에 기반하고 있는지에 의존할 수밖에 없기 때문이다.

그래서 여기에 '기대expectation'라는 개념이 등장한다. 종교 영역에 대한 미디어의 해석은 공공의 삶에서 종교가 차지해야 할 바람직한 위치가 무엇인지를 규정하는 일련의 인식들에 뿌리를 두고 있다. 즉 종교에 대한 미디어의 평가는 세속성이 설정하는 종교의 사회적 역할을 기준 삼아 이루어진다는 것이다. 그 역할과 기능을 제대로 수행했을 때는 칭찬이, 그렇지 못했을 때는 비판이 따라온다. 따라서, 종교에 대한 미디어의 비판은 세속 사회가 상정하는 종교의 바람직한 사회적 역할을 다하지 못하고 있음에 대한 실망의 표현이라고 할 수 있다. 본래 실망이란 기대를 전제로 할 수밖에 없다는 점에서, 미디어의 종교 비판은 역으로 '종교에 대한 세속 사회의 기대'를 읽어 낼 수 있는 유용한 텍스트가 된다. '역설적 기대paradoxical expectation'인 셈이다.

결국, 종교를 비판하는 미디어 텍스트를 분석하는 것은 곧 세속 사회가 특정 종교, 혹은 종교 일반에게 사회 속에서 어떤 역할을 해 주기를 기대하는지, 왜 그런 역할을 기대하는지를 살피는 일이 된다. 다음 장에서는 미디어의 종교 비판에 대하여 이런 방식으로 접근하지 않는 종교 집단의 사례를 들여다본다.

5

종교는 미디어를 어떻게 볼까

미디어의 비판에 대응하는 종교

미디어가 종교 일반 또는 특정 종교를 비판적으로 재현할 때 그 내용과 함께 그런 비판적 태도를 취하게 만드는 이유와 맥락을 살펴보았다. 또 '매개 종교' 개념을 적용해 미디어의 종교 비판을 이해하기 위한 새로운 틀에 관해서도 이야기했다. 만약 매개 종교, 즉 미디어 속 종교가 본질적으로 특정 제도 종교에 대한 '정확한' 반영일 수 없고, 대신 미디어를 둘러싼 복잡다단한 맥락이 만들어 내는 또 하나의 구성체construct라는 점을 이해한다면 우리에게 새로운 목표가 생긴다. 첫째, 미디어는 어떠한 모습으로 그 종교를 구성하는지를 면밀하게 분석하는 것이고 둘째, 왜 그러한 모습으로 구성할 수밖에 없었는지를 깊이 있게 설명하는 것이다.

이 장에서 살펴보려는 '미디어를 바라보는 제도 종교의 시각'에도 매개 종교 개념은 중요하다. 종교 집단이 미디어를 어떤 존재로 규정하느냐에 따라 미디어의 비판에 대한 대응도 달라지고 미디어를 활용하는 방식에도 차이가 생긴다. 만약 어떤 종교가 자신에 대한 미디어의 비판을 매개 종교 개념을 적용하여 접근한다면, 그 비판에 대해 크게 화를 내거나 억울해할 필요는 확연히 줄어든다. 그 비판을 기자, PD 등 미디어 제작자 개인이나 언론사, 방송사 등 미디어 조직의 의도된 왜곡이나 거대한 음모의 결과로 간주할 여지가 크지 않기 때문이다. 하지만 만약 개인 혹은 조직의 악의적인 의도가 만들어 낸 것이라고 인식한다면 대응을 위한 선택지는 좁아질 수밖에 없다. 미디어에 강력하게 항의하여 '정확하게' 바로잡거나, 아니면 세속 미디어를 아예 멀리하는 것이다. 미디어와의 큰 충돌을 감수할 준비가 되어 있거나 애초에 세속 사회와 단절된 관계를 추구하는 종교가 아니라면, 선뜻 취하기 쉽지 않은 선택지다.

사실 특정 종교가 미디어에 대응하는 방식은 매우 다양한 차원의 인식이 결합하여 만들어진 결과물이다. 미디어에 대한 생각, 수용자에 대한 생각, 세속 사회에 대한 생각, 여기에 그 종교 고유의 신학적·철학적 이데올로기 등이 서로 어떻게 결합하느냐에 따라 아주 다른 형태와 내용의 대응 방식이 나온다. 우리는 이러한 인식의 결합을 '미디어관'이라고 부를 수 있다. 개인적 차원에서 미디어를 둘러싼 여러 인식의 총합이 한 사람의 미디어관이라면, 종교 집단 차원에서도 그런 관점이 존재한다. 특정 종교의 미디어관이 어떤 요소들로 구성되어 있으며, 그 특징은 무엇인가. 이를 파악하는 것은 미디어와 종교가 서로 만날 때 종종 발생하는 갈등과 충돌을 이해하고 설명할 때 꼭 필요하다.

미디어와의 관계에서 종교 집단은 주요 해독 공동체interpretive community로서 기능한다(Lindlof, 1988). 종교 구성원에게 공통의 가치와 규범, 인식을 가르치고 공동체 내에 공유함으로써 미디어 텍스트에 대한 공통된 해독 패턴을 만들고, 때로는 특정한 해독의 틀을 구성원에게 강제하기도 한다. 종교 지도자가 지닌 권위를 바탕으로 미디어 교육 프로그램을 운영하거나 직접 제작한 미디어 콘텐츠를 통해 세속 미디어와 대중문화에서 나타난 현상을 해석하고 평가할 뿐 아니라 특정한 행동 방식의 지침을 제공하기도 한다. 여기서 한 종교 집단의 미디어관과 그 구성원 개개인의 미디어관 사이에 긴밀한 관계가 만들어질 수도 있다.

나아가 특정 종교의 미디어관은 미디어, 대중문화와 관련한 사회 담론에도 영향을 미친다. 종교 집단이 공유하는 미디어관은 집단 내부 논리로만 머물지 않고 사회 일반으로 유통되어 미디어, 대중문화를 두고 사회적으로 구성되는 담론의 한 부분이 되기 때문이다. 특히 그 종교가 사회적 권력이 큰 집단이라면 사회 내에서 형성되는 미디어 담론에 적지 않은 영향력을 행사하게 된다 (Rosenthal, 2002). 미디어와 관련한 각종 이슈에 직접 개입하거나, 소속 구성원의 미디어 대응 방식을 강하게 통제함으로써 사회적으로 특정한 미디어 담론을 만들고 유통되도록 하는 힘을 행사한다.

보수 개신교가 미디어의 비판에 대응하는 방식

한국 사회에서 그런 위상과 영향력을 갖춘 종교라면 우선 개신교를 꼽을 수 있다. 2000년대 들어 문화 영역뿐 아니라 현실 정치 영역까지 확연하게 가시성을 높여 가는 개신교는 미디어, 대중문화에 관한 우리 사회의 인식에도 큰 영향력을 행사한다. 미디어와 관련한 쟁점이 부상할 때 개신교 고유의 미디어관에 따라 만들어진 주장들은 다양한 방식으로 발화되고, 이는 담론 차원에서 하나의 흐름을 주도한다. 그런 점에서 이러한 담론 흐름에 있어서 보수 개신교 집단의 미디어관이 지닌 특징을 개괄하기 위해서는 2000년대를 주목해야 한다.

'보수 개신교'는 언론에서 자주 사용하는 용어이지만, 이 말이 정확히 어떤 집단을 가리키는지에 대해서는 주의해야 한다.

표 5-1 신앙과 정치 성향에 따른 개신교인 유형

신앙 성향 \ 정치 성향	보수	진보
보수	A그룹 (34.5%)	C그룹 (28.5%)
진보	D그룹 (17.6%)	B그룹 (19.4%)

통상적으로 개신교 집단의 이념 성향을 말할 때, 신학적 정향성과 정치 사회적 정향성이 혼용되어 왔기 때문이다. 하지만 표 5-1이 보여 주는 것처럼 개신교의 성향은 두 정향성 사이의 다양한 조합으로 설명된다. 이 표는 먼저, 개신교가 하나의 단일한 성격을 지닌 집단이 아니라는 것을 말해 준다. 그리고 각 그룹에 속한 구성원의 비중 변화에 따라 개신교 집단 전체의 특징 자체가 크게 달라질 수 있음을 알 수 있다. 실제로 2020년에 개신교인을 대상으로 한 연구에서는 두 성향별 조합의 구성이 표 5-1과 같은 비율로 나타났다(박진규, 2021 참조).[16]

여기서는 보수 개신교를 신학적 정향성과 정치 사회적 정향성 모두 보수성을 특징으로 하는 집단(표 5-1에서 A그룹)으로 상정했다. 이른바 '복음주의'로 불리는 신학적 보수성을 앞세우며

16 신학적, 정치 사회적 성향을 측정하는 설문 문항을 정교하게 계발하는 것을 포함해, 앞으로 이러한 조사를 발전시킴으로써 한국 사회 이해를 위해 점점 더 그 중요성이 더해 가는 개신교 집단에 대한 이해의 깊이를 더해야 할 것이다. 또한, 개신교의 각 하위 집단이 각각 어떠한 미디어관을 갖고 있는지 탐색도 필요하다.

정치 사회적 이슈에서도 보수의 입장에 동조한다. 특히 이들은 2000년대 들어 정치적 우파와 결합함으로써 한국 사회 보수층을 구성하는 주요 축이 되었다. 원래 개신교의 신학적 보수성은 종교를 개인적 영역으로 한정함으로써 사회 참여에는 소극적이었지만 1980년대 이후 미국의 보수 개신교 집단은 기독교 우파Christian Right 혹은 종교 우파Religious Right라는 이름으로 세력화하여 현실 정치에 큰 영향력을 미치는 성격으로 변화했다(Kintz & Lesage, 1998). 이들과 유사한 행보를 보이면서 점차 정치 세력화하는 한국 보수 개신교를 '복음주의 우파'라고 부르기도 한다(류대영, 2009). 이들에게서 발견되는 근본주의적 성향을 고려하여 '유사 근본주의' 그룹으로 부를 수도 있다.

한편, B그룹은 신앙 성향과 정치 성향 모두에서 진보적인 집단이다. 스스로를 정치적 진보라고 규정하고, 타 종교의 진리와 구원 가능성에 대해서 대체로 긍정적인 태도를 보인다. 이들은 한국 개신교 지형에서 신학적 진보성을 바탕으로 각종 사회 현안에 대해서 진보적 목소리를 내는 에큐메니컬, 자유주의 세력에 가장 가깝다. 이들을 '확장된 자유주의' 그룹으로 명명할 수 있다.

C그룹은 신앙은 보수적이지만 정치에서는 진보적인 성향을 지니는 개신교인들로 구성된다. 이들은 한국 개신교에서 신앙적 보수성이 언제나 정치적 보수성으로 직결되는 것은 아님을 보여준다. 한국 사회에서 개신교 전체가 정치 사회적 보수 세력으로 대변되는 것에 대해 매우 비판적이며, 개신교의 공공성/시민성에 대한 새로운 접근 방식을 도모한다. '복음주의 진보' 그룹으로 부를 수 있다.

마지막 D그룹에 속한 이들은 스스로를 정치적 보수로 규정하며, 타 종교의 가르침에 대한 태도나 성경에 대한 입장에서 진보 성향을 보인다. 이들은 주로 젊은 세대로 구성되는데, 다른 집단에 비해 이들에게 신앙은 자신들의 정치 성향을 규정하는 데 큰 영향을 주지 않는 것처럼 보인다. 이런 점에서 '신앙/정치의 느슨한 결합' 그룹으로 부를 수 있다.[17]

그렇다면 보수 개신교는 미디어/대중문화에 대하여 어떠한 입장과 태도를 보일까? 한국의 개신교에 나타난 신학적 보수성과 정치 사회적 보수성의 결합은 어떤 미디어관을 생산할까? 또, 한국의 보수 개신교에게 미디어란 어떤 존재일까? 이러한 질문에 답하기 위해 이명박 정부 시절(2008~2012) '한국교회언론회'가 발표한 논평 및 보도 자료를 대상으로 분석하였다(박진규, 2020b).

한국의 미디어에서 개신교의 정치적 존재감이 두드러지기 시작한 상징적 계기는 노무현 정부 출범 전후인 2000년대 초반 시청 앞 광장에서 펼쳐진 '구국기도회'였다. 보수 개신교 신도들은 태극기와 성조기를 함께 흔들면서 대중 집회를 주도하며 정치적 현안에 적극적으로 개입하기 시작했다. 이어진 이명박 정부는 초기부터 '고소영(고려대, 소망교회, 영남)'으로 상징되는 개신교 친화 정책으로 논란을 일으켰고, 반공, 친미, 시장 경제 이데올로기를 강조하는 개신교 목사들이 뉴 라이트 진영을 이끌면서 보수 개신교의 정치 세력화가 본격화했다. 1990년대부터 본격화하기 시

17 네 집단의 구체적 특징에 대해서는 박진규(2021)를 참조하라.

작한 개신교 비판 정서 역시 한층 더 강화되었는데, 저널리즘과 엔터테인먼트 영역 모두에서 비판이 심화했다. 이런 흐름에서 개신교에 대한 대중적 비판 정서는 이른바 '안티기독교' 현상으로 호명된다(강인철, 2013).

개신교 진영에서는 점차 강화되는 비판 정서에 대한 대응을 위한 조직적 노력을 기울인다. 이전까지 개인이나 개별 교회 차원에서 이루어지던 미디어 대응 방식을 교계 차원으로 조직화한다는 것이다. 이런 맥락에서 '한국교회언론회'는 보수 개신교 진영에서 세속 미디어에 대한 대응을 위해 만든 조직이다. 한국교회언론회는 당시 개신교계 전체의 대표성을 띤 연합 기관이던 한국기독교총연합회(한기총)와의 긴밀한 관계를 바탕으로 설립되었다. 개신교계 전체를 대표하여 대언론 활동을 전담하였고, 수시로 발생하는 쟁점에 관한 논평과 보도 자료를 발표함으로써 '한국 교회'를 대표해 대응하는 역할을 자임했다. 이렇게 만들어진 한국교회언론회의 설립 취지와 이후 활동은 세속 미디어에 대한 보수 개신교의 달라진 대응 방식을 보여 준다. 보수 개신교 진영의 현실 정치 속 가시성과 영향력이 커진 상황에서, 자신들에 대한 비판적 인식이 증가하는 현상의 원인으로 미디어를 지목하고, 이에 적극적으로 대응하려는 의도를 드러낸 것이다.

이처럼 한국교회언론회는 이 시기 미디어와 관련한 담론 생산의 주요 주체인 보수 개신교를 대행하는 조직이었다. 분석 자료는 한국교회언론회가 홈페이지를 통해 공개한 논평과 보도 자료였다. 이 자료들은 교계 내부가 아닌 일반 대중을 대상으로 작성한 문서이므로, 세속 사회에 잘 받아들여질 것으로 판단한 논리와 언어를 사용하여 미디어와 관련한 자신들의 입장을 드러낸 것이라고 볼 수 있다.

미디어관을 도출하기 위해서는 특정 쟁점에 대한 입장을 밝히는 분석 자료 자체가 아닌 그 기저에 숨겨진 다양한 층위의 전제assumptions를 살펴야 한다. 미디어의 기능, 미디어의 효과, 수용자/대중의 존재 등 미디어관을 구성하는 여러 요소를 찾고, 이들의 연결이 만들어 내는 내러티브를 찾아내는 것이다. 따라서 이명박 정부 시기에 발표된 한국교회언론회의 자료를 분석한 것은 미디어 담론 생산의 주요 주체인 보수 개신교의 미디어관을 도출하는 일일 뿐 아니라, 이후 한국 사회 보수 정치 세력으로서 점점 더 가시성을 높여 갈 뿐 아니라 현재에는 일부 극우 성향까지 보이는 보수 개신교가 미디어를 바라보는 시각의 원형prototype을 추적한다는 의미가 있다.

한국 보수 개신교의 미디어관

한국교회언론회는 다양한 미디어 이슈에 대한 논평과 보도 자료를 내놓았다. 이 기간에 발표된 논평 총 101개 가운데 미디어 관련 사안은 35개였고, 총 111개의 보도 자료 가운데 미디어 관련 사안은 21개였다. 특히 이명박 정부의 종교 편향 논란, 앞 장에서 다루었던 다큐멘터리 〈신의 길 인간의 길〉, 본격적으로 동성애를 다룬 드라마 〈인생은 아름다워〉(SBS, 2008), 이명박 정부 비판에 앞장섰던 팟캐스트 "나는 꼼수다" 논란, 미국 팝가수 레이디 가

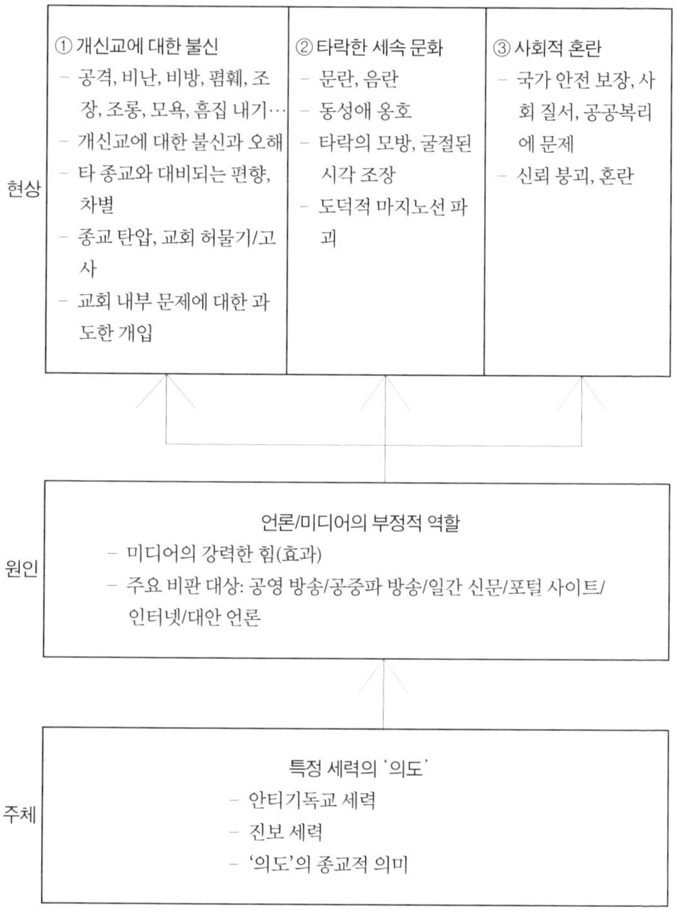

그림 5-1 한국교회언론회의 미디어관

가 내한 공연 등을 비중 있게 다뤘다.

그림 5-1과 같이 한국교회언론회의 미디어관은 (1) 한국 사회의 현 '상황' 규정, (2) 현 상황이 나타나게 된 '원인' 제시, (3) 현상 이면에서 이러한 상황을 주도하는 '주체' 등 세 개의 요소로 구성된다.

첫 번째 요소는 한국 사회가 겪는 병리적 '현상'에 주목한다. 이는 다시 세 가지로 구분되는데, 첫 번째는 개신교에 대한 사회적 불신이 심각하다는 것이고, 이 불신의 증가를 미디어 현상으로 본다는 것이다. 세속 사회가 개신교를 바라보는 시선은 '공격,' '비난,' '비방,' '폄훼,' '조장,' '조롱,' '의도적 모욕,' '흠집 내기' 등 미디어의 부정적 평가가 정당하지 않다는 점을 강조하는 용어를 사용한다. 세속 사회의 부정적 인식은 개신교의 참모습을 제대로 이해하지 못하는 부당한 '오해'에서 비롯되었으며, 이것이 결국 개신교에 대한 사회적 불신으로 이어졌다고 파악하는 것이다.

또 개신교에 대한 미디어의 비판은 불교, 이슬람교 등 타 종교에 비해 차별적이라고 평가한다. 사실 이런 인식은 이명박 정부 초기 대통령의 개인적 신앙과 공적 행위의 밀접한 관계로 인해 종교 편향 논란이 컸다는 점을 고려하면 흥미롭다. 한국교회언론회는 이런 사회적 분위기를 개신교에 대한 '역치별'로 규정한다. 또, 이를 '종교 탄압,' '교회 허물기,' '교회 고사' 등의 표현으로 설명함으로써, 개신교에 대한 비판과 불신의 분위기를 단순한 '오해'가 아닌 부당한 '의도'에서 비롯된 것으로 해석한다. 그리고 이러한 부당한 의도는 미디어의 관심 대상이라고 할 수 없는 교계 내부 문제까지 공격의 대상으로 삼는다는 논리로 이어진다.

4월 9일에는 2월 7일에 보도했던 소망교회 부목사 사건에 대하여 법원의 구형을 보도하여, 교회의 문제에 집착하고 있음을 보여 주고 있다. 4월 14일에는 '한기총 소속 단체 탈퇴 잇따라'라는 제목으로 한껏 기독교 비난에 열을 올리고 있다. 4월 20일에는 '"신도 00명, 권리금 0천만원" 은밀한 교회 매매'라는 제목으로 교회 내부의 문제를 비난하고 있다. 4월 21일에는 한겨레 그림판에서 '신도 교회 팝니다'라는 내용으로, 전날 보도에 이어서 교회 내부 문제를 시사적으로 비판하고 있다. (논평, "한겨레신문의 종교 편향과 이슬람 밀어주기," 2011. 5. 13)

이러한 시각에 따르면 세속 언론이 다뤄야 할 종교 보도의 범위는 매우 좁아진다. 교계 내부의 문제나 특정 교회의 사안은 그 대상에서 제외되어야 마땅하다는 논리이다. 당시 언론에 자주 등장했던 순복음교회, 사랑의교회, 소망교회, 삼일교회 등 대형 교회에 대한 부정적 보도 역시 "특정 교회의 문제"에 대한 언론의 "지나친" 개입이라고 설명한다.

두 번째 현상은 타락한 세속 문화다. 개신교와 직접 관련이 없는 사안을 다룰 때 발견된다. 여기서 현재의 세속 문화는 주로 '문란'과 '음란'이라는 말로 대표된다. 이를 가장 잘 보여 주는 것으로 동성애에 대한 미디어의 호의적 재현이 자주 거론되는데, 동성애 이슈는 개신교에게 절대 타협할 수 없는 것으로 규정된다. 미디어의 동성애 미화는 인간의 보편적 가치를 훼손할 뿐 아니라 "사회를 병들게 하는" 걱정거리이기 때문에 미디어는 타락한 세속 문화를 이끄는 첨병으로 묘사된다. 동성애와 함께 타락한 세속 문화를 증명하는 사례로는 막장 드라마, 팝 가수 레이디 가가, 그리고 인터넷 포털 '별자리' 및 '띠' 운세 등이 거론되었다. 이런 문제들을 설명할 때 사용되는 표현으로 '도덕적 마지노선'이 있는데, 이는 사회가 끝까지 지켜내야 하는 도덕 규범을 뜻하며, 보수 개신교는 이를 수호하는 최후의 주체로 규정된다.

한국 사회를 설명하는 세 번째 현상으로 지목된 것은 사회적 혼란이었다. 당시 광우병 관련 보도 및 촛불 집회, "나꼼수" 현상, 인터넷과 소셜 미디어에서 유포되는 '유언비어'의 문제 등 사회 현상 일반이나 현실 정치와 연관된 이슈를 다룰 때 등장한다. 이 사례들은 우리 사회의 내적 신뢰를 붕괴시키며 혼란을 자초하는 일로 설명된다. 여기서는 국가 안전 보장, 사회 질서 유지, 공공복리 등의 가치가 거론되는데, 보수 개신교가 염려하는 사회적 혼란이 함의하는 정치 이념적 성격을 보여 준다. 이는 다시 안보 및 체제 안정 등을 통해 보수 정치 세력과 연결될 수 있는 담론적 접점으로 작동한다.

흥미로운 점은, 한국교회언론회의 미디어관이 이 세 개의 현상을 서로 분리되지 않고 연결된 것으로 설명한다는 것이다. 즉 세 개의 현상은 하나의 본질이 다른 형태로 표상되었을 뿐이라고 풀이한다. 그리고 그것을 연결하는 핵심에 미디어가 있다. 모두 미디어의 부정적 기능을 그 원인으로 설명할 수 있는 현상들로 보기 때문이다.

한국교회언론회의 미디어관을 구성하는 두 번째 요소는 세 가지 부정적 현상의 '원인'인데, 여기서는 모두 언론 혹은 미디어의 부정적 역할을 지목한다. 개신교에 대한 부정적 인식, 문화적 타락, 혼란스러운 사회상은 모두 미디어가 제 역할을 하지 못하기 때문에 나타나는 결과다. 다음 사례처럼 다수의 논평과 보도 자료는 미디어와 사회적 현상 사이를 일종의 인과관계로 설명한다.

> 잘못된 언론 보도로 인한 기독교 흔들기가 지나치다. 지난 1월 17일자에서 연합뉴스는 "한국 개신교 목회자 44명 다게스탄행"이라는 제하의 기사를 내보냈다. (……) 이번 문제로 기독교 안티들은 기독교 공격의 호재로 삼고 있다. (……) 그러므로 이번 연합뉴스는 당사자의 정정 요구에 대하여 묵살하므로, 기독교 폄하와 반기독교적 정서를 조장한 것이나 다름없다. (보도 자료, "언론 보도의 왜곡이 기독교 폄하를 가져온다," 2009. 2. 3)

그런데 이러한 논리의 기저에 깔린 전제가 흥미롭다. 그것은 미디어의 강력한 힘이다. 미디어의 강력한 힘을 전제해야 비로소 현재 한국 사회가 경험하는 부정적 현실의 원인이 미디어일 수 있다. 강력한 미디어의 힘과 동시에 발견되는 또 하나의 전제는 수용자가 그 영향력에 취약한 존재라는 것이다. 수용자의 취약성은 '음란하고 타락한' 세속 문화에 쉽게 영향을 받는 청소년과 미성년자를 비롯해 일반 성인에게까지 확대된다. 이러한 전제와 논리에 근거함으로써, 교계 전체가 이러한 상황을 심각하게 받아들일 뿐 아니라 적극적으로 대처해야 한다는 주장이 가능해진다. 이렇게 강력한 힘을 가진 미디어이기 때문에 그에 합당한 사회적 책임을 다해야 하며, 그 책임을 다하지 못했을 때 비판하고 행동하는 것은 '정당한 저항'의 성격을 부여받는다.

여기서 미디어는 그 자체로 선 혹은 악으로 분류되는 존재가 아니다. 누가 어떤 의도를 가지고 사용하느냐에 따라 그 성격과 결과 역시 달라진다. 이런 논리는 개신교가 스스로 사용하는 미디어에 대한 긍정적 평가로 이어지는 토대가 된다. 한국교회언론회는 세속 미디어를 비판함과 동시에 개신교가 운영하는 미디어 활동에 대해서는 긍정적으로 평가한다. 교계를 향해 더 적극적으로 미디어를 활용해 개신교에 대한 인식을 개선해야 한다고 주문하기도 한다. 계속해서 반복되는 이런 수사는 미디어를 가치중립적 도구, 그래서 누가 이용하느냐에 따라 그 결과가 달라지는 것으로 보는 시각이 전제되었기에 가능하다.

미디어관을 이루는 내러티브의 마지막 부분은 미디어 뒤에서 이 모든 것을 기획, 주도하는 '주체'를 다룬다. "의도," "기획," "저의" 등은 미디어의 부정적 기능을 비판하면서 자주 사용한 표현이었다. 부정적 사회 현상으로 규정된 개신교에 대한 비판적 인식 형성, 세속 문화의 타락, 사회적 혼란 가중 등을 만들어 내는 미디어의 역기능 뒤에는 이를 통해 자신들의 목적을 달성하려는 주체가 존재한다는 것이다.

자료에서 이 주체는 주로 '안티기독교' 세력이라고 지목된다. 그런데 이는 구체적인 특정 집단을 명시하는 용어가 아니다. 개신교를 비방, 공격, 폄훼함으로써 부정적인 인식을 만들어 내려는 목적을 지닌 세력이 있다고 보고 그 일반을 통칭한다. 원래 안티기독교는 2000년대 이후 개신교에 대한 부정적 여론이 커지는 과정에서 대중이 그러한 정서를 설명할 때 사용하기 시작한 용어였다. 여기서는 그것을 그대로 사용함으로써 개신교에 대한 비판적 시각을 지닌 개인과 집단을 하나의 결집된 세력으로 규정하고 있다. 즉 보수 개신교에게 이 용어는 상황에 따라 매우 자유롭게 활용할 수 있는 일종의 종교적 기표가 된다. 분석 자료에서 정치적 진보 세력에 대한 입장을 설명할 때 이 세력을 안티기독교와 쉽게 연결시킨다는 점은 이를 잘 보여 준다.

홈페이지를 통해 세속 사회에 공개한 자료라는 점을 의식하기 때문인지, 자료에서 종교적 언어의 사용은 많지 않았다. 하지만 레이디 가가의 내한 공연을 반대하는 보도 자료에서는 "사탄의 전략"이라는 종교성 강한 표현이 사용된다. 이러한 표현이 자주 등장하는 것은 아니지만 이는 보수 개신교의 미디어관을 이해하는 데 매우 중요하다. 한국 사회의 부정적 현실과 이를 뒤에서 만들어 내는 주체를 설명하는 과정에 개신교의 고유한 종교적 내러티브가 접목되는 지점이기 때문이다. 여기서 규정한 부정적 사회 현상은 개신교 역사관에서 "말세"에 나타나는 반기독교적 증상으로 연결되며, 이에 따라 안티기독교 세력과 진보 세력을 "사탄"으로 상징되는 영적 차원의 적대 세력으로 해석하는 것이 가능해진다.

자료에서 반복되는 또 하나의 수사는 미디어와 관련한 현실에 한국 교회가 적극적으로 개입해야 한다는 것이었다. 그동안 이런 문제에 대해 소극적이었던 데서 벗어나, 세속 미디어의 부정적 영향력 행사에 적극적으로 항의하고, 개신교의 진정한 모습을 보여 주기 위한 노력에 미디어를 적극적으로 활용해야 한다고 주장한다. 이러한 시각은 2000년대 들어 정치, 사회 문제에 적극적으로 개입하기 시작한 보수 개신교의 입장 전환이 미디어 영역에서 어떻게 적용되며 정당화되는지를 보여 준다.

제도 종교의 미디어관과 '매개 종교'

이상에서 정리한 한국 보수 개신교의 미디어관을 통해서 우리는 제도 종교의 미디어관에 관한 몇 가지 함의를 발견하게 된다. 첫째는 특정 종교가 지닌 신학적/철학적 세계관과 미디어관 사이의 관계다. 위에서 살펴본 보수 개신교의 미디어관에서는 보수적 신학 전통에서 출발한 '영적 전쟁spiritual warfare' 혹은 '문화 전쟁cultural war' 담론이 결국 세속 미디어에 대한 근본적인 태도를 설정하는 데 결정적으로 작용한다는 점이 두드러진다. 이는 미국의 보수 개신교가 현실 정치와 문화 영역에 적극적으로 개입하기 시작하면서 그 신학적 정당성을 확보하기 위해 활용했던 담론적 전략이기도 했다. 이 담론은 보수 개신교가 기초한 '비관주의적 역사관,' 즉 이 땅 위의 죄와 타락이 초래할 세상의 종말을 전제로 하는 고유의 프레임에서, 종교적 이념 및 세계관에 도전하는 가치, 규범, 세력을 모두 영적 전쟁의 적으로 규정하는 데 효과적으로 활용된다.

이렇게 한국 보수 개신교가 미디어와 대중문화를 바라보는 시각은 미국의 보수 개신교로부터의 영향이 크다. 미국에서 영적 전쟁 담론을 생산하는 주체는 대중문화 영역에서 미디어 담론이 생산, 유통되는 데 큰 영향력을 지니는 남침례교단Southern Baptism이나 개신교 미디어 단체 포커스온더패밀리Focus on the Family 등이다(Warren, 2001). 이들은 영적 전쟁 담론에 기대어 세속 사회의 미디어 관련 논쟁에도 적극적으로 개입한다. 한국의 보수 개신교는 전통적으로 미국 보수 개신교의 영향을 크게 받아 왔는데, 미디어에 대한 시각에서도 역시 이를 고스란히 이어받아 재생산하고 있다. 1990년대 신앙 잡지 〈낮은 울타리〉 사례는 이를 잘 보여 준다. 이후에 개신교 내에서도 비판 대상이 되기는 했지만, 한국의 대중문화 황금기로 불리던 이 시기에 〈낮은 울타리〉는 국내외 여러 대중문화 현상에 대한 명료하고 때로 극단적인 신학적 해석을 제공함으로써 당시 개신교 내 젊은 세대에 큰 영향력을 행사했다. 이 잡지를 펴낸 이들은 당시 해외에서 유입된 '뉴에이지' 장르를 사탄의 영적 전략으로 규정하고 개신교 청소년에게 이에 대한 비판적 입장을 교육하는 데 앞장섰다(김현준, 2017). 2012년 팝가수 레이디 가가의 방한을 반대하며 보이콧 운동을 펼쳤던 개신교 단체의 주장에도 이러한 논리가 반복된다(김성건, 2012). 미디어 영역에 영적 전쟁 프레임을 사용하는 보수 개신교의 방식은 자신들과 다른 가치와 규범을 주장하는 세력을 '사탄화satanization'함으로써 세속 사회와의 정치적, 문화적 갈등을 영적이고 본질적 차원으로 치환하는 전략이라고 설명되기도 한다(Juergensmeyer, 1993).

미국의 문화 지형에서는 이런 보수 개신교의 프레임이 주로 젠더, 섹슈얼리티, 인종 등의 쟁점과 관련한 미디어 및 대중문화 논란에서 주로 활용되었다. 이는 우리 사회에도 시사하는 바가 크다. 2010년대 중반 이후 본격적으로 부상하고 있는 페미니즘, 동성애, 트랜스젠더, 이슬람 난민 등 정체성 정치identity politics를 둘러싼 한국 사회의 새로운 갈등 구조에 보수 개신교가 개입하고, 관련 미디어 담론을 생산할 때 적극적으로 활용할 논리의 기초가 이미 마련되어 있음을 알려주기 때문이다.

둘째, 한국적 맥락에서 특정 종교의 미디어관이 어떻게 정치적, 문화적 보수주의와 연결되고 확장되는지를 확인할 수 있다. 앞서 살펴본 보수 개신교의 미디어관은 국가주의, 도덕주의 등의 이데올로기와 쉽게 접합한다. 이는 역시 유사한 이데올로기에 기초한 정치적 보수 세력과의 연대를 자연스럽게 만드는 효과가 있다. 위에서 분석한 미디어관에 따르면 한국 사회의 부정적 증상으로 규정된 세 가지 현상, 즉 사회적 혼란과 문화적 타락은 개신교에 대한 부정적 인식과 함께 모두 같은 원인의 결과로 설명된다. 이러한 시각에 따르면, 비관적 사회상을 개혁하고 의미 있는 변화를 도모하려는 노력에 있어서 연대하고 힘을 합쳐야만 할 대상은 분명해진다. 엄격한 도덕률을 강조하는 보수 개신교의 도덕주의적 미디어관은 자연스럽게 한국 사회의 정치적, 문화적 보수주의와 연결되고, 이는 다시 하나의 강력한 사회적 미디어 담론으로 재생산되는 것이다.

셋째, 이렇게 제도 종교 차원에서 설정된 '집단적 미디어관'이 소속 구성원들의 모든 '개인적 미디어관'을 결정하거나 예측할 수 있는 것은 아니라는 점을 이해할 필요가 있다. 제도 종교가 미디어 해독 전략을 공유하는 주요 해독 공동체이기는 하지만, 그렇다고 종교 멤버십 자체가 개별 수용자의 해독 패턴을 결정하는 직접적인 원인은 아니다. 제도 종교가 미디어에 관하여 생산하는 가르침이 그 구성원들의 미디어 텍스트 해독과 실천에 영향력을 행사하는 것은 분명하다. 하지만 강제력으로 이어지지는 않는다. 즉 개인의 미디어 수용과 텍스트 해독 패턴은 소속 종교만으로 설명할 수 없다.

마지막으로, '매개 종교'의 관점으로 보수 개신교의 미디어관을 다시 평가하면 다음과 같은 함의가 있다. 매개 종교 개념은 특정 종교에 대한 미디어의 비판적 입장에 대해 다음 두 가지를 전제해야 한다고 말한다. 먼저, 종교 집단과 세속 미디어가 만들어내는 종교 담론은 본질적으로 서로 다른 가치 체계에 입각할 수밖에 없음을 이해하는 것이다. 특히 진리의 절대성을 강조하는 종교의 특성과 세속성에 기반하여 종교를 평가하는 미디어의 종교 담론 사이에는 충돌의 가능성이 매우 크다. 따라서 미디어의 비판을 특정 종교의 교리와 신학에 대한 이해 부족과 의도가 개입된 왜곡으로 설명하기보다는 미디어가 기초하는 사회 가치 체계에 부합하지 않는 부분을 지적, 비판하는 미디어의 본질적 기능과 연결하여 이해하고 설명하는 것이 더 적절하다. 두 번째는 특정 종교에 대한 미디어의 비판적 태도를 그 종교에 대한 사회 전반적인 정서와 연결하여 이해해야 한다는 것이다. 대중 정서에 민감할 수밖에 없는 현재 미디어의 생산/유통 구조에서 미디어 종사자가 생산하는 담론은 사회 내에서 대중에게 보편적으로 받아들여지는 인식과 감수성을 반영할 수밖에 없다. 대중의 반응이 미디어 조직의 성과로 직결되는 구조이기 때문이다. 따라서 타 종교와 비교해 강도가 높은 미디어의 개신교 비판은 한국 사회에서 개신교가 어떠한 상징적, 정치적 위치에 처해 있는지에 대한 깊이 있는 탐색과 분석 없이는 제대로 이해될 수 없다.

현재 보수 개신교의 미디어관에서는 개신교에 대한 미디어의 비판이 등장할 때마다 이러한 텍스트가 대중에게 어떤 영향을 줄 것인가, 개신교에 대한 부정적 인식이 얼마나 심각해질 것인가, 어떻게 이런 의도적 도발을 막아 낼 것인가에 집중할 수밖에 없다. 반면, 매개 종교 개념은 이에서 벗어나, 이러한 텍스트가 생산될 수밖에 없는 맥락에 대한 이해, 수용자의 반응을 끌어낼 수 있는 상황적 요인 등에 대한 이해로 그 관심을 옮기라고 촉구한다. 다종교의 공생과 세속주의적 질서를 규범으로 하는 한국 사회에서 종교 상징을 포함하거나 특정 종교에 비판적인 텍스트를 생산하는 미디어 제작자들은 이것이 불러올 논란을 예측하거나 감수해야 한다. 이러한 전제 없이 개인이나 조직이 독단적으로 도발을 일으키기는 어렵다. 그렇다면 이러한 위험성을 알면서도 자신들의 텍스트 생산을 정당화하는 이유는 무엇인지를 살피는 것이 먼저여야 한다. 이들이 이해하고 진단하는 사회적, 문화적 맥락은 무엇인지, 한국 사회에서 넓게는 종교 일반, 좁게는 개신교가 차지하는 위치는 어디인지를 먼저 파악하는 것이 필요하다. 이렇게 매개 종교 개념은 개별 종교가 미디어를 바라보는 시각을 스스로 평가하고, 필요에 따라 수정하는 데도 요긴하게 사용될 수 있다.

지금까지 우리는 미디어가 세속성을 바탕으로 종교에 부여된 기능과 역할을 제대로 수행하고 있는지에 따라 종교를 칭찬 혹은 비판한다는 것을 이해했다. 그렇다면 그 칭찬과 비판의 구체적인 내용을 들여다봐야 한다. 그렇게 함으로써 세속 사회가 종교에 기대하는 바가 무엇인지를 알 수 있을 것이기 때문이다.

이는 비단 연구의 목적에서만이 아니라 우리 사회 전반을 위해서도 꼭 필요한 작업이다. 이제 다음 장부터는 미디어가 매개하는 '종교에 대한 세속 사회의 기대'를 살펴본다. 먼저 종교에 대한 미디어의 '칭찬'을 종교 지도자의 죽음을 매개하는 언론 보도 사례로 들여다본다.

6

미디어 속 '종교 영웅'

: 선종, 열반, 소천의 내러티브

종교에 대한 미디어의 '칭찬'

세속 사회가 종교에 어떤 기대를 하는지를 살펴볼 수 있는 '매개 종교,' 즉 미디어 속 종교는 매우 다양한 형태를 띤다. 3장과 4장에서 살펴보았던 종교에 대한 비판적 언론 보도가 그렇고, 종교를 비판적으로 묘사하는 TV 드라마나 영화, 대중음악도 그렇다. 비판뿐 아니라 미디어의 칭찬을 통해서도 기대를 읽어 낼 수 있다. 어떤 성직자가 자신이 속한 종교 집단에서만이 아니라 사회적으로 존경과 사랑을 받는 인물이라면, 미디어가 그 종교인의 무엇을, 어떻게 칭찬하는지 면밀하게 분석함으로써 세속 사회가 종교에 대하여 어떤 기능과 역할을 기대하는지 파악하게 된다.

이렇게 미디어에 투영된 종교에 대한 기대는 '소극적 기대'와 '적극적 기대'로 나뉜다. 소극적 기대는 주로 종교에 대한 '비판'을 통해 드러나는 것들로서 개별 종교가 지닌 성격과 현재의 사회적 상황에 따라 다른 내용으로 구성된다. 그런데 그 비판의 기저에 깔린 근거와 기준은 무엇인지를 잘 살펴보면 해당 종교에 대한 세속 사회의 평가와 기대를 읽어 낼 수 있다. 반면, 적극적 기대는 주로 종교 집단 혹은 종교인에 대한 '칭찬'에서 발견된다. 여기서는 개별 종교에 대한 기대도 찾을 수 있지만, 종교 일반에 기대하는 바가 무엇인지를 읽는 데 더 효과적이다. 세속 사회에서 사회 제도로서 종교가 어떠한 모습이어야 하고, 무엇을 해야 하는지는 칭찬을 통해 드러내기 때문이다.

4장에서 저널리즘의 종교 담론 생산은 미디어에 부여된 사회 규범적 역할의 실천으로 이해해야 한다는 점을 강조했다. 언론의 종교 보도는 미디어가 당연히 따라야 할 규범적 원리에 기대어 종교의 현실을 평가한 결과라는 말이다. 자유-다원주의를 기초로 작동하는 저널리즘은 절대적 신념 체계를 기초로 하는 종교와 충돌할 가능성이 크다는 점도 지적했다. 그렇기에 종교를 '칭찬'하는 저널리즘 텍스트는 매우 특별한 의미가 있다. 세속 저널리즘이 규정하는 전문직주의가 어떻게 종교적 가치를 승인하는지를 보여 주기 때문이다. 다시 말해 세속 저널리즘의 종교 칭찬은 세속성과 종교의 가치가 서로 만나는 지점이 어디인지를 가늠할 수 있는 유용한 데이터가 된다. 이를 통해 사회 제도의 하나로서 종교가 담당해야 할 것으로 기대되는 사회적 역할 및 가치는 무엇인지 구체적으로 파악할 수 있다.

한국은 다종교 사회다. 흔히 3대 종교로 불리는 개신교, 불교, 가톨릭과 함께 다수의 군소 종교가 함께 존재한다. 외국에서는 이를 '평화적 공존'이라 규정하면서, 종교 간의 대립과 충돌이 심각한 사회적 갈등 요소로 작동하는 다른 사회들과 비교하곤 한다(Koehler, 2013). 절대적 위상을 지닌 지배 종교가 없는 상황에서 다수의 종교가 평화적인 관계를 유지하는 사례는 그리 많지 않다. 이렇게 종교 간 평화적 공존의 특징을 지닌 한국의 종교 지형은 종교 상대주의를 세속 사회의 상식적 규범으로 만들고, 종교 시장religion market의 논리가 원활하게 작동할 수 있는 배경이기도 하다. 이에 따라 한국의 저널리즘 역시 다종교의 균형을 매우 중시한다. 특정 종교에 대한 편향을 배제하는 객관적 논조를 유지하는 것이 중요한 직업적 규범으로 정착되어 왔다. 이는 한국 사회에서 저널리즘의 종교 보도가 지니는 기본적이면서 중요한 특징으로 작동한다.

'종교 영웅' 신화

2009년 2월 16일 김수환 가톨릭 추기경의 선종은 한국 사회에서 특정 종교 성직자의 죽음이 어떻게 전 사회적 추모의 대상이 될 수 있는지를 보여 주었다. 그의 선종 이후 1주일이 넘는 기간 동안 온 나라가 슬픔과 애도에 빠져 있었다. 이 기간 내내 일간지 서너 페이지와 주요 방송사 메인 뉴스 너덧 꼭지는 항상 고인과 관련한 이야기로 채워졌다. 평소 저널리즘 미디어가 제도 종교에 대하여 보여 온 차가운 시선과는 차이가 컸다. 생전 김수환 추기경에 대해서 달리 평가했던 언론의 이념 성향도 그의 죽음 앞에서는 힘을 쓰지 못했다.

1년여 후인 2010년 3월 11일, 법정 스님 열반 소식이 들려왔다. 자신의 수필집 제목이기도 한 '무소유'로 상징되던 불교계의 큰 어른이었다. 김수환 추기경 때만큼은 아니었지만 그에 대한 추모 역시 불교계로만 한정되지 않았다. 한동안 그의 삶과 죽음을 재구성한 이야기들이 미디어를 통해 쏟아져 나왔다.

같은 해 9월 2일에는 개신교 내에서 크게 존경받던 옥한흠 목사가 소천했다. 1990년대 이른바 한국 개신교의 '복음주의 3인방'으로 불렸던 명망 높은 목사 중 한 명이었다. 자신이 담임한 온누리교회의 양적 성장뿐 아니라 '제자 훈련'을 비롯해 신도들의 신앙 교육 방법에서도 큰 반향을 일으킨 목회자로 평가되는 인물이었다. 역시 세속 미디어는 그의 삶을 재구성하는 데 참여한다.

1년 7개월이라는 시간을 두고 3대 종교의 명망 있는 지도자가 세상을 떠나자, 자연스럽게 세속 저널리즘이 이들의 삶과 죽음을 어떻게 재현하는지 들여다볼 수 있었다. 세 종교인의 죽음에 대한 언론 보도는 종교에 대한 사회의 기대를 보여 주었다. 소천, 열반, 선종 등 죽음을 부르는 용어는 전통마다 다르고, 종교별로 삶과 죽음에 대한 철학 차이 역시 작지 않다. 하지만 저널리즘은 이런 차이를 뛰어넘어 오직 세속 사회의 가치에 기초하여 이들의 삶을 평가하고, 또 이를 바탕으로 이 종교인들의 사회적 유산을 새롭게 생산해 냈다.

언론 보도가 칭찬하는 개인적 성취와 사회적 유산은 결국 세속성이 공인하는 종교의 역할을 기반으로 한다. 따라서 저널리즘이 (재)생산하는 종교 지도자의 삶과 죽음 이야기를 통해 우리는 사회에서 종교가 무엇이어야 하는지(종교의 본질), 무엇을 해야 하는지(종교의 역할) 등을 구체화할 수 있다. 즉 세속성이 규정하는 종교의 이념형ideal type이 지닌 면면을 읽어 낼 수 있다.

이런 점에서 이들 종교인의 죽음 보도는 일종의 '신화myth'라고 부를 수 있다. 이들의 죽음에 대한 미디어의 보도는 신화 요소를 많이 내포한다는 얘기다. 원래 망자에 대한 미디어의 보도는 그 사회가 처한 시대적 맥락과 지배적인 사회 문화 구조를 반영하는 선택적인 기억 행위다(Hume, 2000). 따라서 세 성직자를 보도하는 미디어의 재현은 이들의 삶에 대한 '정확한accurate' 기술이라기보다는, 이들의 개인사를 바탕으로 선택과 배제의 작동을 통해 구성된 하나의 '내러티브'라고 할 수 있다. 미디어는 이들 개인의 삶을 통해 한국 사회의 역사를 (재)구성하고 이 속에 이들을 위치시켜 특정한 역할을 담당케 함으로써 하나의 새로운 역사를 만들어 낸다.

따라서 저널리즘이 생산한 이들의 내러티브는 '종교 영웅 신화religious hero myth'라고 할 수 있다. 세 성직자의 죽음 보도를 신화 분석 방법론을 적용하여 통합체 분석과 계열체 분석을 진행하였다(Park, 2011).[18]

종교 영웅의 인생 여정

통합체 분석이란 내러티브의 시간적 흐름에 따라 사건들이 어떻게 배열되는지 분석하는 것을 말한다. 여기서 염두에 두어야 할 것은 첫째 이야기를 구성하는 요소들elements을 찾아내는 일, 둘째 그것이 어떠한 순서로 구성되는지를 밝혀내는 일이다(Berger, 1997).

먼저, 세 명의 성직자에 관한 기사를 분석한 결과 모두 7개의 공통적인 구성 요소를 발견하였다. 그것은 '유년기,' '종교에 투신,' '사회 참여,' '물러남,' '개인적 삶,' '투병,' '죽음'이었다. 이 요소들의 시간적 배치를 통해서 저널리즘이 생산한 종교 영웅

18 여기서 신화란 특정한 문화적 집단에 공유되는 신념과 가치를 드러내는 이야기를 말하는데, 신화에 대한 기호학적 분석을 통해 당대 문화의 다양한 이미지와 행위를 분석할 수 있다(Edgar & Sedgwick, 1999). 분석에 사용한 데이터는 〈조선일보〉와 〈한겨레〉에 실린 총 137개의 관련 기사 전부였다.

유년기
가난한 가정에서 출생 → 경제적 어려움 속에서 성장

↓

종교에 투신
역사적 사건(예: 전쟁)을 경험 → 의미를 찾기 위해 사제가 됨

↓

사회 참여
사회적 불의에 적극적으로 저항

↓

물러남
종교 신념과 (세속) 정치 성향 사이에서 갈등

↓

개인적 삶
소박하고 단순한 삶 → 개인적으로 사회적 약자 돕기

↓

투병
질병과의 싸움 속에서 삶과 죽음을 초월

↓

죽음
죽음에 대한 열광적 추모 → 유산을 이어나가기 위한 전 사회적 열기

그림 6-1 종교 영웅의 인생 여정

신화를 이해할 때 한국 사회의 압축적 근대화, 급속한 경제 성장, 군사 독재, 민주화, 글로벌 신자유주의 질서 편입, 최근 경제 위기, 사회 양극화 등 현대사의 전개 과정을 반드시 고려해야 한다는 점을 알 수 있다. 즉 이 내러티브는 한국 사회의 과거, 현재, 미래를 포함하는 역사적 전개 속에서 종교가 어떤 역할을 해야 하

는지에 관한 이야기로 이해해야 한다. 이러한 인식을 바탕으로, 통합체 분석을 통해 드러난 종교 영웅의 인생 여정은 시간적 순서에 따라 그림 6-1과 같이 정리할 수 있다.

이 내러티브에서 '종교 영웅'은 한국의 역사와 인생 여정 전체를 공유한다. 먼저, 종교 영웅의 과거는 '유년기' 그리고 '사회 참여'라는 두 개의 구성 요소로 설명된다. 매우 가난한 가정에서 태어났을 뿐 아니라, 온 가족이 겪는 심각한 경제적 어려움 속에서 성장한다. 그리고 군사 쿠데타로 권력을 잡은 독재 정권과의 투쟁기를 겪으며 이에 대한 저항 운동에 적극적으로 참여하게 된다. 여기서 종교는 한국 사회에서 저항적 자유주의를 실천하는 역할을 담당한 것으로 기억되고 칭송된다. 더불어 종교는 영웅에게 사회 속 정의와 불의를 분별할 수 있는 근원적 준거를 제공할 뿐 아니라, 그가 사회적 불의에 저항할 수 있게 만든 신념의 제공자다. 흥미로운 점은, 개신교를 비롯한 여러 종교 집단에서는 한국의 경제적 성장 과정에서 제도 종교가 노동자들과 사회 전반에 자본주의 정신을 공급했다고 주장하고, 이를 긍정적인 종교의 역할로 내세우는 데 반해, 이 내러티브에서는 종교의 그러한 역할이 일절 드러나지 않는다는 것이다.

이렇게 내러티브의 과거 부분에서 종교 영웅은 '저항'과 동일시되지만, 현재에도 똑같은 역할을 하는 것으로 그려지지는 않는다. 종교 영웅의 현재는 '물러남'과 '개인적 삶'이라는 두 구성 요소를 통해 이야기되는데, 그는 유력한 종교 지도자로서의 현재 위치에 매우 유보적인 태도를 취할 뿐 아니라, 때론 과거의 적극적인 사회 참여를 후회하기도 한다. 그의 역할은 개인적 차원에서 약자를 돕고 지원하는 데 더 집중하는 것으로 전환된다. 여기서 종교적 신념은 세속의 특정 정치적, 이념적 정향성과 동일시되어서는 안 되는 것으로 규정된다. 근대화 이후 한국의 정치 지형은 보수와 진보 두 흐름으로의 분화가 선명해지고 급진적 사회운동 역시 점진적으로 제도화되는 과정을 경험했다. 이러한 상황에서 종교는 이 중 어떤 정치 성향과도 연계되지 않아야 마땅한 것으로 그려진다.

하지만 세속 사회는 여전히 종교가 더 적극적으로 공적인 역할을 담당해 주기를 바란다는 점도 명확히 드러난다. 이는 종교 영웅 신화의 미래 부분에서 분명히 드러난다. 미래는 '죽음'이라는 구성 요소로 설명되는데, 여기서 종교는 사회적 현실에 적극적으로 개입하고 활약해야 하는 것으로 그려진다. 만약 종교의 사회 참여를 통해 사회가 진지하게 꿈꾸는 미래를 성취할 수 있다는 확신이 선다면, 세속 사회는 종교의 적극적인 개입을 요청하고 수용할 것이라는 점을 보여 준다.

종교 영웅이 상징하는 가치

한편, 계열체 분석은 텍스트 속에 숨겨진 대립적 패턴을 찾는 데 그 목적을 둔다. 텍스트의 이면에는 대립하는 짝패들이 감추어져 있는데, 이들은 텍스트의 의미를 생산하는 힘을 갖는다. 일련의 대립하는 항목들을 찾아내 분석함으로써 의미의 작동을 간파할 수 있는 통찰력을 얻을 수 있다. 표 6-1에서 보는 것과 같

표 6-1 종교 영웅 신화의 이항 대립

종교 영웅	반反영웅
소수자/약자 낮음 위로 사랑/자비 너그러움/베풂 희생/봉사	**강자/권력** 높음 무시 증오 탐욕 이기심
저항 민주주의/민주화 정의 예언자/양심/비판 참여 신앙과 삶의 일치 자유	**순응** (군사) 독재 불의 침묵 (종교의) 높은 벽 신앙을 구걸 얽매임
통합/화해 조화/균형 (종교적) 관용 평화	**갈등/분열** 대립 (종교적) 경계 폭력
정신 무소유 자연/생명 침묵/은둔	**물질** 풍요 도시/개발/성장 말
성찰 소박/소탈 따뜻/다정다감	**교만/아집** 권위적/형식적 무심함

소수자/약자	강자/권력
저항	순응
통합/화해	갈등/분열
정신	물질
성찰	교만/아집

그림 6-2 종교 영웅 신화의 대립항

이, 계열체 분석을 통해 총 24개의 대립항이 도출되었다. 그리고 이들은 다시 5개의 그룹으로 재분류되었다(그림 6-2).

대립항에 속한 요소들은 각각 '종교 영웅'과 '반反종교 영웅'의 짝패로 분류된다. 여기서 '종교 영웅'의 짝에 속하는 요소는 한국 사회에서 종교에 부여되는 가치이며, '반종교 영웅'의 짝에 속하는 요소는 종교와 상반되는 가치가 된다.

표 6-1의 짝패들 가운데 종교 영웅 신화에서 가장 핵심적인 것은 '강자 대 약자'라고 할 수 있다. 사회적 약자와 소수자는 종교 영웅의 짝에 배치되어 있는데, 이는 내러티브 전체를 관장하는 매우 중요한 가치가 된다. 성직자들의 이야기 구조에서 '저항 대 순응' 역시 중요하게 다루어지지만, 위의 통합체 분석에서 살핀 것과 같이 이는 종교 영웅의 현재가 아닌 과거의 삶을 규정하는 데 주로 활용된다는 점에서 대표적인 짝패는 아니다.

이렇게 정리된 이항 대립을 통해 우리는 저널리즘이 세속 사회와 종교의 관계에 대한 규범적인 평가를 바탕으로, 한국 사회의 현재를 어떻게 규정하고 있으며 그 속에서 종교를 어디에 위치시키고 있는지 도출해 낼 수 있다. 먼저, 저널리즘이 말하는 사회 구조는 강자와 약자라는 두 개의 층으로 나뉜다. 이 중에서 종교는 매우 명확하게 약자의 편에 배치된다. 종교에게 맡겨진 역할은 강자, 권력자, 부자가 아닌 반드시 사회적 약자, 소수자, 빈자를 대변하고 옹호하는 것이어야 한다는 저널리즘의 인식을 드러낸다.

또한, 저널리즘이 사회 참여 및 저항과 관련한 종교의 역할을 어떻게 보고 있는지도 살필 수 있다. 종교 영웅 신화에서 종교는 세속과 종교를 가르는 높은 벽, 종교와 종교를 구분하는 두꺼운 벽을 넘어섬으로써 공적인 사안에 적극적으로 개입해야 한다고 설명된다. 종교의 사회적 참여와 개입은 권장될 뿐 아니라, 과거 정당성 없는 권력에 저항했던 종교의 경험은 칭송의 대상이다. 즉 종교 영웅 신화는 종교가 사회적 불의에 맞서야 하며, 그것과의 싸움에 적극적으로 나서야 한다고 말한다.

더불어, 종교 영웅 신화를 통해 세속 저널리즘이 한국 사회의 현재를 어떻게 규정하는지도 알 수 있다. 여기서 한국 사회는 매우 불합리하고 병리적일 뿐 아니라, 반드시 변화가 모색되어야 하는 상태로 규정된다. 지난 50년간 급속한 근대화와 고속 성장으로 앞만 보고 달려오기만 했던 사회 구성원들이 현재는 돈과 물질주의만을 좇는 탐욕에 갇히게 되었다는 것이 종교 영웅 신화의 기저를 지배하는 인식이다. 이러한 인식에 따라 여기서 종교는 현 질서에 대한 저항을 위한 주요 원천으로 다뤄진다. 종교는 사람들에게 성장주의, 무한 경쟁, 물질 만능주의 등 현 사회를 지배하는 원리에 대한 대안적 가치를 제공해야 한다는 것이다.

이러한 분석을 통해 우리는 종교 영웅 신화에서 가장 핵심적인 짝패를 '강자 대 약자'에서 '주류성 대 대안성'으로 치환할 수 있게 된다. 여기서 종교를 대표하는 가치는 대안성이다. 계열체 분석에서 세속 미디어의 기대와 관련해 주목해야 할 것은 종교에 부여된 가치들이 함의하는 '대안성'에 있다. 종교에게 부여된 것으로 드러난 소수자/약자, 저항, 통합/화해, 정신, 성찰 등의 가치는 현재 한국 사회를 지배하는 주류 가치들을 대체할 것으로서, 결국 대안성을 상징한다.

한편, 종교 영웅 신화는 미디어가 설정하는 종교와 세속 사회와의 관계도 보여 준다. 미디어가 규정한 세속 사회의 현실은 사회적 양극화, 불평등, 분열, 물질주의 등으로 규정되는데, 이러한 가치들은 정의, 사랑, 너그러움, 조화, 통합, 관용, 정신, 자연 등으로 대체되어야 마땅하다. 여기서 종교는 이러한 대안적 가치들을 세속 사회에 제공하는 유력한 사회 제도의 자리에 위치한다.

종교 영웅 신화로 읽는 기대

통상적으로 세속 저널리즘과 종교의 관계는 대립적, 상충적인 것으로 이해된다. 저널리즘이 기반한 상대주의적 규범과 종교의 절대주의적 가치가 충돌하는 경우가 빈번하기 때문이다. 즉 저널리즘은 종교에 대하여 근원적으로 비판적일 가능성이 크다. 하지만 종교에 대한 저널리즘의 관심은 비판적 시각 이상의 차원에서 논의되어야 한다. 성직자의 죽음을 둘러싼 미디어의 재현 사례는 이를 분명히 보여 준다. 미디어가 '종교 영웅'에 관하여 생산하는

'신화'를 통해 세속 사회가 '칭찬'하는 종교의 모습은 무엇일지를 내다볼 수 있다. 3대 종교 성직자들의 죽음을 맞이하여 저널리즘이 (재)구성하는 이들의 삶과 죽음은 한국의 현대사 전개 속에서 종교가 자리해야 할 이상적인 모습을 보여 준다. 따라서 이 사례는 사회가 종교에 대하여 갖는 '기대'의 구체적인 내용을 알려주는 자료로서의 가치를 지닌다.

이 사례를 통해서 우리는 먼저 종교와 '사회 변화'의 연결 고리를 발견한다. 미디어가 생산한 종교 영웅 신화를 분석하면 저널리즘이 새롭게 만들어 내는 종교와 세속 사회의 관계가 드러나는데, 여기서 종교는 세속 사회와 완전히 단절되지 않는다. 오히려 종교는 세속 사회의 주요 부분으로서 공적인 이슈가 발생하면 적극적으로 개입할 것이 요청된다. 특히, 종교 영웅 신화에서 드러난 사회 속 종교의 역할은 사회 변화와 관련되어 있다는 점에 주목해야 한다. 종교와 관련한 보도에서 저널리즘은 현 사회에 대한 비판적 성찰을 통해 매우 근본적인 차원에서 변화가 필요하다는 인식을 반복적으로 드러낸다. 이는 사회 변화라는 사회적 요구 혹은 욕망을 실현하는 데 종교가 담당할 역할에 관한 논의로 자연스럽게 이어진다.

이렇게 종교 영웅 신화는 종교만을 이야기하는 게 아니다. 세속 사회의 현실에 대한 규범적 평가를 동반한다. 사회 변화가 필요하다는 저널리즘의 진단은 사회가 처한 현실에 대한 냉정한 평가에 기초하기 때문이다. 그런데 이 신화에서는 도저히 이대로 둘 수 없는 수준의 문제와 결핍을 지닌 사회라는 비관적 평가가 반복되어 나타난다. 특히, 현 사회를 설명할 때 자주 활용되는 사회적 양극화, 불평등, 물질주의 등의 기표를 통해 사회 변화를 촉구하도록 만드는 문제 혹은 결핍의 성격이 무엇인지도 드러난다. 종교 관련 기사에서 이런 비관적 평가가 지속해 나타난다는 건, 현 사회의 결핍 가운데 종교라는 사회 제도가 채워야 할 것이 무엇인지 분명하게 보여 주는 것이다. 위의 종교 영웅 신화 분석에서 알 수 있듯이, 종교로 대표되는 가치인 정의, 사랑, 너그러움, 통합, 화합, 포용, 정신, 자연 등은 현 사회에서 주류성이 아닌 대안성으로 인식된다. 즉 종교의 가치는 현 사회를 지배하는 주류적 가치로부터의 거리가 멀다는 것이다. 종교적 가치를 통해 한국 사회의 대중 사이에 공유되고 있는, 삶에 대한 새로운 정향성 및 새로운 사회 구조에 대한 열망이 표출되는 것이라 하겠다.

이 사례를 통해 알 수 있는, 종교를 향한 세속 사회의 기대는 무엇인가? 사회 변화를 위한 열망을 실현하기 위해 종교가 담당해야 하는 역할이다. 저널리즘은 종교가 사람들의 개인적 삶에 개입하는 것으로만 그 역할을 제한해서는 안 된다고 말한다. 공공의 이슈에 대해 적극적으로 관여하고 개입해야 한다는 말이다. 물론 그 개입의 방식 역시 중요하다. 종교가 개별 이슈마다 직접 개입하고 활약하라는 것이 아니라, 사회 내에서 대안적 가치의 제공자가 되어 달라는 것이다. '물질'과 대립하는 '성신'의 가치, '순응'과 대립하는 '저항'의 가치, '강자'와 대립하는 '약자'의 가치가 종교를 통해 드러나야 한다. 이것들은 현 사회를 지배하는 주류적 가치들에 대하여 높은 대안성을 지닐 뿐 아니라, 새로운 사회와 구조를 달성하는 데 크게 기여할 것으로 기대된다. 저널리즘이 기대하는 종교의 역할은 세속 사회에서 대안적 가치의 원천이 되어 달라는 것으로 정리된다.

그런데 여기서 종교에 할당된 가치들이 대체로 진보적 성격을 지닌다는 점이 흥미롭다. 주류 미디어는 현존하는 사회적, 정치적 질서를 옹호할 뿐이라는 보편적 인식과 매우 다른 결과다. 또, 종교 역시 사회의 변화보다는 유지의 도구라는 통상적인 시선과도 차이가 난다. 신자유주의와 사회적 양극화로 인한 계급 문제에 대한 성찰이 요구되는 한국의 현실에서 종교는 현재 질서에 대한 저항적 가치의 원천이 되어 줄 것으로 기대된다. 종교 영웅 신화를 통해 드러난 종교의 가치는 한국 사회의 현실에서 진보적 사회 변화를 위한 열망과 연결되는 것이다.

그렇다면 저널리즘은 종교와 관련한 보도에서 정말 구조적 차원의 사회 변화를 추구한다고 결론지을 수 있을까? 종교와 관련한 보도에서 저널리즘이 상대적으로 진보적 성향을 보이는 건 사실이다. 또, 종교 보도에 전제된 현 사회에 대한 평가 혹은 사회 변화를 위한 열망은 언론의 이념적 성향에 따라 크게 다르지도 않다. 그렇다고 주류 미디어가 일반적으로 진보적 사회 변화를 추구한다고 볼 수는 없다. 이러한 성향은 종교 보도에 한정될 뿐이며, 일반적인 사회적, 정치적 영역으로 확장되지 않기 때문이다. 다시 말해, 언론 종사자들에게 종교 영역은 진보적 가치가 표출되고 수용되기에 정치 혹은 사회 영역보다 상대적으로 수월하다고 인식되는 것으로 보인다. 이는 4장에서 살펴본 〈신의 길 인간의 길〉 제작진에게서도 확인한 바 있다.

이에 대한 평가는 양면적이어야 한다. 먼저, 종교는 진보적 가치가 전 사회적으로 생산되고 유통될 때 거부감이 덜한 영역으로서의 가능성을 지닌다. 종교를 통해 투영되는 가치는 현 사회 질서에 대한 대안적 성격이 강하다는 것이 이를 증명한다. 여기서 시작된 사회 변화에 대한 열망이 사회적, 정치적 영역으로 확장됨으로써, 보다 의미 있는 변화를 이끌 수 있는 잠재력으로 작동한다는 점은 긍정적으로 평가해야 한다. 하지만 종교가 대표하는 가치들이 얼마나 진보적인가에 대한 진지한 질문이 이어져야 한다. 어쩌면 종교와 관련한 사회 변화, 또는 새로운 사회 질서 등은 오히려 진정한 변화를 위한 걸림돌을 은폐하기 위한 이데올로기로 작동할 수 있다. 종교 영웅을 설명할 때 보수적 가치인 '통합'과 '조화'가 중요하게 자리한다는 점은 이를 확인해 준다.

저널리즘을 통해 사회가 종교에 기대하는 바는 '대안성'이라는 키워드와 관련되어 있었다. 그렇다면 이제 우리의 과제는 여기서 한 발 더 나아가 종교에게 맡겨진 대안성의 실체를 한국 사회의 현실 속에서 더 정교화하고 구체화하는 것이다. 다음 장에서 가톨릭 수장 프란치스코 교황의 한국 방문과 래퍼 비와이의 사례를 살펴보자.

7

미디어는 어떤 종교를 바라는가

종교에 기대되는 '대안성'이란

6장에서는 종교에 대한 미디어의 기대를 '소극적' 기대와 '적극적' 기대로 나눌 수 있으며, 적극적 기대는 종교와 종교인에 대한 '칭찬'을 통해 읽을 수 있음을 확인했다. 그 적극적 기대는 세속 사회에서 사회 제도로서 종교가 어떤 모습이어야 하고, 무엇을 해야 하는지 등 종교의 이념형을 드러내는 것이었다. 또 3대 종교 지도자의 죽음 보도를 통해 그 기대와 연관된 키워드는 '대안성'이라는 것도 알았다. 여기서 대안성이란 구체적으로 무엇인가? 특히 대안성이 종교와 연관될 때는 어떤 함의를 지닐까? 그것이 한국 사회 현실에 대해 말하는 바는 무엇인가? 이러한 질문에 답하기 위해 종교에 대한 미디어의 칭찬 사례 두 가지를 더 살펴보려 한다.

'매개 종교' 개념으로 돌아가 보자. 이 개념을 특정 종교에 대한 미디어의 비판에 적용한다면, 그 비판을 해당 제도 종교의 본래 모습에 대한 투명한 반영으로 봐서는 안 된다는 점을 강조했다. 대신 그 종교에 대한 미디어의 매개 기능에 따른 결과물로 이해해야 한다. 특정 종교에 대한 미디어의 칭찬 역시 마찬가지다. 어떤 대상에 대한 미디어의 '정확'하고 '오류 없는' 매개 혹은 재현이란 애초에 성립할 수 없다는 점을 인정한다면, 특정 종교 혹은 종교인에 대한 칭찬 역시 미디어의 본질적 특성인 선택과 배제를 통해 그 종교를 매개한 결과물임을 잊지 말아야 한다.

여기서 살펴볼 프란치스코 교황의 방한에 대한 미디어의 보도, 그리고 개신교인 래퍼 비와이에 대한 대중의 호응 역시 그런 방식으로 접근해야 한다. 가톨릭과 개신교라는 개별 제도 종교 자체가 아니라, 교황과 비와이라는 인물을 도구로 삼아 '매개된 가톨릭,' '매개된 개신교'에 대한 반응으로 이해하는 것이다. 이렇게 접근하면, 우리의 관심은 가톨릭 혹은 개신교라는 특정 제도 종교 범위에만 머물지 않고 종교 일반으로 확장할 수 있다. 더불어, 종교라는 사회 제도의 어떤 지점이 미디어의 기대와 맞닿아 있는지 살펴볼 수 있다. 이는 세속 사회가 종교 일반에 기대하는 '대안성'의 요체를 구체화하려는 목적에도 분명히 도움이 된다.

프란치스코 교황 방한

2014년 8월 14일 프란치스코 교황[19]이 한국에 국빈 자격으로 방문했다. 그는 한국에 4박 5일간 머물렀는데 이 기간은 한국 사회에도 매우 특별한 시간이었다. 이 기간 내내 신문과 방송은 그의 일거수일투족을 긴 호흡으로 조목조목 전달했고, 그에 대한 뜨거운 반응이 온 사회를 가득 채웠다. 이전에도 가톨릭 교황의 방한은 두 차례 있었지만, 프란치스코 교황에 대한 열렬한 환영은 이전과 비교가 되지 않는 초유의 것이었다. 언론은 이를 두고 "교황 열풍," "프란치스코 앓이," "프란치스코 현상" 등으로 불렀다. 공적 영역에서 성聖과 속俗의 명확한 경계를 짓는 세속 사회에서

19 '교황敎皇'이라는 용어가 제국주의적 함의를 내포하므로 '교종敎宗'으로 불러야 한다는 주장도 있다. 여기서는 일반적으로 사용되는 용어인 '교황'을 사용한다.

매우 이례적인 일이었다.

한국 사회의 이런 이례적 반응은 그해 4월에 발생한 세월호 참사와 떼어놓고는 설명할 수 없다. 교황의 방한 시점이 바로 온 사회가 아직 세월호 사건의 충격을 매우 아프게 경험하는 중이었으며, 이에 따르는 각종 논란과 정치적 갈등이 최고조에 달한 시기였기 때문이다. 일상과 규범으로부터의 이탈을 의미하는 '리미널리티liminality'의 시간과 공간을 집단적으로 경험하는 중(Turner, 1977)이었고, 이에 따라 한국 사회는 성과 속이 서로 교차하는 비일상성을 마주했다. 종교인인 교황에 대한 이례적인 주목과 열광은 이런 배경이기에 가능했다. 앞서 언급한 대로, 다종교의 '평화적' 공존이라는 특수한 종교 지형에서 여러 제도 종교 사이에 기계적 균형을 유지하는 것은 세속 사회와 미디어가 지켜온 오랜 규범이자 상식이다. 하지만 세월호 사건으로 새롭게 재편된 사회 문화적 맥락은 특정 종교의 수장에 대한 뜨거운 반응이라는 일탈을 가능케 했다.

방한 당시 프란치스코 교황에 대한 반응은 가톨릭 수장으로서의 의미를 뛰어넘는 것으로 보인다. 당시 미디어의 교황 재현 역시 그를 가톨릭이라는 하나의 제도 종교로부터 일정한 거리를 두도록 만들었다. 가톨릭 고유의 의례, 교리, 언어는 그를 설명하는 배경에 불과할 뿐이었고, 그는 종교라는 사회 제도 전체를 대표하는 상징이 되었다. 교황에 대한 평가가 가톨릭이라는 하나의 제도 종교가 아니라 종교 일반에 대한 것이 되어야만 제도 종교 간 균형이라는 세속 사회의 규범 위반을 피할 수 있기 때문이다.

이에 따라 교황의 방한을 다루는 언론 보도는 새로운 의미를 부여받는다. 이제 프란치스코 교황의 방한을 특정 종교의 특수성을 떠나 종교 일반이 담당하기를 바라는 사회적 역할에 대한 사회의 기대가 구성되고 표출된 현상으로 규정하고, 그 의미를 꼼꼼하게 읽어 낼 필요가 생겼다. 또한, 매개된 교황을 통해서 우리는 당시 상황과 맞물려 미디어가 구성하고 재편한 우리 사회의 현실에 대한 평가, 앞으로의 방향에 대한 진단, 그리고 그 속에서 종교가 담당할 역할에 대한 사회의 합의를 읽을 수 있다.

특히 주목해서 들여다봐야 할 것은, 방한 중 미디어가 주목한 교황의 발언과 행동에서 진보적인 성향이 강하게 나타난다는 점이다. 프란치스코 교황에 관한 책 《교황과 나》를 저술했던 해방신학자 김근수는 방한 당시 이를 두고 "이름을 밝히지 않고 교황의 발언을 그대로 하면 아마도 국가보안법 대상일 것"이라고 평가하기도 했다.[20] 비록 일시적이었으나, 프란치스코 교황의 말과 행동에서 비롯된 진보적 가치와 의제가 한국 사회의 담론 영역을 압도했다. 한국에서 그의 입을 통해 나온 발언 가운데 진보적 성격이 강한 것으로 "평화는 정의의 결과," "새로운 형태의 가난을 만들어 내는 비인간적인 경제 모델을 거부하라," "맞서 싸우기를 빕니다," "가난한 사람들과 함께하는 연대" 등을 들 수 있다. 이전부터 알려진 프란치스코 교황의 개인적 배경과 진보적 성향이 드러나는 발언이지만, 동시에 이러한 발언을 매개하는 언론 보도는 종교에 대한 세속 사회의 기대가 지니는 정치적 성격

20 팟캐스트 〈노유진의 정치카페〉, 2014. 8. 18. http://www.podbbang.com/ch/7657?e=21469000

의 가늠자가 된다는 점에서 주목해야 한다. 언론의 이념적 성향에 따라 이런 정치색 강한 발언을 어떻게 매개하는지를 살펴봄으로써, 종교에 대한 기대가 지니는 이념적 성격을 엿볼 수 있다.

교황을 매개하는 기사[21]

81개의 기사 가운데 교황 개인이나 교황의 방한을 부정적이거나 비판적으로 평가한 기사는 5개에 불과했다. 대부분의 사설 및 칼럼이 교황에 대하여 매우 긍정적으로 평가했다. 교황에 대해 긍정적 평가를 하는 기사들은 수사적 특징이 공통으로 보이는데, 이는 교황과 대비되는 대상을 하나 설정하고, 그에 대한 부정적인 평가를 수반한다는 것이다.[22] 이러한 특징을 고려하여 각 사

21 이 부분은 박진규(2015)를 토대로 썼다. 교황 방한을 다루는 언론 보도가 집중된 방한 하루 전부터 이틀 후(8. 13～20)까지 〈조선일보〉, 〈동아일보〉, 〈중앙일보〉, 〈한겨레〉, 〈경향신문〉 등 5개 중앙 일간지에 게재된 사설 및 칼럼 가운데 교황 관련 기사 81개 모두를 분석했다(표 7-1～3 참조). 사설과 칼럼 등 의견 기사는 교황의 발언과 행보에 대한 규범적 평가의 방향을 확인하는 데 더 유리하다고 판단했으며, 보수지로 분류되는 〈조선일보〉, 〈동아일보〉, 〈중앙일보〉와 진보지로 분류되는 〈한겨레〉, 〈경향신문〉을 비교했다.

22 〈경향신문〉의 [시론]은 이러한 수사적 특징을 잘 보여 준다. "그래서 교황의 방한은 우리에게 바꾸라고 말을 한다. 그것도 남김없이, 그냥 있는 그대로 지금 그렇게 하라고 말한다. 그러니 자신의 잘못된 태도를 바꾸지 않는 사람은 누구든지 그가 바로 가난한 사람을 만드는 새로운 독재자가 될 것이다. 그들은 계속해서 자신들이 원하는 자본의 논리와 경제적 욕망, 정치적 승리와 권력을 독점하여 사람들의 목소리를

설 및 칼럼에 사용된 이항 대립을 찾아보면, 이를 통해 저널리즘이 종교 일반에 부여하는 가치는 무엇이며, 그 가치가 투영하는 정치적 성격은 어떠한지 규명할 수 있다. 물론 각 신문의 이념적 성향과 관계없이 교황에 대한 평가가 완전히 똑같은 것은 아니었다. 다음의 〈조선일보〉 사설이 '고백'하는 것처럼, 평소 각 언론사가 스스로를 포지셔닝하는 이념적 위치에 따라 교황의 발언과 행동을 자신의 이해관계에 적극적으로 활용하려는 모습도 일부 보였다.

> 한국 사회엔 아프고 슬픈 일들이 이어지고 있다. 인간의 생명과 존엄에 대한 경시, 무절제한 욕망 등 사회 밑바닥의 병들이 한꺼번에 터져 나온 결과다. 사고의 수습과 해법을 놓고도 다툼이 끊이지 않는다. 이런 문제들 앞에서 교황이 자기 편이 돼 주기를 바라는 목소리들도 있다. (〈조선일보〉, 2014. 8. 15)

그 차이를 보면, 보수 성향의 미디어는 주로 '사회 통합'을 말하는 교황의 메시지에 주목한 데 비해, 진보 성향의 미디어에서는 구조적 차원에서의 '사회 변동'과의 연결에 더 주목했다.[23] 하지만 더 중요한 건 이러한 이념적 성향의 차이를 뛰어넘는 공통의 가치들이 주를 이룬다는 점이다. 한국 사회의 현안에 따라 교

빼앗으려 할 것이다. 그러나 교황의 행동과 가르침을 통해 우리는 더이상 이 새로운 독재에 침묵하지 않고 깨어나 실천해야 한다는 사실을 배웠다." (신승환, 2014. 8. 19)

23 보수 성향 미디어와 진보 성향 미디어의 보도 차이는 박진규(2015)를 참조하라.

표 7-1 교황에 동일시된 가치의 범주화

범주	교황의 가치
종교인의 자격	소탈과 겸손, 인간미, 진실한 말, 사랑
종교(인)의 역할	위로, 소통, 실천
종교의 과제	약자의 편, 정의, (사회적 약자와의) 연대, 개혁/저항
대안적 가치	사람 중심, 정신적 가치, 공동선, 관용, 화해

황의 발언을 자신들의 이해관계에 부합하도록 전용轉用하려는 경향은 있었지만, 각 신문의 성향에 크게 상관없이 종교에 부여하는 공통의 가치가 존재했다. 이 가치들은 현재 한국 사회가 당면한 맥락에서 저널리즘이 종교의 역할을 구체적으로 어떻게 규정하고 있는지에 관한 합의라고 풀이할 수 있다.

표 7-1은 각 기사에서 발견한 '교황과 동일시한 가치'와 '반교황과 동일시한 가치'의 이항 대립을 유사한 가치들끼리 범주화한 결과를 보여 준다. 이런 방식으로 사설 및 칼럼을 재구성하면, 저널리즘이 종교를 통해 투사하는 가치들의 성격이 더 명확해진다.

교황과 동일시한 가치들은 주로 그의 개인적 배경, 성품, 행동, 그리고 방한 중 발언과 행동을 기술하고 설명하는 데 사용된 것들이었다. 이 가치들은 저널리즘이 종교의 몫으로 승인한 것이라고 이해할 수 있다. 여기서 소탈, 겸손, 인간미, 진실한 말, 사랑 등은 '종교인이 갖춰야 할 자격'으로 범주화된다. 교황이 방한 중 이용한 한국산 소형 승용차에 대한 호응이나 어린이를 대하는 태도 등에서 이러한 가치가 칭송되었고 자주 "파격"이라는 말로 설명되었다. 교황의 말이 지니는 힘을 간결함과 진실함으로 설명하는 기사들에서도 종교인에게 부과되는 자격을 찾을 수 있었다. 한편, 위로, 소통, 실천의 가치는 '종교 일반 혹은 종교인이 담당해야 할 역할'이라고 이름 붙일 수 있다. 특히 '소통'의 가치는 미디어의 성향과 상관없이 세월호 국면에서 정부와 대통령의 문제점을 지적하고 교황과 비교할 때 자주 활용되었다.

'실천'의 가치 역시 주목되는데, 다수의 기사에서 그동안 제도 종교가 사회 참여에 소극적일 뿐 아니라, 말과 행동이 일치하지 않았다는 점을 비판하기 위해 활용했다. 이는 종교의 역할이 단지 개인적 차원에만 머물지 말아야 하며, 공적이고 사회적인 역할을 적극적으로 감당해야 한다는 사회의 기대를 엿볼 수 있는 대목이다. 정교분리의 원칙, 성과 속의 명확한 구분의 원칙 때문에 우리는 세속 사회가 종교의 역할을 매우 제한적으로 규정할 것으로 짐작한다. 하지만 4장의 일간 신문 종교면 분석과 6장의 종교 영웅 신화 분석에서 확인했듯이, 교황 보도 역시 사회가 기대하는 종교의 역할은 그렇게 단편적이지 않다는 점을 확인할 수 있다. '실천'이라는 가치가 말하는 것처럼 미디어는 종교가 대표하는 정신과 가치를 공적 영역에서 적극적으로 수행할 것을 기대한다.

한편, 교황을 보도하는 기사들이 승인하고 강하게 지지하는 가치들은 약자의 편, 개혁/저항, 정의, 사회적 약자와의 연대 등이었다. 프란치스코 교황은 사회적 약자의 편에 설 뿐 아니라 그들을 억압하는 사회 구조에 저항하고 항거하는 인물로 재현되었다. 미디어의 이념적 성향에 따라서 정도의 차이는 있지만, 교황이 방한 내내 강조했던 사회적 약자 관점에서 규정되어야 할 정의, 사회적 약자와 연대 요청 메시지 등은 대다수 언론 보도에서 매우 중요하게 다루어졌다.

그런데 사회악이나 구조적 문제의 상대항은 미디어의 성향에 따라 다르게 설정되었다. 보수 미디어는 이를 개혁, 혁신, 인류의 진보 등으로 표현했지만, 진보 미디어에서는 저항, 항거, 거부, 혁명성 등으로 표현했다. 특히 이러한 가치들은 교황에 대한 진보 미디어의 긍정적 평가 전체에서 매우 큰 비중을 차지했다. 표 7-1에서는 이러한 미디어별 차이를 드러내기 위해 이를 '개혁'과 '저항'으로 구분해 표기했다.

종교에 대한 사회의 기대를 구체화하려는 우리의 목적에서는 사람 중심, 정신적 가치, 공동선, 관용, 화해 등의 가치가 특히 주목된다. 이 가치들은 미디어의 이념과 관계없이 교황과 동일시되어 제시된 것들이다. 특히 여기서 언급된 가치들은 한국 사회의 현실을 부정적으로 평가하면서 이를 대체할 대안적 가치로서 제시된다는 점이 중요하다. 이는 교황이 드러내는 가치와 대척점에 있는 가치 즉, 반교황 가치 중 현재 한국 사회의 지배적 가치로 제시된 물질주의, 무한 경쟁, 비인간적 경제 모델 등을 대체할 새로운 사회를 설명한다. 즉 한국 사회가 경험하는 현실의 문제를 극복하는 데 필요한 가치로 제시된 것이 바로 사람 중심, 정신적 가치, 공동선, 관용, 화해인 것이다.

여기서 '관용'은 교황이 다른 종교를 포용하고 대화하는 모습을 지지할 때 주로 사용되었다. 즉 종교적인 차원에서의 다원

표 7-2 반교황에 동일시된 가치의 범주화

범주	반교황의 가치
반反종교인	권위 (행동하지 않음)
종교의 상대편	가진 자, 권력, 폭력 (가치 중립)
현재의 상황	분열, 경제적 불평등
사회적 모순	비인간적 경제 모델, 사회적 모순
모순의 결과	울부짖음
지배적 가치	물질주의

(괄호는 진보 미디어에만 나타난 가치)

주의에 대한 옹호로 이해된다. 하지만 언론 보도는 여기서 한 발 더 나아가, 사회 내 모든 영역에서 다원성을 강화하고 다름과 차이에 대한 열린 태도와 포용을 지지하는 의미까지 포괄하는 것으로 확장했다. 세속 사회 내 다원성 확대와 포용을 위한 노력에 종교의 역할이 중요하다는 의미다. 한편 '화해'는 미디어의 이념적 성향에 따른 차이가 가장 극명하게 나타난 가치였다. 보수 미디어에서 화해는 사회적 갈등을 해소하고 통합을 이루기 위한 조건으로 제시되었지만, 진보 미디어에서는 무한 경쟁과 효율성이라는 현재의 질서를 대체하는 공동체주의적 이념을 내표하는 대안적 가치로 사용되었다.

표 7-2에서 정리한 '반교황의 가치'는 교황에 대한 긍정적 평가를 극대화하기 위해 사용된 상대적, 대립적 가치다. '행동하지 않음'과 '가치 중립'은 보수 미디어에서는 보이지 않고 진보 미디어에서만 드러난다. 진보 미디어는 제도 종교와 종교 지도자가

사회 문제나 정치적인 이슈에 적극적으로 참여하지 않는 것을 교황과 대비시킴으로써 비판적으로 평가한다. 이를 "고통 앞에서 정치적 중립을 지킬 수 없었다"는 교황의 발언과 연결하여, 기계적 중립을 방패 삼아 마땅히 해야 할 바를 하지 않는 정치 지도자와 사회 일반에 대한 부정적 평가를 드러내기도 한다.

프란치스코 교황이 보여 준 개인적 소탈함과 격의 없음은 한국의 정치 및 종교 지도자들이 평소 권위를 앞세우는 모습과 대비되어 강조된다. 종교 권력을 휘두르며 스스로 권위의 장벽을 세우는 지도자들에 대한 혹독한 비판이다. 진보 미디어에서는 교황의 사회 참여에 적극적인 발언과 행보를 사회에 무관심한 종교 지도자와 병렬적으로 위치시킨다. 위에서 교황과 동일시된 대상이 사회적 약자, 소외된 사람들, 소수자들이었던 반면에, 교황에 대립하는 자리에는 가진 자, 권력, 폭력 등이 자리한다. 이로써 종교가 맞서야 할 대상으로 규정되는 것이 무엇인지가 분명해진다.

칼럼과 사설에서는 교황의 방한을 통해 드러난 한국 사회의 현실을 분열과 경제적 불평등으로 설명한다. 교황에 투영된 종교의 역할이 매우 사회적이고 정치적인 성격을 지닌다는 점을 다시 한번 확인하게 된다. 여기서 분열은 한국 사회의 이념적 대립과 세월호 참사로 더 극명해진 갈등을 가리키고 있고, 경제적 불평등은 한국이 직면한 현실적 문제의 가장 큰 증상으로 지목된다. 그리고 이러한 부정적 현실 평가는 '사회적 모순' 항목과 연결되어 더 자세하게 설명된다. 프란치스코 교황이 직접 언급한 "비인간적 경제 모델"이라는 개념을 포함해 자본주의의 병폐, 규제 없는 자본주의, 신자유주의와 탐욕, 무한 경쟁 등과 원칙/규칙을 지키지 않는 반칙 등은 사회적 모순의 구체적인 증상으로 제시된다. 그리고 그 모순의 결과는 울부짖음, 가난과 배제, 소외 등의 절망적 현실로 표현된다.

표 7-1이 교황과 동일시된 '대안적 가치'는 무엇인지를 보여 준다면, 표 7-2는 그것이 무엇에 대한 대안인지를 더 분명하게 드러낸다. 물질주의, 소비주의, 생명 경시, 탐욕 등이 현재 한국 사회를 지배하는 가치로 제시되며, 그것이 결국 현재의 사회적 모순과 암담한 현실의 근본 원인이라고 설명하는 것이다. 따라서 교황을 매개하는 사설과 칼럼의 내러티브는 이렇게 설명할 수 있다. 현재의 사회적 모순과 그 참혹한 결과를 가져온 근원은 물질적 영역만을 중시하고 그 밖의 영역은 무시 또는 경시할 뿐 아니라, 점차 이를 파괴하는 문화에 있다. 따라서 이를 근본적으로 해결하기 위해서는 비물질적인 영역의 중요성을 일깨우는 일이 절실하다. 정신적, 영적 가치가 얼마나 중요한지를 깨닫게 하고 회복하는 일이 현실의 모순을 극복하는 길이다. 종교가 담당해야 할 사회적 역할이 바로 여기에 있다.

지금까지의 논의를 이항 대립의 형태로 단순화하면 표 7-3과 같다. 프란치스코 교황 방한을 보도하는 기사들은 저널리즘이 생산하는 한국 사회의 현실에 대한 부정적 평가, 그리고 이를 극복할 대안적 가치가 무엇인지를 잘 보여 준다. 저널리즘은 현재 한국 사회가 비인간적 경제 모델과 사회적 모순이 만들어 낸 각종 문제로 신음하고 있으며, 이를 해결하고 극복할 수 있는 새로운 가치들이 필요하다고 말한다. 종교는 그러한 모순에 저항

표 7-3 매개된 교황의 이항 대립

교황	반교황
소탈과 겸손, 인간미, 진실한 말, 사랑	가진 자, 권력, 폭력
위로, 소통, 실천	권위, (가치 중립), (행동하지 않음)
약자의 편, 저항/개혁, 정의, 연대	비인간적 경제 모델, 사회적 모순
조화	울부짖음, 분열, 경제적 불평등
사람 중심, 정신적 가치, 공동선, 관용	물질주의

함으로써 사회적 약자들의 편에 서고, 이들을 향한 위로와 치유에 적극적으로 나설 뿐 아니라, 물질주의적 지배 가치를 대체할 수 있는 비물질적 영역과 정신적, 영적 가치의 중요성을 드러내는 역할을 해 주기를 기대한다는 점도 분명히 드러난다. 결국 현재 한국 사회에서 종교는 절망적인 지배적 가치와 질서를 대체하는 새로운 가치, 질서, 지향점을 제공하는 '대안성'의 원천이 되어야 한다는 것이다. 미디어를 통해 드러난 세속 사회가 종교에 기대하는 사회적 역할의 핵심이다.

'지저스웨거' 비와이

종교의 대안성이 지닌 성격은 개신교인 래퍼 비와이BewhY의 사례에서도 재확인된다(박진규, 2016). 비와이는 2016년 갑작스럽게 대중문화의 아이콘으로 떠올랐다. 그해 방송된 케이블 채널 엠넷

Mnet의 힙합 경연 프로그램 〈쇼미더머니5〉에서 우승하면서 큰 화제를 모았다. 여기서 비와이에 주목해야 하는 이유는 단지 그가 개신교인이기 때문이 아니다. 그는 경연 프로그램 초반부터 줄곧 자신이 신앙인이라는 점을 밝혔고, 거듭된 경연 단계마다 직접 만들고 부른 노래에서도 이를 당당하고 명시적으로 드러냈다. 힙합 장르의 주된 소비자인 젊은 세대에게 넓고 강하게 퍼져 있는 반개신교 정서를 생각하면 누구나 시청자들의 싸늘한 반응을 예상할 것이다. 하지만 이런 예측은 크게 빗나갔다. 젊은 대중은 비와이와 그의 음악에 대하여 매우 호의적으로 반응했다. 그뿐 아니라 시청자 투표가 큰 비중을 차지하는 포맷의 경연이었음에도 그는 압도적으로 우승한다.

비와이 팬들은 그를 예수Jesus와 스웨그swag를 합쳐 만든 별칭 "지저스웨거"로 부른다. 개신교와 힙합의 조합은 매우 낯설다. 흑인 문화를 기반으로 계발된 힙합 장르 특유의 공격성과 거친 감성은 평소의 개신교가 대표하는 정서와 어울리지 않는 것으로 보인다. 오히려 힙합은 선정성, 폭력성, 자기중심성 등 개신교가 그동안 비판해 온 요소들을 두루 갖춘 대중문화라고 해도 과언이 아니다. 그런데 비와이는 이 두 분야의 조합이 어울릴 수 있음을, 나아가 매력적일 수 있음을 보여 주었다. 그의 랩 중 한 소절을 예로 들어보자.

> 내 삶은 바로 신이 만들 예술작품의 featuring
> 나의 불완전함을 사용하는 창조주의 symphony
> 나로 인해 쓰여지는 위대한 history

어쩌면 이 모든 건 내 이야기가 아닌 His story

("The Time Goes On" 중에서)

이렇게 비와이의 노래에선 자신의 신앙을 고백하는 내용이 주를 이룬다. 개신교 커뮤니티에서 사용되는 종교적 언어와 표현을 담아내는 데 망설임이 없다. 원래 랩에서는 가사가 절대적인 비중을 차지하는데, 그는 이런 종교색이 강한 가사를 빠른 비트에 담아냄으로써, 자기의 종교 신념을 대중 앞에 '선언'하는 느낌마저 들게 한다. 힙합 정신을 대표하는 '스웨그'와 예수를 합쳐 팬들이 만들어 낸 신조어 "주님스웩," "지저스웩"은 비와이가 개신교와 힙합을 멋지게 결합했다는 대중의 평가와 인정이다. 인터넷에는 "비와이는 하나님이 찬송을 듣기 지겨워서 보낸 래퍼다"라는 우스갯소리까지 있다고 한다.

물론 개신교인이면서 대중의 사랑을 받은 연예인은 비와이만이 아니다. 이전에도 자신이 개신교인임을 대중 앞에 드러낸 뮤지션과 연예인은 많이 있었다. 하지만 이들에게 종교 정체성은 그들의 유명세에 수반되는 보조적 장신구 정도였다. 인기를 얻는 과정에서 의도적으로 자기의 신앙을 직접 드러냈다기보다는, 이미 유명세를 얻은 후에 알고 보니 특정 종교를 가지고 있었다는 식이었다. 그리고 대중적인 인기를 얻은 후 개신교 커뮤니티 내에서 그 연예인에 대한 공감대와 호응을 더 확장하게 되는 게 일반적인 유형이었다. 그런데 비와이는 처음부터 달랐다. 대중에게 비와이라는 인물이 본격적으로 알려지기 시작한 시점부터 그는 자신의 개신교 신앙이 강하게 드러난 가사와 행동을 의식적으로 내보였다.

따라서 우리는 비와이에 대한 일반 대중의 반응에 더 주목할 필요가 있다. 특히 이 프로그램과 힙합의 주 소비자인 청년 세대의 호응을 설명해야 한다. 한국 사회에서 개신교인이라는 정체성은, 더구나 젊은 세대 사이에 편만한 개신교를 향한 강한 거부감을 생각할 때, 대중적 인기를 얻기 위한 과정에서 방해 요소가 될 가능성이 크다. 하지만 비와이는 이를 밝혔음에도, 그 정체성에 대한 반응이 부정적으로 작용하지 않았다. 오히려 대중은 자신의 인기에 불이익이 될 수 있다는 걸 알면서도 당당하게 자신의 개신교 신앙을 밝힌 것을 멋지다고 칭찬했다.

물론 비와이가 개신교인이어서 사람들이 좋아한 건 아니다. 그의 신앙을 이유로 팬이 된 이들도 있긴 하지만, 그가 개신교인이라는 것이 비와이에 대한 대중의 일반적인 호응의 주요 원인이라고 볼 수는 없다. 게다가 그의 힙합에 개신교의 메시지가 녹아있어서 인기를 끈 것도 아니다. 대중이 그에게 열광한 일차적인 이유는 그의 독보적인 실력 때문이다. 〈쇼미더머니5〉 경연 과정에서 비와이에 대한 평가에는 다른 경쟁자들과는 차별적인 발성, 발음, 리듬감, 속도감, 전달력, 작사 능력, 퍼포먼스 등을 지닌 뛰어난 힙합퍼라는 이야기가 주를 이루었다. 독보적인 실력으로 대중의 눈을 사로잡았던 것이다. 그러한 실력이 뒷받침되었기 때문에, 그가 개신교인임에도 불구하고 대중의 사랑을 받을 수 있었다. 하지만 실력만으로는 개신교인 비와이가 얻은 대중의 호응을 다 설명할 수는 없다. 왜 '비와이의 개신교'가 이렇게 다른 반응을 얻을 수 있었는지 더 자세히 들여다봐야 한다.

도대체 무엇이 비와이를 여느 개신교인들과 달라 보이게 만들었을까? 대중은 비와이를 '착한 래퍼'로, 그의 음악을 '착한 힙합'이라고 일컫는다. 이런 표현은 〈쇼미더머니5〉 무대에서 경쟁자였던 래퍼 씨잼과 디스전을 치르면서, 다른 래퍼들처럼 상대방을 일방적으로 깎아내리는 대신 오랜 친구 사이의 끈끈한 우정을 보여 줬던 점이나, 여느 힙합 가사와는 다르게 평화와 사랑을 이야기하는 비와이의 음악을 호의적으로 평가할 때 사용됐다. 개신교에 대한 불인정과 비판이 상식이 되어 버린 시대에, 대중이 개신교 신앙을 앞세우는 비와이와 '착함/선함'을 연결한다는 점은 아주 흥미롭다. 그렇다면 사람들이 비와이에게 발견한 '착함'은 무엇일까? 세속 사회가 종교에서, 종교인에게 찾는 '선함'은 과연 무엇일까?

일시 유예된 청년 세대의 반反개신교 정서

현대 사회에서 유명인, 연예인, 스타의 존재는 흔히 종교적인 의미로 설명되곤 한다. 현대 사회를 '탈종교 시대'로 규정하는 이들은 초월성에 대한 관심 자체가 아예 박탈된 시대라고 설명하는데, 이런 시대에 스타는 종교를 대신하는 역할을 하고 있다는 것이다(Till, 2010). 스스로 숭배의 대상이 되기도 하고 영적인 의미를 제공하는 존재가 되기도 하면서 종교에서 말하는 '신god'의 자리를 차지하게 된다는 설명이다. 이렇게 볼 때, 대중이 젊은 세대 연예인들을 '아이돌idol,' 즉 우상으로 호명하는 화법은 단순한 우연만은 아닌 듯하다.

그런데 비와이의 행보는 이런 전형적인 스타의 문법을 따르지 않는다. 스스로 신이 되기보다는 자신이 믿는 신을 드러내려는 방식으로 대중에게 접근한다. 힙합이라는 장르의 특성을 생각하면 이런 행보는 더 이채롭다. 힙합의 정수를 표현한다는 '스웨그'는 본질적으로 '자기도취,' '자기만족,' '허세' 등을 전제로 한다. 미국 사회에서 비롯된 이 음악 장르는 권력관계에서 소외된 소수자들이 사회적으로 인정받지 못하는 자신들의 정체성과 가치를 과장해 드러냄으로써 그 권력에 저항한다는 정신에서 출발했다. 이러한 정신이 지금 한국에서 생산, 소비되는 힙합에 얼마나 남아 있는지는 또 다른 문제지만, 특유의 허세와 자기 과시가 힙합의 주요한 표현 형식임은 분명하다. 그에 비해 비와이의 랩은 자기보다는 자기 뒤에 존재하는 절대자를 노래하고, 자신이 아니라 그 존재만이 숭배의 대상이 된다고 반복해 강조한다.

이와 더불어 래퍼 비와이가, 또 그의 음악이 힙합씬에서 두드러진 특별함은 그의 가사가 돈과 물질에 대하여 보여 주는 태도에 있다. 그의 랩은 모두가 물질만을 바라보고, 돈과 경제적 성공만을 추구하는 이 시대에 과감하게 그것을 거스른다. 이보다 더 중요한 것, 더 가치 있는 것이 있다고 외친다. 그의 노래 "Forever"의 가사는 이런 비와이 음악의 일관적인 메시지를 잘 반영한다.

> 점점 늘어가는 follow
> 돈이 생길수록 늘어나는 problem은 없어

그저 불어나는 잔고
유명해질수록 입술은 많아져
더 늘어날 걸 알아
그래서 난 더 원하지
원하지만 집착은 내게 절대 안 권하지
눈에만 보이는 달콤한 우상들에겐
난 평생 절하지 않아 당연하지
나란 놈의 존재가 계속해 거대하게 커감이
너가 있는 곳 어디든 영원히 비와이

("Forever" 중에서)

그의 음악이 다른 경쟁자들이나 기성 힙합과 가장 다른 지점이 바로 여기에 있다. 물질적 성공만이 최고라고 말하는 사회에서, 사람의 가치를 돈과 효율성으로 치환하는 사회에서 많은 이들이 힘겨워하고 지쳐 갈 때, 그것이 전부가 아니라고 말해 주는 래퍼가 텔레비전에 나타났다. 비와이는 돈으로 모든 걸 환산하는 물질 만능주의 시대에 당당하게 비물질적인 것의 가치를 외치는 래퍼로 인식된다. 사람들이 비와이에게 열광하는 이유는 그동안 이런 가치를 노래하는 래퍼가 없었기 때문이다. 개신교인 래퍼 비와이에게 청년 세대의 반개신교 정서가 일시적으로나마 유예될 수 있었던 이유를 여기에서 찾을 수 있다. 앞서 프란치스코 교황 사례에서 살펴본 것처럼 종교가 물질주의 시대의 강고한 세태를 당당하게 거스르기를 바라는 세속 사회의 기대가 투영된 것이다.

〈쇼미더머니5〉로 큰 인기를 얻은 이후에도 비와이의 이런 행보는 지속되었다. 콘서트장에서는 종교적 색채가 강하게 담긴 메시지를 담은 랩이 울려 퍼질 뿐 아니라, 설교와도 같은 메시지가 그의 입을 통해서 던져진다. 그의 열렬한 팬뿐 아니라 대중은 이를 별 거부감 없이 받아들인다. 자칫 비와이의 거침 없는 행동이 기존 개신교의 "예수 천국, 불신 지옥"으로 대표되는 공격적인 전도를 연상시킨다고 볼 수도 있다. 하지만 대중은 비와이가 신앙을 말하는 방식 역시 직접 전도를 하거나 믿음을 강요하는 기존 포교 방식과는 다르다고 본다. 비와이도 자기의 랩은 종교 이야기가 아니라 자기 자신의 이야기이자 신념을 있는 그대로 말하는 것일 뿐임을 강조한다. TV 속에서 비와이를 통해 매개된 개신교는 여느 개신교와는 아주 다르다.

한국 사회에서 종교가 제공할 대안성의 요체

프란치스코 교황이 방한한 4박 5일간 우리 사회가 경험한 리미널리티의 시공간, 그리고 래퍼 비와이의 개신교 '신앙 선언'에 대한 젊은 대중의 호의적 반응을 통해 한국 사회에서 종교에 기대되는 것이 '대안성'에 있다는 점을 다시 한 번 확인할 수 있다. 미디어를 통해 세속 사회가 종교에 바라는 바가 '사회 변화'와의 직간접적 관련성으로 설명할 수 있다는 점도 거듭 확인되었다. 6장의 종교 영웅 신화 분석과 마찬가지로 이들 사례가 시사하는 바는, 종교에 투영되는 기대가 진보적 가치를 기반으로 의미 있는 수준의 사회 변화를 추구하려는 욕망에서부터 비롯된다는 점이다.

언론사의 이념적 성향에 따라 미세한 차이는 있지만, 종교와 종교인을 '칭찬'하는 저널리즘은 매우 일관적인 내러티브를 구성한다. 여기에는 두 가지 요소가 자리하는데, 하나는 한국 사회의 현실에 대한 비관적인 평가이고, 다른 하나는 이를 해결하고 극복할 방향성의 제시다. 미디어가 종교의 가장 이상적인 모습을 풀어나갈 때는 먼저, 우리가 처한 부정적이고 절망적인 현실을 그 배경에 위치시킨다. 그런 다음 그 절망에서 벗어날 수 있는 유력한 해결책으로 종교로 표상되는 가치들과 방향성을 제시한다. 이러한 내러티브에서 종교는 사회 변화를 위한 대안적 가치의 제공자라는 정체성을 부여받으며, 이는 사회가 미디어를 통해 드러내는 종교의 사회적 역할의 핵심이 된다.

특히 우리는 미디어가 내놓는 현실에 대한 절망적 평가의 중심에 물질주의와 그에 수반된 문화와 질서에 대한 심각한 회의가 존재한다는 점에 주목해야 한다. 온 시민의 존경과 추모 속에 죽음을 맞이한 3대 종교의 지도자들, 특정 종교의 수장으로서 위상을 훌쩍 넘어서는 환대와 열광을 얻어 낸 프란치스코 교황, 힙합의 외피를 통해 자신의 종교 신념을 노골적으로 설파하는 비와이에게서 똑같이 발견되는 지점이다. 미디어가 (재)구성하는 이들의 삶은 물질(만능)주의에 대한 진지한 문제 제기와 더불어, 다 같이 이러한 질서에 저항하고 극복하자는 메시지를 온몸으로 전하고 있었다. 이런 메시지와 이를 전하는 메신저를 향한 대중과 사회의 시선은 매우 호의적이다. 시대가 원하는 열망을 건드리는 데서 오는 자연스러운 반응으로 읽힌다.

모든 것을 돈으로 치환하는 물질주의적 구조가 현 사회가 지닌 문제의 핵심이라는 미디어의 진단은 특히 종교와 연결된 내러티브를 생산할 때 더 분명하게 드러난다. 정치나 사회 등 다른 영역을 이야기할 때는 표면에 잘 드러나지 않는 가치들이다. 이런 진단을 뛰어넘어 비非물질적인 영역의 가치에 대한 욕망 역시 종교를 통해서 더 효과적으로 투사된다. 여기서 종교는 미디어가 탈물질주의적 가치를 이야기하고, 이를 사회 변화와 연결할 때 적극적으로 활용하는 통로로 활용된다. 정신적, 영적 영역의 중요성을 일깨우며 이를 대변하는 가치들을 재소환하고 실천하는 것을 종교의 몫으로 할당하고 있다는 방증이다. 이것이 곧 미디어를 통해 세속 사회가 종교에 기대하는 대안성의 요체인 것이다.

이러한 사례들을 통해 반드시 짚어야 할 또 하나는 종교가 사회 변화에 기여하는 방식은 담론적 차원에서 찾아야 한다는 점이다. 사회의 현재 구조와 질서를 지배하는 가치들과의 차별성과 대안성을 지닌 진보적 가치들이 종교를 통해 소환되고, 나아가 이 가치들이 사회 변화를 위한 유효한 방향성과 담론적으로 연계된다. 이러한 가치들은 종교 이외의 다른 영역에 관한 미디어 담론에서는 잘 드러나지 않는 것들이다. 더구나 이런 가치들에 대한 지지 여부는 미디어의 이념적 성향에 종속되기 쉽기에 담론적인 우위를 획득하기도 어렵다. 즉 대안적 가치들을 끊임없이 제공하고, 소환하며, 유통시키는 것이 종교가 사회 변화를 위해 담당해야 할 몫이 된다. 종교에 부여된 사회적 역할과 기대는 다름 아닌 '말'과 '이야기'의 차원에서 실천되고 충족될 수 있다.

담론적 차원에서 종교의 잠재력에 대한 논의는 9장에서 살펴볼 대중문화 속 '힐링 담론' 사례에서도 특별히 주목해야 할 지점이다. 이에 앞서 다음 장에서는 초자연적 현상을 다루는 텔레비전 드라마를 사례로, 미디어가 종교와 '종교적인 것'을 이야기할 때 궁극적인 관심은 어디를 향하는지 살펴본다.

8

미디어가 초자연 현상을 이야기하는 법

넷플릭스 드라마 〈지옥〉과 초자연성

2021년 11월, 〈지옥〉이라는 드라마가 OTT 시장의 선두 기업인 넷플릭스에 공개됐다. 〈오징어게임〉의 예상치 못한 세계적 흥행에 뒤이어 뜨거운 반응을 얻은 또 하나의 넷플릭스 시리즈였다. 〈지옥〉은 반가운 드라마다. 현대 사회에서 미디어와 종교가 서로 교차하는 지점을 분명하게 보여 주는 사례이기 때문이다.

연상호 감독의 〈지옥〉은 '새진리회'라는 가상의 종교 집단을 통해서 현재 제도 종교가 지닌 여러 측면을 드러내고 비판한다. 삶과 죽음이라는 인간의 궁극적 난제에 대한 종교적 해석, 아니 더 정확히는 그 종교적 해석의 독점이 가져오는 폐해를 '지옥'이라는 상징적 언어로 풀어낸다. 인간의 생사화복生死禍福에 대한 해석은 본래 상대적이고 잠정적일 수밖에 없음에도 '신의 의도'라는 절대의 영역으로 치환함으로써 타자의 불행을 너무 쉽게 재단해 버리는 기성 종교를 호되게 꼬집는다.

그런데 〈지옥〉이 흥미로운 건 제도 종교를 다뤘기 때문만이 아니다. 이에 더해 제도 종교를 벗어난 '종교적인 것the religious'을 다루는 미디어 사례로서 주목되기 때문이다. '지옥,' '죄,' '심판,' '참회,' '말세,' '정의,' '새 세상' 등 이 드라마는 지극히 종교적인 언어를 동원하여 인간의 궁극적인 관심이 '종교적인 것'과 연결될 수밖에 없음을 보여 준다. 우리가 모두 재난, 사고, 죽음처럼 인간이 통제할 수 없는 일을 맞닥뜨릴 때마다 그 의미를 직접 해석하거나, 경합하는 여러 해석 가운데서 선택해야만 하는 종교적인 존재임을 상기시킨다. 불완전한 인간이 예측하지 못하고 다

이해할 수도 없는 삶과 죽음, 질병과 고통에 대한 진실한 해석은 무엇일까를 질문한다. 전통적으로 제도 종교가 담당해 온 중요한 기능이다. 2장에서 살펴본 것처럼, 현대 사회에서 종교를 발견해야 할 중요한 장소가 미디어라는 통찰을 또렷하게 증명한다.

또 하나 흥미로운 점은 〈지옥〉이 초자연성을 다루는 방식이다. 〈지옥〉의 내러티브에서 '시연'은 핵심적인 역할을 하는데, 천사로부터 죽음을 '고지'받은 사람이 지옥의 고통을 미리 체험하는 걸 가리킨다. 사람들이 새진리회라는 신흥 종교 집단에 처음 관심을 갖게 된 것은 초자연적인 시연 장면이 미디어를 통해 전해지면서다. 전 세계에서 벌어진 시연을 추적하고 이를 '신의 의도'라 해석해 온 새진리회와 그 교주 정진수의 손아귀에 많은 이들이 현혹당하게 된 중요한 계기였다. 이후 드라마는 비밀 단체 소도에 의해서 정진수와 새진리회가 내놓은 논리가 얼마나 허구적인지, 그들이 지배하는 세상이 얼마나 고통스러운지를 보여 주는 데 많은 분량을 할애한다. 그런데 흥미로운 점은 드라마가 끝날 때까지 '천사의 고지'와 '지옥의 시연'이라는 설정의 초자연성은 풀어내지 않는다는 것이다. 누구의 의도된 연극이나 조작도 아니었으며, 극 중 어떤 인물도 이 초자연적인 현상들을 통제하지 못한다. 고지와 시연에 대한 정진수의 해석은 잘못되었지만, 그 초자연성은 엄연한 '팩트'로 그려진다.

〈지옥〉의 이러한 설정에는 두 가지 의미가 있다. 하나는 우리 삶 속에서 인간의 통제 밖에 있는 초자연성의 존재를 재확인한다는 점이다. 과학의 시대에 살면서도 우리는 끊임없이 이성과 과학이 채 설명할 수 없는 숱한 일들에 맞닥뜨린다. 〈지옥〉의 고지와 시연은 이를 확인하고 인정한다. 다른 하나는 드라마 속 초자연적 현상이 결국 다른 이야기를 풀어내기 위한 장치로 사용된다는 점이다. 드라마 내러티브의 궁극적인 초점은 초자연성을 설명하는 데 있지 않았다. 오히려 이를 풀어내지 않을 설정으로 남겨둠으로써, 드라마의 주된 관심은 이를 둘러싼 다른 것에 있음을 명확히 한다. 픽션 장르 속 초자연성 재현에서 자주 발견할 수 있는 유형이다.

현대 사회에서 '종교적인 것'의 자리

앞서 우리는 미디어와 종교의 관계를 주로 제도 종교와 관련한 현상을 통해서 살펴보았다. 이제는 제도 종교를 벗어나 보다 넓은 의미의 '종교적인 것'을 다루는 미디어로 시야를 확장해 보자. 초자연적 존재와 현상을 다루는 판타지 장르와, 대중문화 속 '힐링' 담론은 이러한 종교적인 것의 대표적인 사례다. 3장에서 논의한 세속 사제 사례 역시 여기에 속한다. 이 사례들은 미디어가 궁극적으로 제도 종교 밖에서 종교에 대해 말하는 바가 무엇인지에 관한 통찰을 얻을 수 있다.

먼저, 이 장에서는 초자연적 현상을 다루는 판타지 장르의 사례를 살펴본다. 박정아는 츠베탕 토도로프Tzvetan Todorov와 데이비드 흄David Hume, J. R. R. 톨킨J. R. R. Tolkein 등의 논의를 바탕으로 판타지 내러티브를 "현실에서는 경험할 수 없고 가능하지 않은 초자연적 사건이나 초현실적인 존재가 나타나는 이야기이며, 독자들로부터 현실에서 벗어나 환상 세계에 대한 경이로움을 느끼고 동시에 현실을 새롭게 마주하고 변화시키고 싶은 갈망을 자극하는 이야기"(박정아, 2021: 28)라고 정의한다. 현대 사회에서 '종교적인 것'을 이야기할 때, 초월성이나 초자연성을 둘러싼 대중의 생각에 영향을 미치는 요소를 따지는 것은 중요하다. 그동안 이러한 영역에 대한 지식과 가르침은 주로 제도 종교의 몫이라고 인식되있다. 그렇다면 제도 종교의 구속력과 영향력이 약화하는 현 맥락에서 이에 관한 사람들의 생각은 어떻게 변화할까? 그 변화에 영향을 주는 것은 무엇일까?

1984년부터 진행된 한국갤럽의 종교 관련 조사 연구는 이 논의와 관련해 흥미로운 자료를 제공한다. 이 연구에서는 '절대자/신,' '극락/천국,' '죽은 다음의 영혼,' '귀신/악마,' '기적' 등 다섯 가지의 초자연적 개념을 제시하고 각각의 존재 여부를 묻는데, 가장 최근인 2021년 조사 결과는 표 8-1과 같다.

여기서 주목할 것은 '기적'에 대한 생각이다. 응답자의 57%가 기적이 "존재한다"고 답했는데, 다른 항목에 비해 높은 비율이다. 비종교인 중에서도 45%나 인정했다. 기적의 존재에 관한

표 8-1 초자연적 존재에 대한 인식

	절대자/신	극락/천국	죽은 다음의 영혼	귀신/악마	기적
전체	39%	43%	43%	38%	57%
비종교인	18%	19%	23%	21%	45%

(출처: 한국갤럽, 2021)

- 종교인 비율: 1984년 44%, 1989년 49%, 1997년 47%, 2004년 54%, 2014년 50%, 2021년 40%
- 시기별 전국(제주 제외) 성인 1,500~2,000명 면접 조사

그림 8-1 초자연적 개념 존재에 대한 믿음(1984~2021)

(출처: 한국갤럽, 2021)

생각은 제도 종교에 대한 소속과 큰 관련이 없는 것으로 이해할 수 있다. 그리고 이 수치는 1984년 이래 56~62%를 오가며 큰 변화가 없었다. '극락/천국'에 대한 생각에도 변화가 크지 않았다. 그림 8-1의 그래프들은 이 기간 각 응답의 변화 추이를 보여주는데, '절대자/신,' '죽은 다음의 영혼,' '귀신/악마' 등이 등락을 보이며 감소하는 추세인 데 비해, '기적'과 '극락/천국' 두 항목은 상대적으로 변화가 적었다.

같은 조사에서 전체 인구 중 종교인의 비율은 1984년 44%, 2004년 54%, 2021년 40%로 나타난다. 우리 사회에서 종교인은 2000년대 초반까지 증가세를 보이다가 2000년대 중반 이후 감소세를 보인다. 즉, '극락/천국'과 '기적'에 대한 대중의 생각은 제도 종교 소속 여부에 크게 상관없이 일정한 수준으로 유지되는 것이다. '절대자/신,' '죽은 다음의 영혼,' '귀신/악마' 등 제도 종교의 개입에 따라 성격이 달라지는 경향이 강한 개념과 달리, 현재 세속 사회를 대체할 이상향으로서 '극락/천국'에 대한 생각, 초자연적 현상으로서 '기적'에 대한 믿음은 대체로 유지된다는 말이다.

이와 같은 결과를 통해 우리는 초월성과 초자연성을 둘러싼 대중의 인식에 영향을 미치는 것은 단지 제도 종교만이 아님을 확인할 수 있다. 현대 사회에서 '종교적인 것'을 논의할 때 고려해야 할 중요한 지점이며, 제도 종교를 대신해 초월성과 영적 가치를 제공하는 문화 영역에 주목해야 할 이유가 된다.

초월적 존재와 초자연적 현상을 다루는 미디어 현상도 이러한 시각에서 접근해야 한다. 미디어와 종교 분야에서 이러한 미디어 텍스트를 중요하게 생각해야 할 이유가 바로 여기에 있다.

초월성과 초자연성을 다루는 미디어의 생산, 텍스트, 소비로 이루어지는 미디어 커뮤니케이션 과정마다 연구자들의 특별한 관심이 필요하다. 먼저, 생산을 보자. 최근 디지털 미디어 창구outlets가 엄청나게 확장하면서 형식 차원에서 미디어 생산물의 다양성은 크게 확대하고 있다. 타깃 수용자의 세분화와 함께 다양한 장르물들이 등장하고 있으며, 판타지물은 그중 대표적인 사례가 된다. 영상 표현 테크놀로지의 발전 속도도 매우 빠르다. 이런 변화는 초자연성과 초월성에 대한 미디어의 재현이 급증하는 배경이 되고 있다.

이에 따라 초월성, 초자연적 존재를 재현하는 미디어 텍스트를 분석해야 할 필요성 역시 커졌다. 텍스트 분석을 통해 판타지 텍스트의 내러티브에 담겨 있는 이데올로기를 분석하고, 특히 사회 변화와 관련하여 이러한 재현이 어떤 정치적 함의를 지니는지 따지는 것은 중요한 과제가 된다.

판타지 텍스트의 수용 과정에서 생산되는 의미 역시 중요하게 들여다봐야 한다. 수용은 대중의 초월적 존재에 관한 생각, 인간 삶의 궁극적 차원에 대한 의미가 새로 만들어지고 또 절충되는 과정이기 때문이다. 특히 미디어의 초월적 상징 체계가 개인의 종교적, 영적 삶의 여정에 어떻게 작동하는지를 분석함으로써 현대 사회에서 '종교적인 것'을 둘러싼 대중의 생각에 미치는 미디어의 영향력을 살펴볼 수 있다(Park, 2005).

초자연적 존재가 등장하는 판타지 드라마

한국에서 판타지가 텔레비전 드라마의 하위 장르로 분류되기 시작한 것은 2010년대 이후다. 2010년부터 10년간 방영된 판타지 드라마는 100여 편이 넘을 정도로 큰 증가세를 보였다(박정아, 2021). 판타지 장르의 빠른 성장과 함께 드라마 속에서 신神, 귀신, 천사, 악마, 도깨비, 좀비, 악령 등 초자연적 존재supernatural beings 역시 자주 등장한다. 이러한 변화에는 기술 발전을 주요 요인으로 꼽을 수 있다. 전설이나 설화를 바탕으로 초보적인 형태로 재현되던 초자연적 존재가 CG를 비롯한 영상 표현 테크놀로지의 급속한 발전과 함께 훨씬 더 다양하고 화려한 시청각적 재현으로 구현되고 있기 때문이다. 즉 표현 기술의 발전이 종교적인 것과 대중문화가 만나는 흥미로운 지점을 만들어 낸 것이다.

초자연성을 다루는 대중문화 콘텐츠에 대한 대중의 사랑은 하나의 종교를 만들기도 한다. 미국의 텔레비전 시리즈 〈스타트렉*Star Trek*〉은 단순한 인기를 넘어 강력한 팬덤 현상을 낳았다. 마이클 진드라Michael Jindra는 〈스타트렉〉 팬덤을 하나의 "새로운 문화 종교new cultural religion"라고 규정하면서 이 팬덤 내에 존재하는 신념 체계를 제도 종교와 비교한다(Jindra, 2000). 애덤 포사마이Adam Possamai는 영화 〈스타워즈*Star Wars*〉 시리즈에서 비롯된 "제다이교"라는 신흥 종교를 "하이퍼리얼 종교hyper-real religion"라는 개념으로 설명하고, 이 사례를 통해 후기 자본주의 사회에서 종교가 소비되고 실천되는 지배적인 방식을 엿볼 수 있다고 주장한다(Possamai, 2005). 마커스 데이비슨Markus Davidson은 〈스타워즈〉나

〈반지의 제왕*The Lord of the Rings*〉 같은 대중문화 상품에서 비롯된 유사 종교 공동체 내에서 픽션 텍스트가 매우 권위적인 텍스트로 활용된다는 점에 주목하면서 이를 "픽션 기반 종교fiction-based religion"라고 명명한다(Davidson, 2013). 사실 이렇게 초자연성을 다루는 대중문화 텍스트가 유사 종교 현상으로 이어지는 경우는 극히 예외적이다. 우리의 관심은 더 일상적인 차원에서 초자연적, 초월적 존재를 다루는 대중문화 텍스트가 어떠한 사회적, 문화적, 정치적 함의를 지니는지로 향해야 한다.

초자연성을 다루는 대중문화 텍스트가 현대적 의미의 '레전드텔러legend-teller'로 기능한다고 보는 시각이 있다(Dégh, 2001). 전통 사회 속 전설이나 설화의 역할처럼 현대 사회에서는 인간의 실존과 같은 민감하고 때로는 불편한 문제들을 제기하는 텍스트가 결국 대중문화라는 말이다(Koven, 2007). 이렇게 전설/설화 이야기꾼으로서의 대중문화 텍스트에 등장하는 초자연적 존재, 초자연적 현상, 사후 세계 등에 관한 이야기들은 대체로 그 사회 내에 이미 존재하는 일련의 비공식적 믿음unofficial beliefs을 토대로 한다. 즉 특정 종교가 말하는 교리나 상징을 그대로 따르는 것이 아니라, 그 사회 내에 전통적으로 내려오는 설화, 민담, 개별 종교 내러티브 등의 조각조각을 임의로 활용하면서도 대중적으로 수용될 만한 범위를 벗어나지 않으려 한다는 것이다. 그래서 이러한 대중문화 텍스트는 일종의 '대중 종교popular religion' 성격을 띠게 된다. 엄밀하게 체계화된 건 아니지만 대중이 널리 공유하는 종교적 요소와 신학적 내러티브 구성을 보여 주기 때문이다.

이런 특징 때문에 판타지 장르는 자주 제도 종교로부터 비판을 받거나 공격, 비난의 대상이 되기도 한다. 자신들의 교리와 종교적 상징을 멋대로 변형시켰다는 이유다. 또, 영적인 세계를 임의로 왜곡함으로써 사람들을 혼란에 빠뜨린다는 비판도 받는다. 하지만 대중 종교적 특징은 상업성에 기초하여 대중성을 획득하고자 하는 대중문화 생산 구조에서 준수되는 매우 중요한 원칙이라는 점을 기억해야 한다. 상업적 성과가 최고 목표일 수밖에 없는 구조에서 대중문화 생산자가 가장 염려할 대상은 특정 종교가 아니라 일반 대중의 반응이다.

이러한 맥락에서 판타지 텍스트는 대중이 수용할 만한 초자연성의 범위 내에서 당대 사회의 민감하고 근본적인 문제들을 제기하는 기능을 담당하게 된다. 그리고 우리는 그 텍스트를 분석함으로써 사회가 당면한 문제의 본질은 무엇이며, 또 이를 둘러싼 대중적 욕망은 무엇인지를 읽어 낼 수 있다. 이런 시각에서 포사마이는 미국과 서유럽을 배경으로 좀비와 귀신, 영혼 등이 등장하는 대중문화 텍스트가 많아지는 현상을 "고등 자아higher self"가 되려는 인간 잠재성 윤리human potential ethics가 대중화되면서 나타난 결과라고 설명한다. 즉 뉴 에이지 영성이 날로 확장하는 배경에서 서구 사회의 개인들은 내면적 탐색을 통해 자신의 영혼에서 신적 실재divine Reality와 유사한 무언가를 발견하고, 이를 통해 개인적 발전과 잠재력을 발굴해 낼 수 있다고 믿는다. 이렇게 초월적인 능력을 획득하기 위한 대중의 욕망이 반영된 것이 바로 좀비, 귀신, 영혼이 등장하는 대중문화라는 설명이다 (Possamai, 2005: 89).

그렇다면 한국에서는 어떨까? 한국의 맥락에서 초자연적 존재를 다룬 대중문화의 함의를 탐색한 연구들이 많지는 않지만, 신자유주의를 배경으로 2000년대 중후반부터 대중문화 전반에 가시성을 높여 온 좀비 캐릭터의 정치성을 분석한 연구들이 주목된다. 먼저, 장하나는 〈라이브쇼크〉(KBS, 2015)라는 단편 TV 드라마를 분석하면서 좀비 캐릭터는 인간 소외 문제, 단절된 인간관계, 청년 문제, 주거 문제를 비롯한 언론, 정치, 기업 등의 사회 시스템 전반의 문제를 제기하는 데 효과적인 장치라고 주장한다(장하나, 2016). 또, 송아름은 한국의 웹툰과 영화에 재현된 좀비를 공포의 대상인 서구의 좀비와 비교하면서, 기존 질서에 대한 불신을 표현하고 그런 구조 속 자신들을 스스로 드러내는 데 익숙한 20~30대 '문화 세대'의 창조물이라고 설명한다(송아름, 2013). 두 연구 모두 대중문화 텍스트에 초자연적 존재로서 좀비가 등장하는 것을, 개인적 차원의 자기 계발을 강요하는 신자유주의 담론에 대한 저항일 뿐 아니라 이러한 흐름에 의미 있는 균열을 가져올 수 있는 문화 현상이라고 해석한다.

이러한 주장은 일면 타당하지만 그 설명력을 제대로 검증하기 위해서는 더 많은 사례가 누적되어야 한다. 특히 현재 우리의 대중문화 생산 구조의 핵심인 대중성 및 상업성이 만들어 내는 정치적 결과에 대한 심도 있는 이해를 바탕으로 그 주장을 평가해야 한다. 돈벌이를 최고의 가치로 설정하는 미디어가 생산한 결과물이 과연 신자유주의 구조를 거스르는 의미 있는 결과를 낳을 수 있을지 더 면밀하고 비판적인 검토가 필요하다. 특히 초자연적 존재를 다루는 대중문화의 정치적 함의는 신자유주의와 미디어의 관계에 관한 기존 논의를 고려하여 탐색되어야 한다. 신자유주의적 질서가 날로 강화되는 환경에서 미디어는 사회 구조의 모순을 은폐하고 개인의 책임과 자기 계발은 절대화하는 등 사회 변화를 제한하는 역할을 하는 것으로 알려져 있다(최소망 · 강승묵, 2012).

드라마 〈오 나의 귀신님〉과 〈싸우자 귀신아〉의 텍스트를 분석한 연구(박진규, 2017)를 살펴보자. 두 드라마는 각각 2015년과 2016년 여름에 방송되었다. tvN은 "호러 로맨스"라는 새로운 장르를 표방하면서 16부작 미니시리즈 〈오 나의 귀신님〉을 선보였는데, 기존의 텔레비전 '납량특집극'[24] 전통을 현대적으로 재해석한 것이다. 〈오 나의 귀신님〉이 시청률과 화제성에서 성공을 거두자 이듬해에는 후속작으로 〈싸우자 귀신아〉를 제작, 방송하였다. 두 드라마 모두 '귀신'이라는 한국형 초자연적 존재가 등장하고, 빙의와 퇴마 등 초자연적 현상의 재현도 두드러진다. 한국의 전통적인 신화 체계와 대중 종교적 세계관을 현대적으로 재해석하여 대중문화 텍스트로 생산한 사례로서, 대중성이라는 가치와의 관계 속에서 초자연적 존재 재현의 정치적 의미를 분석하기에 적합하다.

〈오 나의 귀신님〉은 소심한 성격의 레스토랑 주방장 보조 나봉선과 그에게 빙의된 '처녀 귀신' 신순애의 이야기를 그린다. 신순애는 3년간 저승에 가지 못해 악귀가 될 운명이다. 이를 막으려

24 텔레비전 방송사들은 여름에 이른바 '납량특집극'이라고 불리는 공포물을 제작, 방송했는데 대표적으로 사극 〈전설의 고향〉(KBS) 시리즈를 그 예로 들 수 있다. 〈M〉(MBC, 1994)도 납량특집 드라마의 대표작으로 꼽힌다.

표 8-2 〈오 나의 귀신님〉과 〈싸우자 귀신아〉 비교

		〈오 나의 귀신님〉	〈싸우자 귀신아〉
형식		16부작 미니시리즈	16부작 미니시리즈
기간		2015. 7. 3~8. 22	2016. 7. 11~8. 30
최고 시청률	AGB닐슨	7.337	4.311
	TNms	8.0	5.3
초자연적 존재		귀신, 악귀	귀신, 악귀
초자연적 현상		빙의	퇴마

면 남자와 하룻밤을 지내야 하는데, 나봉선이 일하는 레스토랑 셰프 강선우에게 접근하려고 봉선에게 빙의한다. "응큼한 처녀 귀신"이라는 홍보 문구에서 보듯, 이런 코믹한 설정은 귀신이라는 초자연적 존재에 대한 거부감을 줄여 주고 로맨틱 코미디라는 기본 장르의 문법을 강화하는 기능을 한다. 한편, 〈싸우자 귀신아〉는 원작 웹툰으로 이미 인기가 검증된 콘텐츠를 드라마로 제작한 작품이다. 대학생 퇴마사 박봉팔이 돈을 벌기 위해 퇴마를 하는 과정에서 만난 여고생 귀신 김현지와의 로맨스 이야기로서, 박봉팔의 개인사와 김현지의 죽음 사이에 얽힌 비밀이 풀려나가는 과정을 그린다. 이렇게 두 드라마는 레스토랑, 대학 캠퍼스 등 일상적 현장을 주요 배경으로 삼음으로써 공포를 핵심으로 삼았던 전통적인 사극 공포물과는 달리 로맨틱 코미디의 전형에 귀신, 빙의, 퇴마 등 초자연적 현상을 접목한다는 특징을 보인다. 여기서 초자연적 존재는 극 중 인물들과 소통이나 친밀한

관계 맺기까지도 가능한 존재로 그려진다.

텔레비전 드라마가 초자연적 존재를 다루는 방식

초자연적 능력의 타자성

주인공은 '관계의 단절'이라는 결핍을 지닌 존재로 그려진다. 이런 주인공의 결핍은 초자연성과의 관련성으로 설명된다. 주인공이 지닌 초자연적 능력 혹은 초자연적 존재와의 특별한 관계를 결핍의 근본 원인으로 설정한 것이다. 이는 주인공을 일반인과 차별화시키고, 나아가 두려움과 조롱의 대상으로 만드는 효과가 있다. 이렇게 두 드라마에서 주인공의 초자연성은 일종의 저주로 그려진다. 〈오 나의 귀신님〉의 봉선은 부모 없이 무녀였던 할머니의 손에 자랐으며, 할머니로부터 물려받은 무녀의 피 때문에 귀신을 보는 능력을 얻게 된다. 그런데 이 능력은 봉선이 여러 번 목숨을 끊을 생각을 할 만큼 고통스러운 것이다.

〈싸우자 귀신아〉의 봉팔 역시 초자연적 능력이 있다. 어릴 적 사고로 어머니를 잃게 되었는데 그 사고에 귀신이 개입된 걸 직접 눈으로 본 뒤부터 생긴 능력이다. 봉팔을 임신한 어머니는 무녀가 되지 않으려고 신내림을 거부했고, 이에 화가 난 악귀가 어머니를 죽음에 이르게 한 것이었다. 이후 이 신비로운 능력 때문에 봉팔은 학교에서 왕따 신세가 된다. 또 다른 주인공 현지는 여고생 귀신으로 설정된다. 5년 전 수능을 앞두고 뺑소니 사고를 당해 죽었지만 억울한 죽음 때문에 아직 이승을 떠돌고 있다.

초자연성과의 관계를 통해서 주인공의 결핍을 설명하는 방식은 주인공이 현재 겪는 고통과 가난이 그들의 개인적 책임이 아닌 것으로 인식되게 만든다. 〈오 나의 귀신님〉의 봉선은 허름하기 짝이 없는 할머니의 시골집에서 나와 주방 보조로 일하는 레스토랑의 방 한 칸에 얹혀살고, 너무 오래되고 낡아 재건축이 필요한 아파트에 사는 〈싸우자 귀신아〉의 봉팔 역시 부모 없이 생계를 이어가기 위해 무슨 일이든 해야만 한다. 여기서 초자연성은 자신의 의지나 행동이 아닌 선천적인 특징, 운명, 저주 등으로 주인공의 결핍과 불행을 설명하기 위한 장치인 것이다.

결국 주인공들은 초자연적 능력이라는 운명에서 벗어나려 애쓰는데, 〈싸우자 귀신아〉의 봉팔이 '영안,' 즉 귀신을 볼 수 있는 눈을 떼 내기 위해 10억이 필요하고 이 돈을 마련하기 위해 퇴마 영업을 하는 것처럼, 이들에게 초자연적 능력은 불행한 과거의 원인일 뿐 아니라 빨리 제거해야만 하는 것이다. 초자연적 능력은 일반인과 구별되는 매우 뛰어난 힘이며 불가능한 일을 가능하게 만드는 신비한 능력이지만, 누구나 노력을 통해 구비해야 할 자격 요건이거나 자기 계발을 통해 얻어지는 것은 아니다. 오히려 인종, 성적 지향성과 같은 사회적 소수자성에 가깝게 묘사된다.

위에서 언급했듯이, 포사마이는 서구에서 생산된 판타지 텍스트가 초자연적 능력을 통해 주인공을 영웅화하고, 인류와 지구의 구원자로서의 정체성을 갖추게 만든다고 주장하지만, 두 드라마에서 사용되는 초자연적 능력은 그렇지 않다. 여기서 초자연적 능력은 역으로 주인공을 다른 인물들과 시청자들로부터 타자화하는 효과를 낳고, 이런 능력이 제거될 때 비로소 시청자와의 동일시가 가능해진다. 그렇다고 서구 대중문화 속 좀비처럼 완벽한 타자성으로 재현되는 것도 아니다. 운명 혹은 저주로 인해 초자연적 존재가 된 주인공에 대한 시청자의 공감과 동일시의 여지는 여전히 남아 있기 때문이다. 이렇게 두 드라마에서 주인공에게 부여된 초자연적 능력은 영웅 내러티브와 좀비 내러티브의 중간 정도에서 절충되어 재현된다.

갈등 요소와 초자연성

모든 픽션 장르가 그렇지만, 특히 초자연적 존재를 다루는 텍스트에서 갈등 요소를 설정하는 방식은 매우 중요하다. 갈등 요소가 무엇으로 설정되느냐, 어떻게 그 갈등을 해소하느냐에 따라 내러티브가 말하고자 하는 초자연성의 의미가 달라지기 때문이다. 두 드라마 모두에서 주요 갈등 요소로 삼은 것은 삶과 죽음의 경계였다. 〈오 나의 귀신님〉의 순애는 예기치 않은 자동차 사고로 갑작스러운 죽음을 맞이함으로써 저승에 가지 못한 귀신이다. 순애의 아버지 역시 생사의 갈림길에서 주변인들의 마음을 졸이게 한다. 〈싸우자 귀신아〉에서 현지는 귀신으로 그려지지만, 나중에는 장기간 혼수상태에 빠진 환자의 영혼인 것으로 밝혀진다. 생사를 넘나드는 현지의 상황 자체가 극 전체를 이끌어가는 중요한 장치로 사용되는 것이다. 이렇게 두 드라마는 삶과 죽음의 경계라는 삶의 근본적 문제를 중요하게 다룸으로써, 인간의 실존적 난제를 주요 갈등으로 끌어온다. 이런 이야기 구조에서 초자연성은 실존적 난제를 더 극적으로 만드는 장치가 된다. 또,

귀신, 빙의, 퇴마 등 드라마에 등장하는 초자연적 현상은 생자生者의 삶에 사자死者가 직접 개입한다는 걸 의미한다. 이러한 설정을 통해 삶과 죽음에 대한 질문은 이제 일상적, 상식적 차원에서 벗어나 낯설어지고, 결국 이를 보다 근본적, 실존적 차원에서 대하도록 만드는 효과를 낳는다.

그런데 두 드라마의 이야기 구조에는 또 하나의 공통점이 있다. 그것은 앞서 언급한 인간의 실존적 난제와 함께 현실 사회에 존재하는 사회 구조적 난제가 주요한 갈등 요소로 설정된다는 점이다. 〈오 나의 귀신님〉에서는 순애의 교통사고로 시작된 미결 사건을 둘러싸고 각종 사회적 문제들과 함께 이 시대 청년 세대가 겪는 엄혹한 현실을 극의 주요 배경으로 삼는다. 〈싸우자 귀신아〉에서는 봉팔이 퇴마에 나서는 귀신들의 사연을 매회 병렬적으로 배치함으로써 악플, 가정 폭력, 입시 경쟁, 인권 유린 등 각종 사회적 문제들을 이야기 구조에 끌어들인다. 초자연성이라는 비현실적 설정을 활용해 현실의 사회적 난제를 더 극적으로 재현하려는 의도로 이해할 수 있다.

"호러 로맨스"라고 홍보한 것처럼, 로맨스 역시 갈등의 주요 요소로 꼽힌다. 여기서도 초자연성은 로맨스를 더 극적으로 만들기 위한 상상의 장치로 사용된다. 즉 초자연적 능력이나 초자연적 존재 자체가 로맨스의 걸림돌 역할을 한다는 것이다. 사실 두 드라마는 기존 로맨스 내러티브의 전형을 유지하고 있는데, 다만 계급, 신분 격차 등 통속적으로 사용되던 로맨스의 걸림돌이 여기서는 초자연성으로 바뀌었을 뿐이다. 이는 인간과 초자연적 존재 사이의 극복 불가능한 간극이 전제되기에 가능한 설정이다.

다시 한번 초자연적 능력은 인간이 갖춰야 할 조건이 아니라 타자성을 구성하는 요소임이 확인된다.

절대악으로서 '악귀'

두 드라마 모두에서 최고의 갈등은 절대악으로 그려지는 '악귀'와의 싸움이었다. 무속 세계관에서 유래한 악귀라는 존재는 초자연적 존재를 타자성과 연결시키는 특징을 가장 강력하게 드러낸다. 〈오 나의 귀신님〉에서 악귀는 죽어서 저승에 가지 못한 채 3년이 지난 귀신을 말하는데, 순애는 자기가 악귀가 되지 않기 위해 온갖 노력을 쏟아붓는다. 그런데 강선우 셰프의 매제인 경찰관 성재가 선우의 동생에게 장애를 입혔고, 순애를 죽인 악귀라는 것이 밝혀지면서 이야기는 절정을 맞는다. 〈싸우자 귀신아〉에서는 봉팔의 부모를 죽인 범인인 수의학 교수 혜성의 몸에 악귀가 들려 있다. 드라마는 갈등의 최정점에서 악귀를 퇴마하기 위한 치열한 과정을 화려한 컴퓨터 그래픽을 동원, 신비하게 그려 낸다.

그런데 악귀는 등장인물들의 개인적 원한의 근원만이 아니다. 흥미롭게도 사회적, 구조적 문제의 원인 역시 악귀로 그려진다. 〈오 나의 귀신님〉 4화에서 무녀 서빙고는 이렇게 말한다. "악귀 너 그거 만만하게 보면 안 돼. 요즘 사회에서 일어나는 패륜, 범죄, 유괴, 토막 이런 거 다 악귀들 짓이야." 인간의 실존적 문제와 함께 주요 갈등 요소로 제시된 사회 문제, 즉 불평등, 착취, 폭력, 살인 등과 악귀를 인과관계로 보고 있다.

이렇게 드라마는 악귀를 절대악으로 설정함으로써 각종 사회 문제가 보다 구체화되고 가시화되는 효과를 낳는다. 사회 내에 존재하는 구조적인 문제들을 등장인물들을 둘러싼 맥락 안으로 위치시키고 가시적인 대척점으로 설정하여 스토리에 효과적으로 녹아들게 한다. 이런 방식으로 악귀를 비롯한 초자연적 존재는 극의 내용에 사회 구조적 문제를 효과적으로 개입시키는 장치로 활용된다. 하지만 이는 동시에 우리 사회에서 사람들의 일상적 삶을 억누르는 구조적 문제 자체를 〈오 나의 귀신님〉의 성재와 〈싸우자 귀신아〉의 혜성과 같은 개별 존재에게 책임 지우는 셈이 된다. 이런 내러티브 장치는 결국 구조적 문제를 사사로운 문제로 만들거나 구조 자체에 대한 관심을 회피하게 만든다.

갈등의 해소: 초자연적 존재와 인간의 협력

악귀가 절대악으로 설정되었기 때문에 자연스럽게 두 드라마의 궁극적 갈등 해소는 그 존재를 소멸하는 것이 된다. 〈오 나의 귀신님〉은 순애와 봉선이 서로 힘을 합쳐 악귀의 존재를 밝혀내고, 무녀 서빙고와 함께 악귀를 성재의 몸에서 몰아냄으로써 갈등을 해소한다. 〈싸우자 귀신아〉에서는 봉팔과 현지의 신비적인 퇴마로써 악귀 혜성과의 싸움에서 승리한다. 두 드라마의 갈등 해소에서 가장 큰 도구는 주인공들의 초자연적 능력이지만, 〈오 나의 귀신님〉의 무녀 서빙고와 〈싸우자 귀신아〉의 명철 스님 등 주인공을 돕는 조력자들의 초자연적 능력 역시 고비마다 중요한 역할을 한다.

그런데 흥미로운 점은 초자연적 능력만으로 갈등이 전부 해결되지는 않는다는 점이다. 두 드라마 모두 초자연적 존재와 인간이 함께 협력해야만 갈등의 궁극적인 해결이 가능한 것으로 그린다. 〈오 나의 귀신님〉에서는 봉선과 처녀 귀신 순애가 함께 힘을 합치고, 〈싸우자 귀신아〉에서는 봉팔, 그리고 완쾌한 인간 현지가 함께 퇴마에 나섬으로써 악귀를 이겨 낼 수 있었다. 이렇게 초자연적 능력만이 아닌 인간과의 협력을 통해서 갈등 해소가 완성된다는 설정은 드라마에 나타난 초자연성의 의미를 해석하는 데 중요하다. 초자연적 존재가 인간의 삶에 개입할 수는 있지만, 인간의 운명에 대한 최종적 결정은 할 수 없다는 메시지가 분명하게 드러나기 때문이다. 즉, 초자연성만으로는 인간의 삶을 전부 설명할 수 없다는 말이다.

그러나 갈등 해소가 결국 초자연적 능력과의 연관성 속에서 이루어질 뿐 아니라, 초자연적 존재인 절대악이 소멸되는 것을 궁극적 갈등 해소로 설정했다는 점은 텍스트의 정치적 함의를 논의할 때 중요하게 고려해야 한다. 초자연성을 활용함으로써 내러티브에 사회적, 구조적 문제를 효과적으로 소환할 수는 있었지만, 결국 이는 리얼리티가 아닌 판타지의 영역으로 전이되어 버리는 효과를 낳는다. 절대악을 상징하는 개별 존재가 소멸됨으로써 모든 사회적 문제가 해결된다는 설정 역시 갈등을 고조시키는 과정에서 제기했던 각종 사회 구조적 문제들이 개인적 차원으로 환원되어 결국 사회적 차원에서 그 해방적 의미는 반감되고 만다.

일상성과 초자연성의 절충이 만드는 정치적 효과

호러 로맨스라는 새로운 장르를 표방한 〈오 나의 귀신님〉과 〈싸우자 귀신아〉를 통해 대중성을 앞세운 판타지 드라마가 초자연적 존재를 다루는 방식의 전형을 엿볼 수 있다. 첫째, 두 드라마의 이야기 구조에서 '초자연성'과 '일상성' 사이에는 명확한 경계가 존재한다. 주인공의 결핍은 초자연성과의 관계 속에서 발생하며, 자신의 의지와 상관없이 갖게 된 초자연적 능력은 불행이나 저주로 규정된다. 이렇게 초자연성은 일상성으로부터 분명하게 분리되어 있다. 그리고 이러한 재현은 결과적으로 초자연성을 리얼리티 혹은 판타지 중 어느 하나에만 연결될 수밖에 없도록 만든다.

표 8-3에서 보듯이, 드라마에서 일상성과 초자연성은 일종의 이항 대립적 관계를 통해 재현된다. 인간, 삶, 로맨스, 사회 문제 등이 일상적 영역으로, 귀신/악귀, 죽음 이후, 로맨스의 걸림돌, 문제 해결 등은 초자연적 영역으로 구분된다. 두 영역 사이를

표 8-3 일상성과 초자연성의 이항 대립

<table>
<tr><th colspan="2">일상성</th><th>초자연성</th></tr>
<tr><td>인간</td><td rowspan="5">중간/매개
무녀/퇴마승
빙의
초자연적 능력</td><td>귀신, 악귀</td></tr>
<tr><td>삶</td><td>죽음 이후</td></tr>
<tr><td>로맨스</td><td>걸림돌</td></tr>
<tr><td>사회 문제</td><td>문제 해결</td></tr>
<tr><td>리얼리티</td><td>판타지</td></tr>
</table>

매개하는 중간적 요소들도 존재하는데, 〈오 나의 귀신님〉의 무녀와 〈싸우자 귀신아〉의 퇴마승, 빙의 현상, 주인공이 갖게 된 초자연적 능력 등이 여기에 속한다. 하지만 이 요소들은 일상성과 초자연성을 서로 연결하는 통로의 기능만 할 뿐, 극 전체에서 두 영역 사이의 경계를 완전히 허물지는 못한다.

둘째, 드라마에 사용된 초자연성은 텍스트가 제기하는 갈등 요소의 범위를 확장하는 데 효과적이다. 초자연성을 끌어들임으로써 인간 삶에 대한 근원적, 실존적 질문을 제기하는 것이나 사회적 현실의 난제들에 대한 진지한 문제 제기가 훨씬 수월해진다. 제작자의 입장에서는 리얼리티의 영역에만 머물 수밖에 없는 문제들을 판타지의 영역으로 전환함으로써, 그 범위와 표현에서 더 많은 자유를 확보할 수 있다. 시청자들에게는 이런 진지한 문제들이 기반한 현실성이 만들어 내는 거부감과 불편함을 최소화할 수 있는 길이 열린다. 이를 통해 로맨틱 코미디 장르와 병행하기에는 어색한 사회 구조적 모순들을 스토리에 효과적으로 녹여 낼 수 있었다.

셋째, 드라마의 갈등 해소에서도 역시 초자연성이 중요한 역할을 하는데, 일상성과 초자연성의 구분이 명확한 상태에서 갈등 해소를 초자연성과 연결한다는 것은 결국 내러티브 전체를 리얼리티가 아닌 판타지에 경도되게 만드는 효과를 낳는다. 사회 현실과 구조적 모순을 드라마에 끌어오는 데는 성공적이었지만, 결국 그 문제 해결은 비현실적 도구를 통해야만 가능한 것으로 풀어내기 때문이다. 이런 절충적 방식은 사회적인 문제를 충분히 정치화할 수 없게 만드는 결과로 이어지고 만다.

두 드라마에서 발견한 초자연성에 대한 절충적 방식의 재현은 대중성과 상업성을 목표로 하는 대중문화 생산 구조에 종속된 텍스트 제작자에게 불가피한 선택이라는 점을 이해할 필요가 있다. 현장의 제작자는 이런 전략을 매우 합리적인 결정으로 간주할 가능성이 크다. 대중성을 최우선으로 삼아야 하는 제작 환경에서 리얼리티가 주는 '불편함'의 강도는 적절히 조절되어야만 한다. 수용 가능한 범위를 벗어날 경우 대중성은 포기해야만 하기 때문이다. 두 드라마는 초자연성을 사용함으로써 인간의 실존적 난제와 사회 구조적 문제들을 효과적으로 이야기에 담아낼 수 있었다. 하지만 그 문제들은 다시 개인적 차원에서 해결되어야 할 문제로 축소되고 만다. 신자유주의 이데올로기에 균열을 가하는 것처럼 보였던 텍스트는 결국 타협을 통해 개인의 노력과 책임을 강조하는 신자유주의적 자기 계발 메시지로 환원할 수밖에 없다.

이와 같은 분석 결과는 초자연적 존재를 다루는 대중문화 상품의 정치적 의미를 해석할 때 그 이중성에 주목해야 한다는 점을 시사한다. 초자연성이 제공하는 현실의 구조적 문제에 대한 확장된 재현, 그리고 그 판타지적 성격이 가져오는 비현실성은 서로 모순적인 결과를 낳는다. 따라서 한국적 맥락에서 초자연적 존재의 사용이 사회적 모순을 드러내고, 신자유주의적 담론 질서에 대한 저항적 성격을 지닌다는 선행 연구의 주장은 사례의 특수성에 따라 한정되어야만 한다. 특히 대중성이 강요되는 장르의 특성은 텍스트의 저항적 잠재력을 크게 약화시킬 수 있음을 간과하지 말아야 한다. 대중성을 전제로 한 초자연성 및 초자연적 존재의 재현은 사회 구조적 문제의 개인화를 통해 결국 현실에 대한 순응적 삶으로의 회귀를 강화하는 내러티브를 생산할 개연성이 크다.

그렇다고 제도 종교를 넘어서 '종교적인 것'을 다루는 미디어 전반의 정치적 함의를 완전히 깎아내릴 필요는 없다. 미디어가 초월성/초자연성을 담아내는 방식을 통해 우리는 미디어의 근본적인 관심은 초월적이고 비현실적인 영역에 머무는 것이 아니라 매우 현실적인 자원을 향해 있다는 것을 확인할 수 있다. 초자연적 존재와 초자연적 능력을 재현하는 판타지는 오히려 매우 현실적인 문제에 집중하기 위한 도구로 활용된다. 해결이 쉽지 않은 사회 구조의 문제를 불편함을 낮추어 대중에게 전달하고 공감을 높이기 위한 노력에서 '종교적인 것'을 활용하는 것은 매우 효과적이다. 결국 미디어가 '종교적인 것'을 도구로 사용하여 이야기하고자 하는 바는 다름 아닌 현실의 문제이며, 더 확장하면 종교에 대한 미디어의 궁극적 관심 역시 결국 '지금, 여기'의 문제로부터 출발한다는 점을 명확히 해야 한다. 종교를 이야기하려는 미디어의 근본 동기는 초월성이나 사후 세계가 아니라 지금, 여기를 살아내는 사람과 사회에 있다는 것이 분명하다. 또, 미디어를 통해 확인하는 사회 속 종교의 역할 역시 우리의 현실 문제를 벗어나 생각할 수 없다.

다음 장에서는 2000년대 중반 이후 10여 년간 한국의 대중문화에서 열풍의 중심이었던 '힐링 담론'에 대한 분석을 통해 미디어와 종교의 접점이 만들어 내는 정치학을 한층 더 자세히 살펴본다.

9

'힐링' 문화를 다시 읽다

힐링 열풍

2000년대 중반부터 2010년대 중반까지 한국의 대중문화를 비롯해 사회 전반을 휩쓴 문화 현상이 하나 있다. 이른바 '힐링healing 열풍'이다. 이것이 흥미로운 것은 여러 측면에서 종교적 색채가 강한 문화 현상이면서 동시에 미디어를 중심으로 만들어지고 소비된 현상이기 때문이다. 게다가 이 현상이 만들어 낸 정치적 효과를 '매개 종교'의 관점을 적용해 이야기해 볼 만한 사례이기도 하다. '힐링'은 치료, 치유를 의미하는 영어 단어다. 이렇게 우리말에 상응하는 단어가 있음에도 일상에서 사람들 또 미디어는 힐링이라는 외래어를 일부러 사용한다. 즉 힐링은 치료, 치유라는 말로는 충분히 설명되지 않는 제3의 의미를 지닌 개념으로 봐야 한다. 한국 사회에서 통용되는 용어로서 '힐링'은 현실 맥락에서 대중이 만들어 낸 새로운 개념이라고 보는 것이 더 적절하다.

한국의 힐링 문화는 미디어와 종교가 서로 교차하는 매우 독특한 사례로서, 특히 이 둘의 만남을 '사회 변화'와의 관련성에서 탐색하는 데 유용하다. 6장과 7장에서 이미 살펴본 것처럼, 종교를 다루는 미디어는 사회 변화와 뚜렷하게 연결되어 있다. 전통적으로 종교와 미디어 모두 현상 유지status quo에 강력하게 기여하는 사회 제도로 인식된다는 점에서 사회 변화는 이 둘의 교차점을 연구하는 미디어와 종교 분야에서 흥미로울 뿐 아니라 매우 중요한 개념이 된다(종교와 사회 변화에 관한 논의는 Glock & Stark, 1965; Marx, 1964를, 미디어와 사회 변화에 관한 논의는 Gross, 1977; Herman & Chomsky, 1988; Smythe, 1981을 참조하라). 사회의 지배 질서와 현상 유지에 미디어 그리고 종교 각각이 중요하다는 점은 루이 알튀세르Louis Althusser의 이데올로기적 국가 기구ideological state apparatuses(ISA) 논의에서도 알 수 있다. 그는 이데올로기적 국가 기구를 이론화할 때 미디어와 종교 모두를 핵심 요소로 지목한다(Althusser, 1971). 이런 점에서 종교와 미디어의 교차점으로서 힐링 문화는 현상 유지를 위한 이데올로기적, 순응적 효과를 낳을 것으로 짐작할 수 있다. 힐링 문화에 대한 기존의 여러 해석 역시 그런 평가에 동의하는 것으로 보인다.

힐링 문화가 미디어 현상임은 분명하다. 토크 쇼, 책, 영화, 대중음악, 광고, 예능을 비롯한 수많은 미디어와 대중문화 상품이 이 용어를 사용했다. 그렇다면 종교와 연결해야 할 이유는 무엇일까? '힐링'이라는 단어의 의미부터 알아보자. '치유하다'라는 뜻의 영어 'heal'은 '온전한to be whole' 혹은 '온전하게 되는to become whole'이라는 의미의 앵글로-색슨어 'haelen'에서 출발한다(Partridge, 2005). 이로써 힐링은 가장 이상적인 자아의 온전한 상태를 설정할 때 반드시 따라오는 영적 차원까지 포함하는 의미를 갖게 된다. 여기서 온전함이란 한 개인의 심리적, 정신적 건강만을 말하는 게 아니라 그의 영적인 안녕spiritual well-being까지 포괄한다. 종교의 근본적 관심 역시 인간의 질병, 고통, 그리고 치유에 있다(Kesley, 1973; Weatherhead, 2007). 그런 점에서 미국의 토크 쇼 〈오프라 윈프리 쇼*The Oprah Winfrey Show*〉의 큰 성공은 미국 사회에서 치료 문화therapeutic culture의 확산을 보여 주는 사례로 거론되곤 한다. 〈오프라 윈프리 쇼〉는 미국 사회 내에 나타난 종교 문화의 변화를 간파하고 이를 잘 활용함으로써 효과적으로 대중의 욕구를 충족시킨다(Lofton, 2006). 학자들은 오프라 윈프리의 치유 메시지를 "오프라 신학Oprah Theology"이라 부르기도 한다(Davis, 2011).

한국의 힐링 문화에도 종교와의 강한 관련성이 발견된다(심보선, 2013). 힐링이라는 말이 지금처럼 대중적으로 사용되기 이전, 가톨릭과 개신교 집단에서는 자신들의 사역에 힐링이라는 외래어를 사용하기 시작했다. 이 용어를 가장 먼저 사용한 집단이 바로 제도 종교였던 셈이다. 또한, 혜민 스님이나 법륜 스님과 같은 종교인이 힐링 문화의 대표적인 주체로 인식된다는 것 역시 힐링 문화의 종교적 성격을 잘 드러낸다(이원석, 2014).

한국의 뉴스 미디어에 힐링이라는 단어가 처음 등장한 건 1996년으로 거슬러 올라간다. 당시 이 개념은 의료계에서 '치료의 총체적인 과정'을 뜻하는 전문 용어로 사용되었다. 현재 사용되는 것과 비슷한 의미의 힐링이 처음 소개된 것은 2000년대 초반에 들어서면서부터다. 주로 뉴 에이지 장르를 칭하는 '힐링 뮤직'이라는 말이 일본에서 유입되었고, 서구로부터는 '힐링 요가,' '힐링 의료,' '힐링 음악 치료' 등의 개념이 유입되었다. 2007년에는 한 영화평론가가 "힐링 영화제"라는 행사를 출범시키고 그해 발표된 영화 중 가장 따뜻한 영화를 선정해 시상했다. 2008년 들어서며 힐링은 출판업계에서 매우 강한 흐름을 형성하게 된다. 수많은 자기 계발서가 제목에 힐링을 붙이고 출간되었고 이 중 베스트셀러도 많았다. 이후 이 흐름을 놓칠 리 없는 마케팅 비즈니스로 인해 힐링을 활용한 새로운 용어들이 우후죽순처럼 늘어난다.

힐링 문화는 토크 쇼 〈힐링캠프〉(SBS, 2011)의 인기로 고조되기 시작했다. 다음 해에는 혜민 스님의 《멈추면, 비로소 보이는 것들》이 출간되었는데, 16주 연속 판매 1위라는 초유의 성공을 거둔다. 정치권도 예외는 아니었다. 2012년 대선 기간 중 여러 정치인이 자신을 정치적으로 브랜딩하면서 힐링이라는 말을 사용했다. 특히, 정치 신인 안철수가 대중적 인기와 함께 유력한 대선 후보로 부상한 배경으로 당시 한국 사회를 휩쓸던 힐링 열풍을 빼놓을 수 없다. 흥미롭게도 안철수의 대선 출마 선언 장소는 토크 쇼 〈힐링캠프〉였다.

힐링 담론 자체가 특정 세대를 향한 것은 아니지만, 주로 2030 세대에 의해서 소비, 유통, 재생산되었다는 점은 분명하다. 대중문화와 디지털 영역에서 가장 활발하게 소비와 생산의 주체로서 활동하는 이들은 힐링 담론이 처음 만들어지는 데 깊이 개입했을 뿐 아니라 한국의 독특한 힐링 문화를 생산하는 데도 적극적으로 참여했다. 사실 한국의 맥락에서 힐링 메시지를 가장 필요로 하는 이들 역시 바로 2030세대라고 할 수 있다. 이들은 과도한 경쟁 사회에서 가장 운이 나쁜 희생자로 여겨진다. 그리고 이들의 삶은 경쟁적 대학 입시, 높은 실업률, 고용 불안, 과도한 노동 강도, 저소득을 비롯한 일상의 수많은 난관으로 설명된다.

1997년 경제 위기 이후 한국은 신자유주의에 의한 사회경제적 재편으로 인해 사회적 불평등과 양극화의 엄청난 확장이 발생한다(Hwang, 2015). 이러한 맥락에서 힐링 문화는 한국 사회의 후기 근대적 맥락과 신자유주의 질서가 만들어 낸 부작용으로 인식되곤 한다(정승화, 2014; 김수미, 2014). 이러한 인식은 힐링 문화 자체에 대한 부정적인 해석으로 이어진다.

얄팍한 위로로서의 힐링

한국의 힐링 문화에 대한 해석은 대체로 비관적이다(주창윤, 2013; 김수미 2014; 이영주, 2014; 류한소, 2012; 심보선, 2013). 심리적, 감정적 차원의 위로에 그칠 수밖에 없는 힐링은 구조적, 거시적 차원의 모순을 은폐함으로써 궁극적으로 정치적 순응 효과를 낳을 것이라고 보기 때문이다. 이렇게 주장하는 이들은 우리 사회에서 힐링의 유행이 의미 있는 사회 변화를 이끌어 내기보다는 결국 현재의 지배 구조를 영속화하는 데 보탬이 될 것이라고 비판한다. 이러한 비판은 미국의 치료 문화therapeutic culture를 21세기 미국 사회를 지배하는 언어적 자원으로 규정하며 비판적으로 평가하는 입장과 비슷하다(Illouz, 2008). 미국을 비롯한 여러 서구 국가에서 나타난 치료 담론therapeutic discourse에 대한 해석은 주로 그것이 가져온 정치적 결과를 우려했다. 이러한 비판적인 입장은 크게 두 가지 시각에서부터 출발하는데, 하나는 신마르크스주의적 시각이고 다른 하나는 푸코적 시각이다(Wright, 2008). 신마르크스주의적 시각은 치료 담론이 자아 및 개인적 변화에 지나치게 집착한다는 점을 비판한다. 구조적이고 시스템적인 문제를 개인적, 감정적, 심리적 결함으로 축소하는 데 성공함으로써 결과적으로 탈정치화depoliticization의 기제로 작동한다는 것이다.

한국에서 사용되는 '힐링'이라는 말 역시 심리적, 감정적인 차원의 치유를 의미한다. 그래서 이 말은 흔히 '공감,' '위로,' '위안,' '격려' 등과 연결되곤 한다. 이렇게 심리적 차원의 힐링은 한국 대중문화에서 매우 빠르게 확장하는 '감정의 상품화'의 일환으로 설명할 수 있다. 최근 많은 엔터테인먼트 상품에서 슬픔, 분노, 즐거움 등의 감정이 스토리텔링, 이미지 메이킹, 브랜딩을 위해 활용되는 사례가 점차 증가한다는 점은 이를 뒷받침한다.

〈오프라 윈프리 쇼〉에 드러나는 미국 대중문화의 치료 담론에 대한 비판은 주로 치료적 에토스와 자기 변형self-transformation 이데올로기가 널리 소비되고 확장된다는 점으로 모아진다(Illouz, 2008; Lofton, 2006; Lowney, 1999; Peck, 2008). 노동 착취와 일자리 불안정이 심화하는 신자유주의적 재구조화 과정에서 '오프라의 종교'는 대중의 절박함을 영리하게 포착하여, 위로와 힐링을 향한 심리적 갈급함을 충족시키는 데 성공했다는 것이다. 이런 방식으로 미국의 치료 문화는 신자유주의가 만들어 낸 후기자본주의 질서에 효과적으로 봉사한다.

마찬가지로 힐링을 활용하는 한국의 대중문화 상품도 사회적 문제를 개인의 것으로 환원함으로써 이러한 구실을 하는 것으로 보인다. 결국 힐링 문화가 제공하는 것은 "위장된 치유"에 불과하다는 말이다(주창윤, 2013). 힐링의 꼬리표를 달고 나온 많은 상품은 사회 내 구조적 이슈를 심각하게 다루지 않은 채 개인의 정서와 심리를 향해 온갖 위로와 격려의 언어들을 쏟아 낼 뿐이다. 미디어가 만들어 낸 '힐링 기법'들은 이제 "대중의 단편적인 목표만을 충족하고 현대 사회의 현상 유지에 복무하는 자기만족과 세속적 행운의 도구"(Yoon, 2014)가 되고 말았다.

한편, 미셸 푸코Michel Foucault의 시각에서 출발하여 미국 치료 문화를 비판하는 이들은 심리학적 차원의 자아에 집중하는 것 자체가 새로운 형태의 훈육이라는 점에 주목한다(Donzelot,

1979; Nolan, 1998; Polsky, 1991). 치료 문화는 소외에 대한 일종의 '만병통치약panacea'에 불과하며, 사회적 차원의 행동을 예방함으로써 국민을 효과적으로 통치해 내는 새로운 수단이 된다는 것이다(Wright, 2008).

한국에서 힐링 문화의 부상도 비슷한 맥락에서 비판의 대상이 된다. 힐링 문화는 새로운 차원의 자기 계발 문화로서, 힐링이라는 언어를 통해 자기 계발 테크놀로지를 보다 세련되고 매력적인 것처럼 보이게 한다(류한소, 2012; 송현·안관수, 2013). 이렇게 힐링 프레임은 현재 구조를 바꾸기보다는 사람들에게 그것에 적응하도록 설득하는 데 더 효과적이기 때문에, 결국 현 질서 유지를 위한 지배 집단의 노력에 이바지한다(정승화, 2014). 이런 방식의 신자유주의적 자기 통치를 통해 한국인들은 정서적 결함에 고통스러워하는 주체로 구성됨으로써, 정치적, 경제적인 주요 세력으로서의 주체성은 박탈당한다(김수미, 2014). 이렇게 힐링 문화는 자기 변화와 연결된 신자유주의적 이데올로기를 교묘하게 끌어들임으로써 결과적으로 지배적 훈육을 도모하는 강력한 도구가 된다. 힐링 문화의 통치성은 힐링의 기술이 사회 내에서 이미 고갈되고 무력해진 개인들의 몸을 건강하고, 평안하고, 행복한 것으로 착각하도록 만들고, 결과적으로 고분고분한 존재로 길들이는 데 매우 효과적이라는 점에서 찾을 수 있다.

이러한 비판적 입장들은 힐링 문화를 설명하는 데 꽤 적절해 보인다. 하지만 힐링 문화가 지닌 긍정적인 효과를 지나치게 과소평가하는 것은 아닌지 질문해야 한다. 이러한 설명은 주로 서구의 경험과 맥락에서 출발한 것이기 때문에 한국의 현실에 대한 보다 면밀한 검토와 분석이 필요하며, 이를 통해 대안적 해석도 가능하다. 특히 힐링 열풍을 '매개 종교'의 관점에서 새로 분석한다면 다른 평가의 길이 열릴 수도 있다. 여기서는 힐링 문화에 대한 비판적 해석을 전적으로 부정하지는 않지만, 덜 비관적이며 보다 이중적인 해석을 제안한다. 이를 위해 한국에서 힐링 문화의 대중화에 주도적인 역할을 했던 혜민 스님의 힐링 메시지와 그를 둘러싼 맥락을 살펴본다(Park, 2017).

혜민 스님의 힐링

한국의 힐링 문화에서 혜민 스님은 매우 상징적인 인물이다. 선불교 승려로서 혜민의 명성을 설명할 때면 언제나 '힐링'이라는 말이 따라붙는다. 혜민 스님의 책이나 강의를 언급할 때면 이 말이 빠지지 않는다. 텔레비전에서는 "이 시대의 힐링 멘토"라는 말로 그를 호명한다. 사실 힐링이란 말이 2010년대 한국의 대중문화에서 가장 환영받는 개념이 된 것도 혜민 스님의 인기와 함께였다.

혜민 스님의 대중적 이미지는 젊고 잘생긴 외모에 부드러운 목소리, 간결하지만 따뜻한 글솜씨를 지닌 사람이다. 불교 승려에 대한 고정관념이 주로 전통, 과거와 연결되는 데 비해, 혜민 스님의 배경은 현대적일 뿐 아니라 글로벌하기까지 하다. 그가 처음 대중의 눈에 띈 건 독실한 불교 신자로 알려진 할리우드 배우 리처드 기어Richard Gere가 한국을 방문했을 때 한 텔레비전 프로그램에 유창한 통역자로 출연하면서부터였다. 10대 후반 미국으로 건너간 혜민은 UC 버클리에서 학사, 하버드대학교에서 석사, 그리고 프린스턴대학교에서 박사 학위를 취득했다. 한국에서 큰 성공을 거두기 전까지 그는 미국의 햄프셔대학의 교수였다. 이런 배경은 그의 책과 강연을 소개할 때마다 항상 거론되는 마케팅 포인트다. 사실 혜민 스님의 이런 국제적 배경은 그 자체로도 흥미로운데, 그의 메시지와 앞서 살펴본 미국의 치유 담론, 신자유주의적 자유 의지 사이에 발견되는 유사성의 설명이 될 수도 있기 때문이다.

혜민 스님의 에세이집 《멈추면, 비로소 보이는 것들》은 2012년 1월 출간된 후 무려 200만 부가 넘게 팔리는 큰 성공을 거뒀다. 비소설 분야에서는 이례적인 성공이었다. 이후 혜민 스님은 강연, 다큐멘터리, 토크 쇼, 매거진, 예능 등 수많은 텔레비전 프로그램에 단골손님이 된다. 그의 생각은 신문 칼럼과 공개 강연을 통해서도 대중에게 전달되었고, 70만 명이 넘는 트워터 팔로워를 거느린 소셜 미디어 스타로도 부상한다. 매우 미디어 친화적인 그는 레거시 미디어와 디지털 미디어 모두에서 세련된 리터러시 역량을 갖추고 있을 뿐 아니라 상징 시장 전반에 대한 정교한 감수성까지 지녔다. 출간 전에 책 내용을 소개하는 짧은 영상을 만들어 유튜브에 연이어 올리기도 했고, 칼럼, 인터뷰, 토크 쇼, 대중 강연을 비롯한 많은 형태의 미디어를 아주 효과적으로 활용할 줄 알았다.

불교 승려로서 혜민의 정체성이 사람들의 시선을 끌기에 효과적이었기는 했지만, 그렇다고 그의 가르침이 불교 교리나 철학의 언어를 그대로 사용한 것은 아니다. 그의 힐링 메시지와 불교 사이의 연관성은 그리 강하지 않을 뿐 아니라 강조되지도 않는다. 오히려 그의 명성을 상업적 목적에 활용하려는 미디어 산업과의 합작을 통해 그는 불교와 자신 사이의 연결성을 모호하게 만드는 데 애를 쓴다.[25] 이는 결과적으로 한국의 다종교 상황에서 대중성을 얻는 데 지혜로운 선택이 된다.

물론, 혜민 스님의 사례를 한국의 힐링 문화 전체로 일반화할 수는 없을 것이다. 하지만 한국의 문화적 상황과 그를 둘러싼 정서적 맥락을 매우 효과적으로 반영하는 사례임은 분명하다. 그의 대중적 인기는 어떻게 그의 메시지가 사회 내에 존재하는 힐링 에토스를 성공적으로 동원할 수 있었는지를 잘 보여 준다. 따라서 혜민 스님의 메시지와 인기의 맥락을 분석함으로써 한국의 힐링 문화를 이해하는 데 의미 있는 기초를 만들 수는 있다.

25 그는 종교적 신념의 차이로 인하여 고통스러워하는 이들을 위해 조언을 자주 하는데, 그때마다 종교의 핵심에는 차이보다 유사성이 많다는 점을 강조하곤 한다. "종교의 본질을 보고 그것을 실천하는 사람들끼리는 서로 다 통합니다. 영성이 깊지 않은, 말만 배운 초보 신앙인들만 모양과 형식이 다인 줄 알고 세뇌되어 자기 식만 옳다고 싸우는 것입니다. 이제, 내 종교 남의 종교 따지는 일에 시간과 에너지를 낭비하지 않고 깊은 이해와 실천을 통해, 종교 때문에 괴로워하는 일 없이 모두 편안해지길 기원합니다"(혜민, 2012: 255).

힐링 문화에 대한 또 다른 해석

힐링 문화가 한국의 의미 있는 사회 변화에 기여할 수는 없을까? 힐링 문화를 '매개 종교'의 사례로 규정할 때, 이것이 사회 변화의 가능성을 높이는 데 두 가지의 방향에서 이바지할 수 있음을 발견하게 된다.

매개 종교로서 힐링 문화

기존의 힐링 문화에 대한 비판과는 다르게 여기서는 힐링 문화가 지니는 종교적 측면에 주목한다. 기존 논의 대부분은 힐링의 정서적, 심리적 차원에 대한 접근에 집중하였다. 2000년대 들어 심리학에 대한 대중적 관심이 급격히 증가하는 한국의 맥락(주은선, 2006)에서 힐링 문화의 정서적 측면에 대한 이해는 적절하지만, 그것만으로는 충분하지 않다. 힐링 문화를 만들어 낸 또 하나의 맥락이며, 한국 사회의 중요한 변화 중 하나인 제도 종교의 대체재로서 영성의 부상을 적절하게 설명하지 못하기 때문이다. 정서 차원에만 집중하는 설명은 왜 수많은 힐링 관련 대중문화 상품에서 '영'이나 '혼,' '영혼' 등의 종교적 개념이 흔하게 쓰이는지를 충분히 설명하지 못한다.

미국에서 치료 담론 부상의 배경에는 기성 종교의 영향력 약화와 영성의 부상이라는 매우 중요한 종교적 변화가 자리하고 있다(Roof, 1999). 이러한 변화에 따라 이제 개인은 제도 종교에 대한 소속이나 특정 종교의 교리적 가르침에 의존하기보다 제도 종교를 벗어난 자신만의 고유한 방식으로 영성을 추구하는 현상이 나타난다. 학자들은 심리학적, 주관적, 치료적 전환과 연결하여 이러한 변화를 '영적 전환spiritual turn'이라고 부른다(Partridge, 2005).

한국의 힐링 문화 역시 종교적 맥락과 그 변화를 고려해 해석될 필요가 있다. 2000년 이후 한국에서도 개인의 건강에 대한 심리학적 관심이 급격하게 대중화되고 심리 치료가 주목받는 전문 분야로 부상한다(주은성, 2006). 동시에 이 시기는 한국의 근대화 과정에 매우 중요한 역할을 했던 제도 종교의 영향력 약화가 진행되던 때였다. 특히 한때 세계에서 가장 성장세가 빠른 종교 집단이었던 한국 개신교는 그 추세에 제동이 걸린다(양희송, 2012). 제도 종교가 차지하던 자리를 대신해 영성에 대한 새로운 관심이 생기는데, 명상을 비롯한 여러 정신치료법 시장의 성장은 이러한 변화를 증명한다(이필원 · 박성식, 2013).

정진홍은 한국에서 힐링이라는 수입 용어의 의미를 '종교'와 '과학'의 중간쯤에서 찾아야 한다고 말한다(정진홍, 2012). 그는 힐링이라는 말이 과학적 처치도 아니고 그렇다고 제도 종교의 경직된 교리도 아니기 때문에 의도적으로 선택되고 재생산되는 것이라고 설명한다. 오히려 치유적 실천의 일상화로서 힐링 문화는 제도 종교에게 매우 불편하고 불안하기까지 하다. 종교가 이제는 제도 종교의 틀을 벗어나고 있다는 징후이기 때문이다.

이런 맥락에서 미디어 속 힐링 담론의 증가는 '매개 종교' 현상으로 이해할 필요가 있다. 특히 힐링 문화의 부상이 제도 종교에 대한 비판적 정서가 확산하는 맥락과 함께 나타난 현상이라는 점에 주목해야 한다. 힐링 문화는 이제 종교를 발견하는 현장이 제도 종교로부터 미디어로 이전된다는 것을 강하게 시사하는 현상이다. 또, 제도 종교가 쇠퇴하는 상황에서 영적인 삶이 어떻게 미디어화mediatization하는지를 보여 주는 전형이 된다(Yoon, 2014).

이렇게 힐링 문화는 매개 종교 현상으로서 분명한 종교적 함의를 지닌다. 물론 제도 종교와는 명확하게 구별된 함의 말이다. 미디어 속 힐링 담론은 매개 종교가 어떻게 종교에 대한 세속 사회의 기대를 반영하는지를 보여 준다. 지금까지 우리는 한국 사회가 여전히 종교의 사회적 역할에 대한 기대를 아직 완전히 거두어들이지 않았음을 여러 사례를 통해 확인하였다. 힐링 문화는 이러한 기대를 제도 종교를 벗어난 매개 종교가 어떻게 충족시킬 수 있는지를 보여 주는 또 하나의 사례가 된다.

'사회적' 고통에 대한 자각

힐링이라는 말을 논리적으로 따져 보면, 그 선행 요건으로서 '특정 고통으로 아파하는 주체'가 반드시 존재해야 한다. 서구의 치료 문화는 일반적으로 알코올 의존증, 도박, 우울증, 중독이나 폭력과 같은 병리적 질병과 연관되는 데 비해, 한국에서 힐링은 정신적 질병과 꼭 연결되지는 않는다. 대신 '힐링'은 주로 '상처'라는 말과 함께한다. 여기서 상처는 심리적으로 아파하거나 정서적 통증을 느끼는 걸 말한다. 따라서 힐링은 병리적 질병으로 고통스러운 사람이 아니라, 더 넓고 일반적인 의미에서 고통을 경험하는 사람과 연결된다. 즉 힐링의 대상은 공감, 위로, 위안과 격려가 필요한 사람인 것이다.

이렇게 상처의 피해자를 '보편화'함으로써 힐링 담론은 사회 내에서 현재 아파하는 사람 모두를 위한 것으로 확장된다. 과거에 실패와 좌절, 불안을 경험했거나 지금 경험한 사람들 모두를 향하게 되는 것이다. 힐링 담론에서 자주 사용되는 "누구나 마음에 상처 하나쯤은 있다"라거나 "상처 없는 이는 없다" 식의 경구는 삶에서 자원이 고갈되고 고통받아 힐링이 필요한 사람이 소수에 그치지 않는다는 인식에서 출발한다. 실상 사람들에게 힐링 담론이 효과적으로 작동하는 가장 큰 이유는 고통을 이겨 내는 방법을 가르쳐 주기 때문이 아니라, 오히려 사회 구성원 가운데 고통을 겪는 것이 자기만이 아님을 성공적으로 드러내 주기 때문이다.

따라서 힐링 상품의 엄청난 인기는 성공적인 마케팅 전략을 보여 주는 데 그치지 않고, 사회 속 대다수가 힐링에 절박한 상태라는 우리의 현실을 보여 주는 것으로 이해해야 한다(이영주, 2014). 마치 서구의 치료 문화가 여성의 고통에 대한 사회적 논의의 담론적 공간을 열어 주었던 것처럼(Illouz, 2008; Wright, 2008), 힐링 담론은 한국 사회에서 '보편화된 고통'을 이야기하는 것이 가능하도록 만들어 주었다. 힐링 문화 전에는 이렇게 고통의 집단적 성격을 인정하고 상기시키는 대중 담론이 없었다.

이보다 더 중요한 지점은 힐링 담론이 대다수 사람이 고통스럽게 경험하는 상처가 '사회적 고통'이라는 점을 일깨워 주었다는 것이다. 힐링이 필요한 정서적 아픔은 '사회적 상처' 즉 사회적, 구조적 문제에서 연유한 상처다. 힐링 담론, 특히 2030세대를 위한 힐링 메시지는 그 세대의 보편적인 고통이 결국 잔혹한 일자리 경쟁, 고용 불안성, 저소득 및 불평등이라는 사회적 자원의 문제들로부터 시작된다는 점을 전제로 한다. 어쩌면 힐링 문화 자체가 신자유주의적 한국 사회의 주요 문제라고 할 수 있는 과도한 경쟁, 또 그로 인해 일상화된 불안이 만들어 낸 산물인 것이다.

여기서 말하는 '사회적 고통social suffering'은 레인 윌킨슨Lain Wilkinson의 개념에서 출발한다. 그는 '고통'의 문제와 '사회 의식social consciousness'을 서로 연결함으로써, 고통이 문화적 변혁과 사회 변화를 이끄는 힘이 될 수 있다고 주장한다(Wilkinson, 2005). 그는 카를 마르크스Karl Marx가 "자본주의 생산 방식 내에서 고통이라는 것이 사람들에게 자신의 계급적 위치를 깨닫게 하는 감각적 지식sensuous knowledge으로 기능할 가능성, 그리고 이를 통해 사회 변화가 일어날 가능성을 발견하려 했다"는 점을 지적한다(Wilkinson, 2005: 77). 힐링 문화가 사회적 고통을 인식하게 만드는 것, 그리고 그 결과 사회적 고통에 관한 담론이 한국 사회 전반으로 확산하는 것이 어떻게 의미 있는 사회 변화를 위한 강력한 원동력이 될 수 있는지를 이론적으로 뒷받침한다.

'멈춤의 영성,' 중단의 내러티브

힐링 담론의 또 하나 핵심적 특징은 '멈춤'을 강조한다는 점에 있다. 혜민 스님의 책 제목처럼 '멈추기'는 그의 힐링 메시지에서 핵심 주제일 뿐 아니라, 그 메시지가 사람들에게 매력적인 주된 이유로 설명된다. 멈춤은 사람들이 힐링이라는 개념을 떠올리게 하는 가장 근원적인 아이디어이기 때문이다. 힐링과 관련한 많은 서적과 대중문화 상품이 '멈춤,' '중단,' '돌아봄,' '휴식,' '단절,' '쉼,' '여행' 등의 언어를 사용한다는 점에 주목해야 한다. 다음은 혜민 스님의 책에서 사람들이 가장 많이 인용하는 부분이다.

> 힘들면 한숨 쉬었다 가요,
> 사람들에게 치여 상처받고 눈물 날 때,
> 그토록 원했던 일이 이루어지지 않았을 때,
> 사랑하던 이가 떠나갈 때,
> 우리 그냥 쉬었다 가요. (혜민, 2012: 15)

이를 '멈춤의 영성'이라고 부를 수 있다. 멈춤의 메시지는 '단절'을 전제한다는 점에서 기존의 전형적인 자기 계발서 내러티브와는 완전히 다르다. 비록 잠정적이고 단기간일지는 모르지만 기존 질서로부터의 분리와 단절을 전제하기 때문이다. 신자유주의적 자기 계발 내러티브는 언제나 그 질서가 원하는 존재가 되기 위해, 또 그 질서로부터 선택받기 위해 중단 없는 노력을 기울여야 한다는 점을 강조해 왔다. 따라서 멈춤의 메시지는 특히 2030세대에게 매우 효과적이다. 사회가 젊은 세대에게 제시해 온 전형적인 요구와 상반되기 때문이다. 그들은 항상 과도한 경쟁 사회에서 바람직한 인간으로 인정받기 위해서라면 그에 따르는 어떠한 대가라도 마땅히 감내할 것을 요구받아 왔다. 그들의 몫은 멈춤이 아닌, 경쟁으로의 중단 없는 '질주'였던 것이다. 이러한 지배적 메시지는 자기 계발서, 대중 강연, 텔레비전 토크 쇼, 오디션 프로그램, 픽션 장르 등 수많은 대중문화 내러티브를 통해서 널리 소비되고 재생산되었다(김송희, 2013, 이희은, 2011).

힐링 담론은 '성공'에 집착하지 않는다. 성공을 위한 부단한 노력보다는 멈춤을 더 응원한다. 여기서 멈춤이란 다음 단계의 투쟁을 위한 일시적, 전략적 후퇴를 말하지 않는다. 한번 실패한 이들에게 또 다른 도전을 위해 에너지를 만회하는 방법이거나, 현실로부터의 비겁한 도피로서 제시되지 않는다. 멈춤의 영성은, 삶 속에서 소중하지만 그동안 잊힌 것들을 발굴하고 그 진가를 찾는 것이다. 즉 다른 무언가를 위한 수단이 아니라 그 자체로 의미가 있다.

힐링 담론에서 이 멈춤의 영성은 종종 생태와 연결된다. 힐링을 얘기할 때 생태는 시각적 이미지나 글의 형태로 표현되곤 하는데, '그린,' '에코,' '네이처' 등의 외래어를 함께 사용하기도 한다. 힐링을 이야기할 때 사람들은 '자연적인,' '마음이 따뜻한,' '부드러운,' '차분한,' '평화로운' 등의 감각을 떠올린다. '인공적인,' '인위적인,' '목표 지향적인,' '거친,' '도발적인' 등과 대비되는 감각들이다. 힐링은 '빠름' 대신에 '느림'을, '화려함' 대신에 '자연스러움'을, '테크놀로지' 대신에 '인간적임'을, '차가움' 대신에 '따뜻함'을 대변하는 것으로 인식된다.

그래서 힐링 담론의 생태적 특성은 자연스럽게 비물질적 가치에 대한 지지로 이어지는데, 이는 힐링 담론에서 매우 중요한 요소가 된다. 한국 사회의 주류 담론은 물질주의적 언어가 지배할 뿐 아니라, 압축적 산업화를 거친 지난 수십 년 동안 비물질적 가치는 철저하게 외면되어 왔다(Chang, 1999). 그런데 혜민 스님은 지속해서 개인 삶에서 물질의 중요성을 낮추어 평가한다.

돈보다 더 귀중한 것은

내가 가진 '자유'입니다.
좀 힘들어도
자유롭게 내가 원하는 방식의 삶을 사는 것이
남의 눈치 보며 돈을 조금 더 버는 것보다
훨씬 나은 삶입니다.
내 자유를 돈 받고 팔지 마세요. (혜민, 2012: 119)

한국의 현대사 전체에서 물질주의적 성취는 개인과 사회의 가장 궁극적인 목표로 승인되어 왔다고 해도 과언이 아니다. 오랜 기간 우리 사회에서 의심의 대상이 되지 않았던 강령은 바로 '물질적 번영'이었다. 그런데 1990년대 초, 절차적 민주주의가 비로소 달성되고 대중문화가 새로운 사회적 감수성의 중심으로 부상하면서 한국 사회에도 문화적 전환이 시작된다. 물질적 번영에 대한 질문과 저항이 등장하기 시작한 것이다. 하지만 1997년 외환 위기와 이어진 신자유주의 재구조화로 그 흐름이 꺾임에 따라 그 전환은 성공을 거두지 못한다(Hwang, 2015; 박재홍 · 강수택, 2012). 이후 한국의 '상징의 창고'에서 탈물질주의적 가치와 이에 수반하는 담론들은 또다시 주변화되고 만다.

이런 점에서 힐링 에토스의 확산에 대한 평가는 사람들에게 탈물질주의적 사회를 '상상'할 수 있도록 만들었다는 점에 집중할 필요가 있다. 대중은 이제 그동안 자신들이 얼마나 무모하게 물질주의의 논리에 지배된 삶을 살아왔는지, 얼마나 물질주의적 필요와 돈벌이만으로 삶의 만족도를 평가해 왔는지를 낯설게 돌아보고 상상할 수 있는 길이 열렸다. 나아가 그들은 그 논리를

벗어난 대안적 방식의 삶을 살 수 있다는 것도 비로소 상상할 수 있게 되었다.[26]

근대성은 결코 단일하지 않다. 다양한 근대 사회의 형태와 도덕 질서를 기초로 하는 여러 대안적 근대성들을 발견하는 데 '상상력'은 강력한 도구가 된다(Anderson, 1991; Taylor, 2004). 경제적 효율성만을 앞세우는 시장주의적 언어, 개발/발전에 대한 자본주의적 관점, 신자유주의적 경쟁과 개인주의, 인간성 실현에 대한 물질주의적 시각 등에 효과적으로 저항하는 힘을 제공하기 때문이다. 우리는 여기서 사회 변화를 위한 종교의 정당한 공헌을 발견할 수 있다. 오랜 기간 한국의 담론적 레퍼토리에서 거부되어 온 탈물질주의적 가치, 즉 관용, 공평, 다양성/차이, 공동체성 등을 지지하고 이를 통해서 대안적인 삶의 방식을 상상하도록 하는 것이 바로 그것이다. 종단의 차이를 불문하고 종교의 가장 근본적인 책임은 현대의 생태 위기 속에서 생태적, 비물질적 영성의 진정한 가치를 드러내는 것이라고 할 수 있다(Kim, 2014). 제도 종교가 이런 역할을 충분히 수행하지 못할 때, 매개 종교로서의 힐링 문화가 그 자리를 대신하고 있었다.

한국의 현대사는 탈물질주의가 저항적 사회 운동에 크게 기여한 경험이 있다(강수택·박재흥, 2011). 이를 통해 볼 때, 탈물질주의

26 2020년 혜민 스님이 모든 활동을 중단한 것은 힐링 담론이 대중에게 어필했던 핵심 가치의 성격을 드러낸다. 혜민 스님은 그해 11월 tvN의 관찰 예능 〈온앤오프〉에 출연해 자신의 고급 주택을 공개했다가 각종 재산 의혹으로 여론의 거센 비판을 받았다. 이후 수행에만 정진하겠다며 공적 활동을 중단했다.

적 가치를 상상하고 그것을 상징적 레퍼토리에 편입시키는 일은 중요할 뿐 아니라 전복적이기까지 하다. 대중문화란 본디 다양한 가치와 사상들이 서로 경합하는 장(Gramsci, 1971)이라는 점에서, 사회 변화를 위한 힐링 문화의 잠재력은 절대 작지 않다. 힐링 열풍이 점차 쇠퇴하기 시작한 2015년에 이를 대체하는 또 하나의 담론이 등장한 점은 그 잠재력을 뒷받침한다. 젊은 세대를 중심으로 하는 대중의 일상 언어를 새롭게 포획하기 시작한 것이 바로 '수저계급론'과 '헬조선' 담론이었다. 힐링을 대체하여 등장한 담론이 계급 의식과 구조적 문제를 훨씬 더 적극적이고 직접적으로 천착하고 있다는 점은 흥미롭다. 힐링 문화가 가져온 담론적 공헌이었을지도 모른다.

매개 종교와 '상상'

미디어와 종교라는 두 개의 보수적이고 순응적인 사회 제도가 서로 교차하면 어떠한 정치적 효과를 낳을까? 만약 이 둘의 결합이 진보적인 방향의 사회 변화에 도움이 될 수 있다면 그 가능성은 어떤 조건과 맥락에서 발견될까? 여기서 말하는 사회 변화란 진보적이고 개혁적인 방향의 사회 구조적 변화를 의미한다. 사회의 문제를 거시적이고 구조적인 차원에서 접근하고 그 해결을 위해 사회 구조의 의미 있는 개혁과 변동을 만들어 낼 수 있느냐는 것이다.

힐링 열풍 사례는 한국이 맞닥트린 신자유주의 맥락에서 양면적인 정치적 결과를 낳았다. 힐링 문화는 사회적, 구조적 문제를 개인적, 감정적 차원으로 환원하는 이데올로기로 기능함으로써, 신자유주의적 사회 구성과 그 공고화에 효과적으로 복무한다. 또한 힐링 담론은 사람들에게 스스로를 계발하고 훈육함으로써 신자유주의 질서가 원하는 개인이 될 것을 효과적으로 주문한다. 하지만 힐링 문화는 여기에만 그치지 않는다. 고도로 물질주의화한 한국 사회에 의미 있는 변화를 가져올 잠재력도 확인할 수 있다. 첫째, 힐링 담론은 힐링이 필요한 주체를 사회 전반으로 확장하고 보편화함으로써, 지금 수많은 개인에게 긴급한 처방이 필요하다는 것을 일깨울 뿐 아니라 사회 전체를 향한 근본적인 해결책이 요청된다는 점을 각인시킨다. 이를 통해 대중은 사회의 구조적 문제와 한계를 성찰적으로 인식할 수 있게 된다. 둘째, 힐링 메시지는 근본적으로 지배적 가치에 대항하는 가치들로 구성되므로, 사회에서 인정받는 담론의 레퍼토리에 큰 변화를 가져올 수 있다. 이로써 힐링 열풍이 불러온 탈물질주의적 가치를 향한 관심의 증가는 한국 현대사를 관통하는 일련의 지배 담론에 대한 의미 있는 저항적 함의를 지니게 된다.

'상상력'은 우리 사회처럼 대안적 담론과 가치가 쉽게 생산, 유통, 실천되기 어려운 사회에서 사회 변화를 위한 유력한 도구임이 분명하다. 상상력은 우리가 수면 아래에 있던 것을 현실의 세계로 옮겨오게 하고, 눈에 보이지 않던 것을 볼 수 있도록 만드는 힘이기 때문이다(박치완, 2005). 힐링 문화는 보수적인 한국 사회의 상징적 레퍼토리에서 오래도록 결핍되었던 가치들을 성공적으로 추가했다. 이로써 대중은 이제 탈물질주의를 도모하는 기호와 상징, 언어를 더 쉽게 사용할 수 있게 되었다. 이는 미디어 속에서 종교/영성이 점점 증가하는 현상이 초래할 정치적 효과를 설명하는 하나의 사례가 된다. 미디어 속 종교, 즉 '매개 종교'는 사람들에게 대안적 가치, 대안적 삶의 질서, 대안적 삶의 방식에 대한 상상력을 제공하는 강력한 수단이 될 수 있다는 얘기다.

이렇게 상상은 현대 사회에서 사회 변화를 위해 종교가 담당해야 할 역할에서 매우 중요한 요소가 된다. 2장에서 언급했던 테리 이글턴은 히친스와 도킨스 등이 신과 종교를 부정하고 무신론을 설파하는 것을 자유주의적 인본주의라고 규정하고 이에 비판적인 입장을 취한다(Eagleton, 2010/2010: 61). 독실한 가톨릭 가정 출신의 마르크스주의자로서 무신론과 종교 무용론을 신랄하게 비판하는 이글턴의 독특한 입장은 마르크스의 종교 비판에 대한 세상의 오해를 바로잡는 데서부터 출발한다. 마르크스가 비판한 것은 제도 종교가 물질적 차원을 무시한 채, 영적인 것을 현실에서 분리하여 감상적으로만 이해한 것이었지, 종교 자체의 존재와 기능을 공격하지는 않았다는 것이다. 그런 의미에서 마르크스가 종교를 "억압받는 피조물의 한숨the sigh of the oppressed creature," "무정한 세계의 감정the heart of a heartless world," "영혼 없는 상황의 영혼the soul of soulless conditions"이라고 표현한 것은 단순한 경멸의 의미가 아니다. 이런 "종교적인 환상들religious illusions"은 결국 사회 내에 공고한 문제의 존재와 방향을 알려주는 표지판의 구실을 하기 때문이다. 스스로 문제의 해결책이 되지는 못하지만, 절망적 현실에 대한 항의의 표시는 될 수 있다.

현실에 대한 절망은 사회 변화를 위한 기본 전제가 된다. 절망적인 현실이 있어야만, 더 엄밀히 말해 절망적인 현실에 대한 공통의 인식이 있어야만 사회 변화를 위한 집단적 열망이 만들어진다. 그런데 종교는 사람들이 현실에 대한 절망을 표현하는 통로가 된다. 무엇이 결핍되어 있는지, 무엇이 필요한지, 무엇이 대안이 될 것인지를 효과적으로 드러낸다. 이글턴에게 종교적 신앙의 가장 중요한 지점은 초월자로서 신의 존재 여부에 대한 믿음이 아니라, "어둠과 고통과 혼란 속에 허덕이며 막다른 지경에 이르렀음에도 세상을 변화시키는 사랑에 대한 약속을 충실하게 믿고 지키는 인간들이 보여 주는 헌신"에 있다(Eagleton, 2010/2010: 55). 종교적 신앙과 영감은 사회 변화를 위한 커다란 잠재력을 제공한다는 것이다.

종교는 자본주의가 공고하게 생산한 물질주의적, 실용주의적 가치와 질서 때문에 점차 소멸해 가는 영적, 비물질적 영역을 다시 끄집어낸다. 그리고 그것이 내포하는 가치가 얼마나 대안적이고 전복적인지를 일깨운다. 경제학자 로버트 스키델스키Robert Skidelsky와 철학자 에드워드 스키델스키Edward Skidelsky 부자는 케인스 경제학이 말하는 자본주의의 한계와 문제점을 극복할 대안으로 7개 기본재basic goods의 실현을 제시함으로써 근본적 차원의 사회 재구조화reorientation를 도모한다(Skidelsky & Skidelsky, 2012/2013). 그런데 이러한 방향의 사회 구조 변혁을 추구함에 있어서 종교는 이들에게 반드시 필요한 자원이다. 공동선, 그리고 완전히 대안적인 사회 구조를 향한 영감을 제공하기 때문에 그렇다.

이러한 방향으로 정책을 새롭게 설정하는 데 종교의 지원이 필

> 요할까? 아마 그럴지도 모른다. 6장에서 소개된 것 같은 기본재들이 어떠한 특정 종교 교리에 논리적으로 의존하는 것은 아니지만 그것을 실현하는 것은 아마도 종교만이 제공할 수 있는 권위와 영감이 없으면 불가능할 것이기 때문이다. (……) 종교적 영감을 완전히 배제한 사회가 공동선을 추구하는 쪽으로 길을 잡을 수 있을까? 우리 생각으로는 그렇지 않다. (Skidelsky & Skidelsky, 2012/2013: 349)

사회 변화를 위한 과정에서 종교는 대중이 개인과 사회적 삶의 새로운 방식, 대안적 질서를 상상케 하는 원천으로서 기능할 수 있다. 사회가 특정한 형태를 갖추어 나갈 때 상상의 사회적 공유는 매우 중요하다. 찰스 테일러Charles Taylor는 서구 근대성 역시 "사회적 상상"의 공유 과정에서 나온 결과물임을 강조한다(Taylor, 2003/2010). 그에게 사회적 상상이란 "사람들이 자신의 사회적 실존에 대해 상상하는 방식, 사람들이 다른 이들과 서로 조화를 이루어가는 방식, 사람들 사이에서 일이 돌아가는 방식, 통상 충족되곤 하는 기대들, 그리고 그러한 기대들의 아래에 놓인 심층의 규범적 개념과 이미지들"(Taylor, 2003/2010: 43)이다. 상상은 사회적 과정이다. 하나의 아이디어가 점차 확산되어 사회 전제에 공유되고, 결과적으로 모두에게 자명한 것이 되어야 한다. 그리고 이 상상의 공유 과정에는 이미지, 이야기, 그리고 전설이 필요하다.

사회 변화를 위한 매개 종교의 역할에 대한 논의가 담론적 차원에서 이루어져야 하는 이유가 여기에 있다. 현실에 대한 절망, 대안적 사회에 대한 상상, 그리고 그 상상의 공유가 이루어지는 과정에 매개 종교가 자리한다. 종교가 제공하는 상징적 자원들을 미디어를 통해 시각 이미지, 노래와 음악, 드라마와 영화 속 이야기, 저널리즘적 기사와 다큐멘터리, 게임과 가상 현실, 메타버스로 매개하는 것이 바로 매개 종교다. 물론 사회 변화의 완성은 이러한 상상의 현실화를 통해서만 비로소 가능하다. 물론 이는 종교의 몫이 아니다. 사회 변화의 완성을 위한 사회 공학, 거버넌스, 정치에 대한 논의는 이 책의 범위를 넘어선다. 매개 종교와 상상에 관한 이야기의 마무리는 마지막 10장에서 이어갈 것이다.

10

미디어, 종교로 상상하다

“오늘날 종교는 여전히 필요한가?”

한국 사회는 종교 영역에서 큰 변화를 맞이하고 있다. 1990년대부터 본격화된 제도 종교에 대한 부정적 인식이 날로 강화되고 있으며, 코로나19 팬데믹은 그 흐름을 돌이키기 어려운 것으로 보이게 만들었다. 한국에서 종교를 갖지 않는 이들은 절반을 넘어 60%에 육박하고, 제도 종교에 대한 세속 사회의 불만과 불신은 이제 무관심으로 향한다는 징후도 강하다. 더구나 팬데믹이 불러온 변화가 종교계 전반을 크게 흔들고 있다. ‘집회’와 ‘대면’이 중심이던 제도 종교의 문화와 전통은 비대면 시대를 맞아 변화해야 한다는 거센 요구를 안팎에서 받기도 했다. 비대면이라는 상황은 필연적으로 미디어를 통한 매개를 동반할 수밖에 없다는 점에서 이 시대 종교는 어떤 모습으로 변할지도 자못 궁금하다.

현대 사회에서 미디어는 종교를 발견하는 핵심 장소가 되었다. 미디어가 조직, 운영되는 경제적, 문화적, 정치적 맥락은 세속 사회가 합의한 가치, 규범을 바탕으로 종교가 어떠한 사회적 역할을 담당해야 마땅한지를 담아내도록 만든다. 따라서 미디어와 종교가 만나는 다양한 지점을 잘 들여다보면 종교가 여전히 필요한지를 둘러싼 사회적 합의를 읽어 낼 수 있다. 더구나 미디어를 통해 종교의 필요성을 따져 보는 일은 지금 우리 사회가 서 있는 자리를 확인하고 앞으로 나아가야 할 방향을 모색하는 일이기도 하다. 미디어가 종교를 다룰 때 강조하는 바가 한국 사회에 무엇이 결핍되어 있는지, 무엇이 충족되어야 하는지를 분명하게 드러내기 때문이다.

앞서 살펴본 다양한 매개 종교 현상을 통해 우리는 종교에 대한 미디어의 '비판' 그리고 '칭찬'의 여러 양상을 발견할 수 있었다. 먼저, 미디어의 비판을 통해서는 종교에 대한 세속 사회의 소극적 기대가 나타난다. 종교를 비판하는 저널리즘과 엔터테인먼트 미디어는 흥미롭게도 '현실 종교'와 '종교의 본질'을 분리하고 있었다. 비판받아야 할 제도 종교의 행태와는 구별되는 종교의 이념형을 따로 설정함으로써, 종교가 담당해야 할 바람직한 역할이 무엇인지를 시사하는 것이다. 이를 통해 종교에 대한 세속 사회의 비판적 정서가 말하는 '역설적 기대'를 읽을 수 있었다.

한편, 미디어의 칭찬에서는 종교에 대한 보다 적극적인 기대를 발견한다. 세속주의 사회의 중심 가치인 세속성이 부여한 종교의 역할에 대한 기대를 성공적으로 충족한다는 평가이기 때문이다. 여기에는 제도 종교에 대한 칭찬도 있지만, 제도 종교를 벗어난 '종교적인 것'이 수행하는 기능 전반에 대한 긍정적인 평가도 포함된다. 이렇게 미디어에 드러난 비판과 칭찬은 결국 종교가 담당해야 할 사회적 역할에 대한 사회의 합의라고 할 수 있다. 그리고 우리는 매개 종교를 통해서 그 합의의 구체적 내용이 무엇인지를 파악할 수 있다.

매개 종교에 드러난 세속 사회의 기대

한국 사회의 현실에서 세속 사회가 종교에 대하여 품은 기대를 다음과 같이 네 가지로 정리할 수 있다.

세속 사회의 일원으로서 정체성 확인하기

첫 번째 기대는 종교가 세속 사회의 일원임을 명확히 해달라는 것이다. 달리 말하면, 종교가 최소한의 세속 규범에 동의하는 집단이기를 바란다는 것이다. 종교 고유의 자리를 인정하는 세속주의 원리에 따르면, 종교 집단이 자신들의 고유한 가치와 규범에 따라 신앙 활동을 하는 자유는 존중한다. 하지만 그것이 세속 규범과 충돌할 경우, 사회가 합의해 놓은 규범을 우선해야 마땅하다. 이것이 사회 구성원으로서 기본 자격을 갖추는 데 필요한 최소한의 조건이라고 보기 때문이다. 만약, 종교 집단이 사회의 일원으로서 당연히 준수해야 할 세속 규범과 상식을 위반한다면 제도권으로 공인한 종교의 위상과 권리를 존중할 수 없다. 사회 일원으로서의 최소 의무를 충족하는 것은 사회가 제도 종교에 맡긴 기능과 역할을 기대하는 데 앞서는 기본 전제가 된다. 그렇기에 이는 사실상 사회의 '기대'라기보다는 '요구'에 가깝다. 제도 종교로서의 사회적 공인에 대한 기본 대가인데, 이마저 제대로 지불하지 않는다면 제도권 종교로서의 위상을 포기해야 한다는 논리다.

제도 종교를 향한 가장 기초적인 기대이기 때문에, 이는 미디어의 종교 비판에서 주로 발견된다. 특히 개신교를 향한 비판에서 자주 나타난다. 종교면 분석에서 살펴봤듯이, 개신교에 대한 저널리즘의 비판은 배타성, 분열성, 성장/물질주의에 집중되었다. 이 중 미디어가 배타성과 독선을 개신교의 문제점으로 규정하고 비판하는 근본 이유도 여기에 있다. 개신교는 세속 사회와의 갈등이 생기면 언제나 종교 집단으로서 자신들의 특수성을 우선해 달라고 고집스럽게 요청하는 집단으로 재현된다. 또한, 개신교 신앙은 타 종교 및 세속 이념과의 관계에서 절대적인 위상을 지닌다고 주장하며, 이를 인정하지 않는 어떠한 입장과 세력에도 매우 공세적인 태도로 대응하는 집단으로 그려진다. 이러한 기대는 개신교의 공격적 선교/전도 방식, 광장 정치로 연결된 극단적 신앙, 코로나 초기 방역 정책에 대한 반발 등을 비판하는 미디어 텍스트를 통해서도 드러난다.

종교란 기본적으로 개인적 신념의 문제이지만, 그것이 집단적 신념과 행위의 형태로 드러날 때는 더이상 사적 영역이 아닌 사회적 영역의 문제로 전환된다. 이것이 종교가 지닌 '사회성'이다. 더이상 종교는 사적 영역에 한정된 것으로 보호받을 수 없다는 말이다. 특히 현재 한국 사회에서 개신교가 정치적, 문화적 영역에서 행사하는 권력은 미디어의 비판적인 시선을 받아야 할 정당성의 근거가 된다. 다큐멘터리 〈신의 길 인간의 길〉이 거센 저항에도 불구하고 개신교의 교리와 예수의 신성神性 문제까지 거론할 수 있었던 이유는 개신교의 사회성과 권력성에 대한 문제 제기였다는 인식에 있었다. 이 다큐멘터리 제작진을 비롯하여 많은 미디어 종사자는 개신교를 한국 사회의 주요 권력으로 규정한다. 권력에 대한 감시와 비판은 저널리즘을 비롯한 미디어 선문가에게는 충실히 지켜야 할 직업적 소명이다. 다원주의적 다양성이 인정되는 사회를 만들기 위한 노력에 문화 엘리트로서 자신들에게 부여된 핵심적 역할인 것이다. 이는 종교 영역에서도 예외가 될 수 없다. 세속 사회의 원리에서 종교적 다원수의는 논쟁의 대상이 아니라 상식에 가깝다.

'세속 사회의 일원으로서 정체성 확인하기'는 '소통 가능한 종교'를 향한 기대와도 통한다. 세속 사회와 종교의 소통과 대화, 진지한 토론은 최소한의 공통분모를 전제로 할 때 비로소 가능한데, 사회가 합의한 가치와 규범마저 인정하지 않는 집단이라면 말이 통할 리 없다. 이를 통해 특정 종교 집단이 근본주의적 성향을 띠게 될 경우, 사회가 어떤 반응을 보일지도 유추할 수 있다. 저널리즘은 종교가 근본주의 성향을 보이면서 다른 종교와 화합하지 못하거나 세속 사회에 대한 배타성을 드러내면 곧바로 비판적으로 대응한다. 종교는 개별 종교 내에서 화합을 이루어야 할 뿐 아니라, 이질적인 진리 체계를 가진 종교 간에도 그 다양성은 존중되어야 마땅하기 때문이다. 종교 간의 소통과 연합은 성취되기 어려운 것이지만 이런 모습이 보이면 미디어의 재현은 언제나 존경과 칭찬으로 가득 찬다.

개신교 비판에 사용되는 형용어인 배타성, 오만, 독선은 세속 미디어의 규범이 지향하는 다원주의에 대한 위반을 가리킨다. 세속성이 설정한 종교의 이상적 모습으로부터 거리가 멀다는 지적이다. 특히 한국 사회의 다른 영역에서는 합리성, 다원성, 민주성 등의 가치가 점차 자리를 잡아가고 있지만, 종교 영역은 아직 그 흐름에도 동참하지 못하는 것으로 재현된다.

코로나19 시기에 신천지와 개신교에 대한 저널리즘의 비판 역시 여기서 말하는 기본적 기대를 충족하지 못했음을 보여 준다. 제도 종교에게 맡겨진 사회적 역할과 기능은 고사하고, 세속 사회 일원으로서의 최소 자격도 갖추지 못했다는 평가다. 감염병으로 사회의 생존이 걸려 있는 상황에서 종교적 전통과 관행을 이유로 방역에 협조하지 않는 것은 종교를 향한 기본 전제에 대한 위반으로 인식된다. 제도 종교의 '공공성公共性'에 대한 문제 제기인 것이다. 이런 점에서 코로나19로 신뢰도에 심각한 위기를 느낀 개신교 내부에서 공공성 문제를 논의의 화두로 삼게 되었다는 점은 그나마 사회의 평가에 대한 적절한 대응으로 보인다.

사실 제도 종교의 현실적 딜레마가 발견되는 지점도 여기에 있다. 종교의 독립적 진리 체계와 세속 사회의 규범은 언제나 충돌할 가능성이 열려 있다. 제도 종교는 세속을 따라갈 것인지 혹은 자신의 종교적 가치에만 충실할 것인지라는 선택 앞에서 혼란스러워하며, 내부적으로 신학적, 정치적 갈등을 겪기도 한다. 하지만 앞에서 살펴본 다양한 매개 종교 현상들을 더 깊이 있게 분석하면, 이는 단순한 이분법적 문제가 아니다. 종교의 가치와 세속의 가치가 서로 만나는 지점들을 발견할 수 있다. 세속을 벗어나 완전히 고립된 성스러움을 추구하는 종교가 아니라면 이 둘의 접점을 찾는 일은 매우 중요하다. 종교와 세속의 의미 있는 소통을 가능하게 함으로써, 세속 사회 속 종교의 바람직한 역할을 발견하고 그것을 수행하는 길이 된다.

개입하기, 편들기, 행동하기

매개 종교 현상을 통해 드러난, 종교에 대한 사회의 두 번째 기대는 각종 사회 문제에 뒤로 물러나 있지 말고 무언가 역할을 해 주기를 바란다는 것이다. 이는 종교면 기획 기사, 종교 집단과 종교인에 대한 평가 등에서 긍정적인 측면을 발굴하고 칭찬할 때 거듭해서 확인된다. 미디어는 사회적인 쟁점과 갈등이 발생할 때,

종교가 기계적 중립을 핑계로 아무 일도 하지 않는 것을 원치 않는다. 대신 해당 사안에서 누군가의 편이 되어 주기를 기대한다. 때로 미디어는 종교의 목소리를 통해 어떤 이해관계에도 치우치지 않고 사안의 본질을 꿰뚫는 시각은 무엇인지를 확인하려고도 한다. 갈등적 사안에 대한 종교의 견해를 직접 물어보기도 하고, 종교가 의견을 표명할 때까지 기다리는 모습도 보인다. 그런 상황을 대할 때 종교는 불편부당할 것이며, 가장 도덕적인 판단을 내릴 주체라고 간주하기 때문이다.

그러나 혼동하지 말아야 한다. 기계적 중립을 지키지 말라는 것이 사회적 쟁점을 놓고 '진보' 혹은 '보수'라는 이념 중 어느 한 편에 속하라는 말은 아니다. 정치적 진영 논리에 기대어 자기 편의 이해관계에 따라 이랬다저랬다 하는 것을 바라는 것도 아니다. 더구나 종교가 현실 정치에 개입하여 직접 수행자player의 위치에 서라는 주문 역시 아니라는 점은 종교의 광장 정치에 대한 미디어의 부정적 반응을 통해서 쉽게 알 수 있다. 종교를 다루는 미디어에서 명확하게 드러나는 것은, 종교는 언제나 약자의 편, 그리고 정의의 편에 서야 한다는 것이다. 이러한 기대는 미디어의 이념 성향과 관계없이 매우 일관적으로 나타난다.

종교면 분석에서 보듯이, 종교가 담당해야 할 사회적 역할로 지목된 '사회 정의/사회 참여' 항목은 진보 언론에서 더 크게 기대되었지만, 보수 언론에서 역시 높은 비중을 차지하는 것으로 나타난다. 물론 저널리즘이 종교의 중요한 사회적 역할로 꼽는 것은 '내적 구도'와 '봉사/나눔'이어서, 종교를 주로 사적 영역, 개인적 차원이나 소극적 사회 참여의 관점에서 접근하고 있음은 분명하다. 하지만 언론의 이념적 성향에 크게 관계없이 '사회 정의/사회 참여'의 항목을 종교의 주요 기능으로 설정한다는 점에 주목할 필요가 있다. 소극적 차원과 적극적 차원의 사회 참여 모두에서 종교가 추구해야 할 '공공선公共善'은 사회적 사안에 대한 개입, 약자 및 정의의 편에 서야 한다는 점에 있음을 강하게 드러낸다.

이는 '종교 영웅' 서사에서도 확인된다. 한국의 역사적 전개 과정에서 종교 영웅의 인생 여정에는 군사 쿠데타와 독재 정권기를 겪으며 이에 저항하는 과정이 선명하다. 여기서 종교는 정의와 불의를 분별하고 행동하도록 만드는 신념의 제공처가 된다. 물론 종교 영웅의 노년에는 적극적인 사회 참여로부터 한발 물러나 개인적 차원에서 약자를 돕고 지원하는 데 집중하지만, 사회 정의나 사회적 약자의 편에 서야 한다는 당위를 포기한 것은 아니다. 이는 한국의 현대사 속 보수, 진보의 이념이 제도화되는 과정에서 어느 특정 정치 성향과 연계되는 것을 거부하기 위한 몸짓에 더 가깝다. 종교 영웅 신화의 미래 부분에서 드러나듯이, 종교는 사회적 현실에 적극적으로 개입하고 활약해야 마땅하다. 세속 사회는 의미 있는 사회 변화를 위한 종교의 적극적인 개입을 수용할 준비가 되어 있다는 것을 시사한다.

종교 영웅 신화를 비롯한 많은 매개 종교 현상에서 종교는 '강자' 대 '약자'의 이항 대립적 내러티브 구조 속에서 재현된다. 여기서 종교는 언제나 사회적 약자와 소수자의 자리에 배치되는데, 이로써 '약자의 편'은 종교 내러티브 전체를 관장하는 매우 중요한 가치가 된다. 반대로 종교가 강자의 편에 선다면 이는 단순히 비판의 대상일 뿐 아니라, 사회가 종교에 부여한 역할 자체에 대한 전제를 위반하는 것이다. 종교가 권력의 편에 서는 것 혹은 스스로 권력이 되는 것은 용납되거나 타협될 수 없다.

종교는 세속과 종교를 가르는 높은 벽, 종교와 종교를 구분하는 두꺼운 벽을 넘어섬으로써 공적인 사안에 적극적으로 개입할 것이 기대된다. 매개 종교를 통해서, 종교의 사회적 개입과 참여는 권장될 뿐 아니라, 정당성 없는 권력에 저항했던 종교의 과거 경험은 칭송의 대상이 된다는 것도 확인할 수 있다. 종교는 사회적 불의에 맞서야 하며, 약자의 편에 섬으로써 그것과의 싸움에 적극적으로 나서야 한다.

따라서 세속성이 종교에 부여한 본질적 역할은 세속 사회의 쟁점 및 갈등 속에서 언제나 약자의 편, 정의의 편에 서는 것이라고 봐야 한다. 물론 복잡한 현실의 맥락에서 이 시대 사회적 약자가 누구이고, 무엇이 정의를 실천하는 길일지를 정의하는 것은 절대 간단하지 않다. 또, 미디어가 임의로 하나의 입장을 정해 둔 채 종교는 반드시 그것을 취해야 한다고 강요하는 것도 아니다. 다만 모든 종교의 철학적, 신학적 토대에는 사회적 약자를 돕고 그들의 편에 서는 것이 마땅하다는 것이 세속성이 설정한 기본 가정임은 분명하다.

정신적, 영적 가치의 중요성 일깨우기

세 번째 기대는 종교가 세속 사회를 향해 정신적 가치, 영적인 가치가 여전히 중요하다는 것을 일깨우는 역할을 담당해 주기 바란다는 것이다. 돈과 물질이 최고의 가치로 여겨지는 이 시대에 종교에 기대되는 역할은 그 흐름을 거스르는 것이다. 물질 만능주의가 세속 사회를 움직이는 주요 동인으로 인식되는 가운데, 종교가 이를 거스르는 존재가 되기를 바란다는 점은 종교의 사회적 역할을 논하는 우리에게 매우 중요하다. 현대 사회가 승인하는 종교의 존재 가치를 발견할 수 있는 지점이기 때문이다. 미디어는 종교를 탈물질주의적 가치와 실천을 도모할 수 있는 거의 마지막 사회 제도로 인식한다. 매개 종교 현상이 가리키는 것은, 종교가 그런 흐름을 거부하지 못할 때는 신랄한 비판이, 세태를 거슬러 돈과 물질을 넘어선 영역의 가치를 우선할 때는 응원과 칭찬이 이어진다는 점이다.

법정 스님이나 김수환 추기경의 죽음에 대한 사회적 추모 분위기나 프란치스코 교황 방한 시 그의 발언과 행동 하나하나에 대한 미디어의 열광적인 반응은 이러한 기대를 충족시킨 사례로 볼 때 더 잘 설명된다. 허세와 과장으로 저항적 메시지를 전달하는 힙합 문화를 통해, 물질적 성취를 넘어서는 영원의 가치와 초월적 존재의 위대함을 노래하는 래퍼 비와이에게 젊은 세대의 반개신교 정서가 일시적으로 유예한 현상 역시 비슷한 결과다. 반면, 종교가 성장/물질주의를 추구할 때는 언제나 미디어의 비판 대상이었다.

사실, 사회가 종교에 이런 역할을 맡기고 그 역할을 충실히 해 주기 기대한다는 것이 시사하는 바는 중요하다. 사회의 '현실'에 대한 세속 사회의 평가가 매우 비관적이라는 것을 말해 주기 때문이다. 세속 사회 역시 그 비관적인 사회를 초래한 근원에 돈으로 모든 가치를 치환하려는 물질주의 문화가 있다는 진단을 내리고 있음을 보여 주기 때문이다. 미디어는 사회를 구성하는 여러 사회 제도 가운데 종교가 이러한 흐름을 거슬러야 마땅하다고 말한다. 나아가 그 흐름에서 우리 사회를 빠져나올 수 있게 할 수 있는 몇 안 되는 사회 제도가 바로 종교라고 말한다. 미디어가 종교를 다룰 때마다 유독 강조, 반복하는 패턴은 현실에 대한 비관적 전망과 함께 그 근본 원인을 물질주의에 두는 논리 구조였다. 이는 종교를 다루는 미디어가 한국 사회의 담론 확장에 기여하는 부분이라고 할 수 있다. '힐링' 문화가 담론적으로 갖는 의미도 여기에 있다. 물질주의와 성과 위주의 논리에 지배되어 온 개인과 사회적 삶을 성찰하여 돌이키고, 이를 벗어난 탈물질주의적 대안을 상상할 수 있는 길을 열어주었기 때문이다.

종교를 다루는 저널리즘은 현재 한국 사회를 매우 불합리하고 병리적이며, 반드시 변화가 필요한 상태라고 규정한다. 종교 영웅 신화에서 한국의 현실은 지난 50년의 급속한 근대화와 고속 성장의 후유증을 앓고 있다. 모두가 돈과 물질만을 좇는 탐욕에 갇혀 더 중요한 것을 상실하고 말았다. 프란치스코 교황에 대한 대중의 호응은 이런 한국 사회의 현실에 대안적 가치를 제공하는 종교에 대한 환영을 상징한다. 물질주의, 소비주의, 생명 경시, 탐욕 등의 지배적 가치가 현재의 사회적 모순과 참혹한 현실의 근본 원인이라면, 이에 대항하는 대안적 가치가 필요하다. 즉 비물질적 영역의 중요성을 일깨우는 것이다. 정신적, 영적 가치가 얼마나 중요한지를 깨닫게 하고 회복하게 하는 일은 종교가 담당해야 할 사회적 역할의 핵심이 된다.

세속 사회에서 '대안적' 가치의 원천되기

마지막 기대는 위에서 정리한 종교에 대한 세속 사회의 기대 전체를 종합하는 가장 중요한 항목이다. 그것은 종교가 사회 속에서 뭔가 '다른' 존재가 되어 달라는 것이다. 사회를 지배하는 가치, 규범, 질서와는 차별적인 모습을 보여 주어야 한다는 기대를 말한다. 그리고 그 기저에는 그 차별적인 모습이 절망적인 사회의 현 질서를 대신할 유력한 대안으로 기능하기를 바라는 염원이 자리한다.

사회적 현실에 대한 절망, 그리고 현 질서가 초래한 문제의 심각성이 더해 갈수록 종교가 대안적 가치의 원천이 되어 주기를 바라는 기대는 커질 수밖에 없다. 종교만의 궁극성으로 개인적 삶과 사회적 삶에서 맞닥뜨릴 수밖에 없는 근원적 질문에 대해 본질적이고 최종적인 차원에서 답을 제공해 달라는 것이다. 점점 더 눈앞의 손익 계산과 이해관계에만 몰두하는 현대 사회에서 이제 유불리를 뛰어넘는 사랑과 자비의 언어로 현실을 재해석하고, 나아가 이 땅에 실현할 더 나은 삶의 모델을 상상하게 할 수 있는 사회 제도는 많지 않다. 결국 종교는 세상 질서와의 차별성을 잃지 않을 때, 그리고 그것이 유력한 대안으로 인정받을 때 사회적 필요와 기대에 부응할 수 있다.

신문에서 다루는 종교 관련 기사, 종교 영웅 신화, 프란치스코 교황 사례, 힐링 문화 등 여러 매개 종교 현상에서 종교와 주로 연결되는 가치는 소수자/약자, 저항, 통합/화해, 정신, 포용, 성찰 등이었다. 모두 현재 한국 사회를 지배하는 힘/권력, 성장, 효율성, 물질, 능력, 경쟁 등 주류 가치들과 대응하는 것들이다. 결국 종교는 한국 사회에서 대안성을 상징하게 된다. 종교는 이러한 대안적 가치들을 세속 사회에 제공하는 거의 유일한 사회 제도의 자리에 위치한다.

종교에 대한 사회의 기대가 '대안적 가치의 제공자' 역할에 수렴된다는 것은, 종교의 궁극적인 존재 가치가 '사회 변화'를 위한 열망의 실현에 자리하고 있음을 강하게 시사한다. 종교는 현 사회를 지배하는 주류적 가치를 대체하는 대안적 가치를 제공함으로써, 결국 절망적 현실에서 벗어나 새로운 가치와 질서로 움직이는 새로운 세상을 만들어가는 데 중요한 역할을 담당해야 한다는 것이다. 매개 종교 현상에 투영된 종교에 대한 사회의 기대들은 결국 이렇게 사회 변화라는 틀에서 재해석되어야 한다.

다른 세상을 상상케 하는 종교

그렇다면 종교에 대한 기대가 사회 변화와 연결된다는 점이 오늘날 종교의 필요성을 탐색하는 우리에게 말하는 것은 무엇일까? 사회의 의미 있는 변화, 즉 암울하고 절망적인 현실에서 벗어나 대안적인 가치와 질서로 움직이는 '더 나은 세상'으로의 전환에 종교가 담당해야 할 역할은 무엇인지를 발견해야 한다는 점에서 그 시사점을 찾을 수 있다. 앞서 살펴본 미디어와 종교의 다양한 교차 사례들은 그 역할이 '상상'과 연결된다는 점을 가리킨다. 다시 말해, 현재 한국 사회가 기대하는 종교의 구체적인 모습은 곧 '다른 세상을 상상케 하는 종교'인 것이다.

먼저, 왜 '다른' 세상인가? 현재 한국 사회에는 고통의 신음이 갈수록 커져만 간다. 몇 해째 OECD 최고를 기록 중인 자살률을 비롯하여, 청년 세대의 우울증 증가, 악화 일로인 소득/자산 불평등 및 양극화 등을 고발하는 사회 지표들은 우리 사회가 직면한 현실이 얼마나 암울한지를 여실히 드러낸다. 〈세계불평등보고서 2022〉에 따르면, 한국의 자산과 소득 불평등 현황은 매우 심각하다(이정훈, 2021. 12. 9). 소득의 경우, 상위 1%가 전체의 14.7%를 차지하며, 상위 10%의 소득은 하위 50%의 14배에 이른다. 자산의 경우는 더 심각해서 상위 10%의 자산이 하위 50%의 190배에 달한다. 상위 1%의 자산은 전체 자신의 25.4%를 차지하는데, 이를 상위 10%로 확대하면 무려 58.5%가 된다. 하위 50%의 자산은 전체의 5.6%에 불과하다.

앞서 이야기했듯이, 미디어가 종교를 이야기할 때 반복되는 내러티브에서 발견되는 두 가지 요소는 한국 사회의 현실에 대한 비판적 평가, 그리고 이를 해결하고 극복할 방향성의 제시였다. 종교의 가장 이상적인 모습을 설명할 때 미디어는 먼저, 우리가 처한 부정적이고 절망적인 현실을 그 배경에 위치시키고, 그 절망에서 벗어날 유력한 해결책으로 종교로 표상되는 가치들을 제시한다. 현실 사회에 대한 평가는 매우 비관적이다. 도저히 이대로 둘 수 없다는 절망이 깊게 자리한다. 사람들은 지금 매우 큰 고통과 결핍을 경험하고 있다. 미디어에는 그 결핍과 동반된 모든 생명의 신음과 절망이 넘쳐난다. 최근 글로벌 신드롬을 일으킨 한국의 대중문화 상품 〈기생충〉, BTS, 〈오징어 게임〉 등은 모두 종말론적 절망의 정서를 바탕으로 생산되었다는 점에 주목해

표 10-1 인생을 의미 있게 만드는 것

	1순위	2순위	3순위	4순위	5순위
호주	가족	직업	친구	물질적 안녕	사회
뉴질랜드	가족	직업	친구	물질적 안녕	사회
스웨덴	가족	직업	친구	물질적 안녕/건강	
프랑스	가족	직업	건강	물질적 안녕	친구
그리스	가족	직업	건강	친구	취미
독일	가족	직업/건강		물질적 안녕/긍정성 일반	
캐나다	가족	직업	물질적 안녕	친구	사회
싱가포르	가족	직업	사회	물질적 안녕	친구
이탈리아	가족/직업		물질적 안녕	건강	친구
네덜란드	가족	물질적 안녕	건강	친구	직업
벨기에	가족	물질적 안녕	직업	건강	친구
일본	가족	물질적 안녕	직업/건강		취미
영국	가족	친구	취미	직업	건강
미국	가족	친구	물질적 안녕	직업	신앙
스페인	건강	물질적 안녕	직업	가족	사회
한국	물질적 안녕	건강	가족	긍정성 일반	사회/자유
타이완	사회	물질적 안녕	가족	자유	취미

(출처: Pew Research Center, 2021 봄)

야 한다. 그 결핍은 '다른' 세상을 향한 욕망으로 표출된다. 이대로는 안 되겠다는 집단적 결론인 것이다.

전후의 극심한 가난에서 해방해 주었던 물질적 풍요 추구의 시스템이 우리를 더 나은 세상으로 데려다줄 것 같았지만, 그 과정에서 배태된 수많은 사회 문제는 그것이 결코 정답이 아니라는 것을 절감케 했다. 효율성과 경제성으로 사람의 가치를 평가, 재단하는 시스템에 대한 근본적 회의가 부상한다. 더구나 지속가능성을 담보하지 못하는 경제, 정치 시스템의 문제는 비단 한국에만 해당하는 것이 아니어서, 그 구조적 한계가 초래한 생태 파괴와 감염병으로 인한 고통은 전 지구적 차원에서 날로 깊어지고 있다.

미디어가 내놓은 현실에 대한 절망적 평가에는 물질주의와 그에 수반된 문화와 질서에 대한 심각한 회의가 존재한다. 그 원인에 물질주의가 자리한다는 세속 사회 스스로의 진단인 것이다. 게다가 한국은 다른 주요국들과 비교해서도 가장 물질주의적인 사회라고 평가된다. 그림 10-1은 퓨리서치 조사 결과를 보여주는데, 여기서 한국인들에게 인생을 의미 있게 만드는 것 1위는 '물질적 안녕material wellbeing'이다. 17개 경제 선진국 가운데 이 항목이 1위인 국가는 한국이 유일하다.

이렇게 현 사회의 실상을 드러내는 사회적 양극화, 불평등, 물질주의 등의 기표를 통해 사회 변화가 필요한 근본 원인의 성격이 드러난다. 따라서 이러한 평가가 종교와 관련한 미디어 텍스트에서 반복해 나타난다는 것은 사회 제도로서 종교에 기대하는 역할이 무엇인지를 분명하게 알려준다. 물질 만능주의를 탈피하는 데 필요한 비물질적인 것의 중요성을 일깨우는 것, 효율성

중심주의를 벗어나는 데 필요한 사랑과 자비의 실천, 그리고 대립과 적대, 경쟁의 가치를 대체하는 관용과 포용, 화해와 평화의 가치를 제공하는 것이 바로 그 몫이다.

현실에 대한 절망은 사회 변화를 위한 기본 전제가 된다. 절망적인 현실에 대한 공통의 인식이 있어야만 사회 변화를 향한 열망이 만들어지기 때문이다. 집단적 차원에서 이루어지는 절망의 공유는 현재와는 다른 대안적 가치와 질서에 대한 모색으로 이어진다. 그런 가치와 질서로 운영되는 사회를 절박하게 꿈꾸게 한다. 다른 세상은 이런 모습이라고, 그런 세상이 가능하다고 보여 주는 누군가를 간절히 기다리게 한다.

그렇다면, 왜 '상상'인가? 학자들은 사회 변혁의 과정에서 상상과 영감의 중요성을 강조한다. 더 나은 세상이 어떤 모습일지 상상할 수 없다면 세상을 변화시킬 수 없다는 말이다. 사회가 질적으로 변화하기 위해서는 구성원들이 집단적으로 새로운 세상을 그려 내는 상상이 전제되어야 한다. 헨리 젱킨스Henry Jenkins 등(2020)은 현재의 문화적, 사회적, 정치적, 경제적 조건에 대한 대안을 상상하는 능력을 가리켜 '시민적 상상civic imagination'이라고 부른다. 그리고 그 시민적 상상을 가능케 하는 도구로서 미디어를 제시한다.

앞서 살펴본 '현실에 대한 절망'이 곧바로 새로운 세상으로의 전환을 만들어 낼 수는 없다. 대안적 가치의 제시가 선행되어야만 한다. 현재 사회를 만들어 낸 가치와 규범, 질서를 대신할 새로운 가치와 규범, 질서가 대중에게 선보여야 한다. 그리고 그것이 새로운 세상을 만들어 낼 것이라는 탄탄한 대안으로서의 위상을 획득해야 한다. 그래야만 현실을 대체하는 더 나은 세상으로의 전환을 위한 의미 있는 집단적 노력이 비로소 시작될 수 있다.

새로운 세상에 대한 집단적 상상이 실현되는 과정에는 충족되어야 할 조건이 너무 많다. 모든 상상이 바로 현실이 되는 건 아니라는 말이다. 하지만 새로운, 대안적인 세상에 대한 상상 없이는 현실을 바꾸려는 시도 자체가 불가능하다. 우리는 지금도 끊임없이 다양한 가치가 지배적인 위치를 차지하기 위해 서로 경합하는 상징적 투쟁의 전장에서 살고 있다. 그 속에서 얼마나 의미 있는 대안이 제시되는지, 그 대안을 통해 더 나은 세상을 상상하는지 날카로운 눈으로 지켜봐야 한다. 그런데 흥미롭게도 미디어는 종교가 다른 세상을 상상할 수 있는 원천이 될 수 있다고, 또 그래야만 한다고 말한다.

한국 사회처럼 대안적인 담론이 생산, 유통되기 어려운 사회에서는 상상력이 사회 변화의 도구로서 매우 중요하다. 힐링 문화가 보수적인 한국 사회의 담론적 레퍼토리에 탈물질주의적 기호와 상징, 언어를 추가했던 것처럼, 종교는 사람들에게 대안적 가치, 대안적 삶의 질서, 대안적 삶의 방식을 상상하도록 만드는 힘을 지녔다. 경제적 효율성만을 앞세우는 시장주의적 언어, 신자유주의적 경쟁과 개인주의에 효과적으로 저항할 수 있는 잠재력을 제공한다.

세속 사회는 미디어를 통해 다른 세상을 상상케 하는 역할을 담당해야 할 사회 제도는 종교라고 말하고 있다. 세속성이라는 원리에 따라 종교에 부여한 역할의 총합이 바로 그 상상에 있다는 얘기다. 그렇다면 왜 '종교'일까?

현재를 대체할 새로운 사회를 꿈꾸는 상상은 세속 사회와는 '다른' 가치와 질서로 움직여지는 사회 제도일 때만 가능하기 때문이다. 그런데 세속성이 규정한 종교의 이념형은 그 '다름'의 자격을 갖추었다. 위에서 네 가지로 정리한 것처럼, 미디어가 말하는 종교에 대한 기대가 이를 잘 보여 준다. 세속 사회의 일원으로서, 언제나 정의의 편과 약자의 편에 서 있고, 물질 만능주의 시대에 정신적, 영적 영역의 중요성을 일깨울 수 있으며, 사회의 지배적 가치를 거스르는 대안적 가치를 제공할 수 있는 사회 제도는 종교가 거의 유일하다. 비록 현실 종교가 세속 사회와 별반 다르지 않은 모습을 보임으로써 실망과 비판의 대상이 된다고 할지라도, 종교의 이상적인 모습은 그렇지 않을 것이라고 기대한다. 만약 이러한 모습을 회복한다면 사회의 변화를 위한 상상력의 원천이 될 수 있다는 말이다.

따라서 미디어의 종교 비판은 그 기대가 아직 남아 있다는 방증으로 읽어야 한다. 사회가 설정한 종교의 이상적 역할에 턱없이 모자란 현실 종교에 대한 따가운 질책임을 이해해야 한다. 여기에 이 책의 질문, "오늘, 사회는 종교를 여전히 필요로 하는가?"에 대한 잠정적인 답이 있다. 세속 사회는 아직 종교가 필요하다고 말한다. 더 나은 세상을 향한 사회의 열망을 실현하는 데 종교의 역할이 꼭 필요하다는 것이다. 종교가 아니면 담당할 수 없는 사회적 역할이다. 종교만이 충족시킬 수 있는 사회의 기대다.

만약 그 기대를 충족시킬 주체를 제도 종교로만 한정하면 남은 시간은 사실 많지 않은 것으로 보인다. 여러 번 지적한 것처럼, 최근 통계는 한국에서 종교 인구가 감소할 뿐 아니라, 아예 제도 종교에 관심을 두지 않는 비종교인의 비율이 크게 치솟고 있음을 가리킨다. 제도 종교에 대한 거듭된 실망이 오래 축적되어 온 결과일 것이다. 특정 대상에 대한 무관심이란 그를 향한 필요와 기대 자체를 거두어들였다는 것을 의미한다. 관심과 애정이 없으면 비판도 하지 않는다. 그렇기에 앞으로 한국 사회에서 제도 종교를 향한 비판적 인식은 그리 오래가지 않을지도 모른다. 현재의 비판보다 더 무서운 결과다.

하지만 여기서 종교는 제도 종교로만 제한되지 않는다. 미디어를 통해 매개되는 더 넓은 의미의 '종교적인 것' 역시 대안적 사회를 향한 상상력의 원천으로서 충분한 자격과 능력을 갖추고 있다. 특히 지금처럼 제도 종교가 상상력의 원천으로서 기능하지 못한다면, 그 자리는 다양한 형태의 매개 종교가 대체할 것으로 예측할 수 있다.

미디어는 종교를 통해 새로운 세상을 상상한다

여기서 다루었던 현상들은 종교와 사회 변화의 연결 고리를 미디어를 통해 발견하고자 한 것들이었다. 매개 종교 현상을 통해 사회가 종교에 기대하는 역할은 무엇인지를 촘촘히 따져 보면, 미디어는 현 사회에 대한 비판적 성찰을 통해 매우 근본적인 차원에서 변화가 필요하다는 인식을 반복해서 드러낸다. 그리고 이 과정에 종교가 해야 할 역할은 더 나은, 새로운 세상에 대한 상상에 있음을 분명하게 보여 준다. 미디어 속 종교가 가리키는 가치들, 즉 정의, 사랑, 평화, 공존, 관용 등은 역설적으로 한국 사회의 현실을 지배하는 가치가 어떤 성격인지를 폭로한다. 나아가 절망적 현실을 벗어나 새롭게 꿈꾸어야 할 세상은 어떤 곳이어야 할지를 명확히 한다.

결국 미디어와 종교의 교차점이 한국 사회에서 차지하는 함의는 담론적인 차원에서 논의되어야 한다는 점을 재확인한다. 현실에 대한 절망, 대안적 사회에 대한 상상, 그리고 그 상상의 공유가 이루어지는 과정에 미디어 속 종교, 즉 매개 종교가 자리한다. 사회의 요청과 기대를 충족하는 종교의 모습은 '다름'에 있다. 사실 대부분의 제도 종교는 세상에서 대안적 가치와 실천의 공동체를 지향한다. 종교를 따르는 개인과 집단은 세상에서 성스러움, 거룩함의 실체로 살아내야 한다고 가르친다. 사회에서 다름의 모델이 되어서 세상의 가치와 질서의 진정한 대안을 보여 주어야 한다는 것이다. 그런 삶이 가능하다는 것을, 그런 세상을 꿈꿔야 한다는 것을 증명해 내야 하는 것이다. 결국 종교에 대한 세상의 기대를 충족시키기 위해 분투하는 것이다. 종교가 대안적 가치와 실천의 공동체로서 바로 설 때 제도 종교를 향한 세상의 관심과 호감은 높아질 것이며, 새로운 세상을 설계하기 위한 노력에 반드시 종교의 도움을 청할 것이라는 메시지다. 종교가 종교다움을 회복할 때, 사회의 기대를 충족하는 일 역시 가능해진다.

하지만 사회가 제도 종교를 통해서만 이러한 역할을 충족시키는 건 아니다. 다양한 매개 종교 현상은 제도 종교가 그 몫을 제대로 해내지 못했을 때, 다양한 형태와 내용의 '종교적인 것'을 통해 그 자리를 메꾸려 한다는 점을 분명히 보여 주었다. 미디어는 종교를 통해 새로운 세상을 상상한다. 제도 종교가 될 때도 있고, 혹은 매개 종교가 될 때도 있다. 의미 있는 사회 변화를 성취하기 위해 아주 중요한 걸음이다.

참고 문헌

강성훈 (2007). "언론 보도의 성역, 종교계: 툭하면 집단행동에 신변위협, 기자 피해 의식 커져," 〈신문과 방송〉, 455호, pp.28~31.

강수택 · 박재흥 (2011). "한국 사회운동의 변화와 탈물질주의," 〈Oughtophia〉, 26(3), pp.5~38.

강인철 (2013). 《한국의 종교, 정치, 국가: 1956~2012》. 한신대학교출판부.

강인철 (2019). 《경합하는 시민 종교들: 대한민국의 종교학》. 성균관대학교출판부.

강주화 (2022. 4. 27). "추락하는 교회 부활의 길은," 〈국민일보〉, 29면.

강준만 (2017). 《손석희 현상: 신뢰받는 언론인이란 무엇인가?》. 인물과사상사.

권범철 (2020. 3. 3). "주님 만나러 들어가야 해요…" 〈한겨레〉, 2면.

권범철 (2020. 8. 21). "예배 강행 일부 교회," 〈한겨레〉, 2면.

김대중 (2008. 9. 7). "언론의 세 가지 터부," 〈조선일보〉, A34.

김도연 (2016. 9. 7). "'돼지머리 수사' 받아쓴 언론, 유병언 좇느라 진실을 놓쳤다," 〈미디어오늘〉. Retrieved from: http://www.mediatoday.co.kr/news/articleView.html?idxno=131999

김성건 (2012). "기독교와 정치: 미국과 한국의 복음주의를 중심으로, 〈담론 201〉 15(2). pp.109~133.

김송희 (2013). "동안 권하는 사회: 미디어가 재현하는 몸과 나이, 그리고 젠더," 〈미디어, 젠더 & 문화〉, 27, pp.77~115.

김수미 (2014). "한국 치유 문화 작동의 정치학: 신자유주의 통치 시기 주체 구성에 대한 일고찰," 〈언론과 사회〉, 22(1), pp.114~161.

김진호 (2020. 2. 29). "잘못이 있더라도 그들도 시민이다," 〈경향신문〉, 22면.
김현준 (2017). "개신교 우익청년대중운동의 형성: 극우정치에서 개신교의 효용과 문화구조," 〈문화과학〉, 9(1), pp.60∼83.
류대영 (2009). 《한국 근현대사와 기독교》. 푸른역사.
류한소 (2012). "신자유주의적 위로, 치유문화," 〈문화과학〉, 69, pp.206∼213.
박성일 (2003). 〈90년대 이후 한국 TV다큐멘터리의 지식생산에 관한 연구: 다큐멘터리 〈미국〉을 중심으로〉. 연세대학교 대학원 석사 학위 논문.
박재흥 · 강수택 (2012). "한국의 세대 변화와 탈물질주의: 코호트 분석," 〈한국사회학〉, 46(4), pp.69∼95.
박정아 (2021). 〈한국 텔레비전 판타지 드라마의 재－주술화 연구: 〈아스달 연대기〉, 〈쓸쓸하고 찬란하神 도깨비〉, 〈시그널〉을 중심으로〉. 서강대학교 박사 학위 논문.
박진규 (2008). "미디어의 종교담론 생산과 그 정당화: TV 다큐멘터리 〈신의 길 인간의 길〉 사례를 중심으로," 〈한국방송학보〉, 22(6), pp.110∼148.
박진규 (2009). ""미디어, 종교, 그리고 문화": 미디어와 종교의 교차점 연구를 위한 새로운 접근방법," 〈한국언론학보〉, 53: 6, pp.309∼329.
박진규 (2011). "종교의 사회적 역할에 대한 저널리즘의 기대: 〈조선일보〉와 〈한겨레〉의 종교면 분석을 중심으로," 〈종교 문화비평〉, 19, pp.285∼329.
박진규 (2014). "큰 슬픔 속 시민 종교(civil religion)의 징후," 〈월드뷰〉, 6월호, pp.20∼22.
박진규 (2015). "매개된 종교와 사회 변화: 프란치스코 교황에 대한 언론의 반응을 중심으로," 〈한국언론정보학보〉, 70, pp.221∼245.
박진규 (2016). "'지저스웨거' 비와이 현상 읽기," 〈월드뷰〉, 11월호, pp.18∼23.
박진규 (2017). "대중문화 콘텐츠 속 초자연적 존재 판타지의 정치적 의미: 〈오 나의 귀신님〉과 〈싸우자 귀신아〉 사례를 중심으로," 〈한국콘텐츠학회논문지〉, 17(10), pp.492∼502.
박진규 (2020. 11. 16). "[미디에이티드 칼럼] 코로나 시대가 폭로한 한국교회의 '대중언어 리터러시,'" 〈뉴스앤조이〉. Retrieved from: https://www.newsnjoy.or.kr/news/articleView.html?idxno=301744
박진규 (2020. 9. 8). "교회의 '다름'을 생각한다," 〈한겨레〉, 25면.
박진규 (2020a). "(세속) 저널리즘에게 신천지와 개신교는 다른가? (혹은 달라야 하나?)," 한국언론학회 2020 가을철 정기학술대회, 2020. 10. 17. 온라인.
박진규 (2020b). "한국의 보수 개신교가 미디어를 바라보는 시각에 관한 연구," 〈언론정보연구〉, 57(1), pp.5∼43.

박진규 (2021). "한국 개신교인의 신앙/정치 성향별 유형화와 미디어 이용에 관한 연구," 〈신학연구〉, 78, pp.229~256.
박치완 (2005). "상상력의 힘과 현대 문명 비판," 〈비교문화연구〉, 9(1), pp.43~65.
서도원 · 하태현 (2021). "코로나19 상황에서의 신천지 보도에 대한 비판적 담론 분석," 〈언론과 사회〉, 29(3), pp.35~111.
손석희 (2021). 《장면들: 손석희의 저널리즘 에세이》. 창비.
송아름 (2013). "괴물의 변화: '문화세대'와 '한국형 좀비'의 탄생," 〈대중서사연구〉, 30호, pp.185~223.
송현 · 안관수 (2013). "자기 계발서 전성시대와 힐링 인문학," 〈디지털정책연구〉, 11(11), pp.783~793.
신승환 (2014. 8. 19), "[시론] 교황이 남긴 과제 '실천,'" 〈경향신문〉, 27면.
심보선 (2013). "힐링이라는 이름의 권력," 〈문학과 사회〉, 25(2), pp.249~261.
양희송 (2012). 《다시, 프로테스탄트: 한국교회 우리는 지금 어디에 서 있는가》. 복있는사람.
엠브레인 (2020). "흔들리는 종교의 위상, 종교의 필요성과 역할에 의문을 제기하는 사람들 많아져." Retrieved from https://www.trendmonitor.co.kr/tmweb/trend/allTrend/detail.do?bIdx=1949&code=0404&trendType=CKOREA
이석범 (2016). 《제주 신화1: 제주의 신화, 전설, 민담》. 살림.
이영주 (2014). "문화와 정치: 힐링화된 진보정치에 대한 비판적 소고," 〈문화와 정치〉, 1(1), pp.105~127.
이오현 (2005). "텔레비전 다큐멘터리 프로그램의 생산 과정에 대한 민속지학적 연구: KBS 〈인물현대사〉의 인물선정과정을 중심으로," 〈언론과 사회〉, 13권 2호, pp.117~156.
이원규 (2006). 《종교사회학의 이해》. 나남.
이원석 (2014). "'힐링의 쌍두마차' 혜민 vs. 법륜, 숨은 차이는 이것?," 〈사람 매거진 나들〉, https://www.hani.co.kr/arti/society/society_general/622172.html
이정훈 (2021. 12. 9). "코로나로 불평등 가속… 상위10% 자산, 하위 50%의 190배," 〈한겨레〉, 8면.
이필원 · 박성식 (2013). "명상프로그램 관련 국내 연구 논문 경향 분석1," 〈선학〉, 35, pp.117~143.
이희은 (2011). "텔레비전 버라이어티쇼의 사적인 이야기 서술," 〈언론과 사회〉, 19(2), pp.2~48.
장하나 (2016). 〈좀비 서사의 스토리텔링 연구: 소설, 웹툰, TV 드라마를 중심으로〉. 단국대학교 석사 학위 논문.

장홍근 (2001). "여론매체에 비친 종교 문화: 1990년대 주요 일간지의 종교 관련 신문 기사 분석," 〈종교 문화연구〉, 3호, pp.109~136.
정민경 (2020. 2. 27). "1월까지도 '신천지' 홍보했던 동아 · 중앙일보," 〈미디어 오늘〉. Retrieved from: http://www.mediatoday.co.kr/news/articleView.html?idxno=205508
정승화 (2014). "치유적인 것은 정치적인가: 치유 문화에 대한 미국 페미니즘의 비판적 성찰을 중심으로," 〈페미니즘 연구〉, 14(1), pp.193~225.
정진홍 (2002). 《열림과 닫힘: 인문학적 상상을 통한 종교 문화 읽기》. 산처럼.
정진홍 (2012). "'힐링 현상'과 관련하여 생각하고 싶은 것: 인문학 또는 종교학적인 자리에서," 〈철학과 현실〉, 94, pp.74~88.
주은선 (2006). "한국에서의 심리 치료: 과거와 현재, 그리고 미래에 도전받는 과제들의 예비 탐색 연구," 〈한국심리학회지〉, 25(2), pp.103~120.
주창윤 (2013). 《허기사회: 한국인은 지금 어떤 마음이 고픈가》. 글항아리.
차성환 (2000). 《글로벌 시대 한국의 시민 종교》. 삼영사.
최소망 · 강승묵 (2012). "텔레비전 오디션 리얼리티 쇼의 서사구조 분석: 〈스타오디션 위대한 탄생〉과 〈슈퍼스타K2〉를 중심으로," 〈한국콘텐츠학회논문지〉, 12(6), pp.120~131.
최현주 (2010). "한국 신문 보도의 이념적 다양성에 대한 고찰: 6개 종합 일간지의 3개 주요 이슈에 대한 보도 성향 분석을 중심으로, 〈한국언론학보〉, 54권 3호, pp.399~426.
한국갤럽 (2021). 〈한국인의 종교 1984~2021〉 https://www.gallup.co.kr/gallupdb/reportContent.asp?seqNo=1208; https://www.gallup.co.kr/gallupdb/reportContent.asp?seqNo=1209
한국기독교사회 문제연구원 (2021). "2021 주요 사회 현안에 대한 개신교인 인식 조사 연구." Retrieved from: http://jpic.org/survey/?uid=1868&mod= document
한승훈 (2020. 2. 25). "중국에서 신천지까지," 〈한겨레〉, 26면.
혜민 (2012). 《멈추면, 비로소 보이는 것들》. 쌤앤파커스.

Althusser, Louis (1971). "Ideology and Ideological State Apparatuses (Notes Towards and Investigation)," In *Lenin and Philosophy and Other Essays*, London: New Left Books, pp.127~186.
Anderson, Benedict (1991). *Imagined Communities: Reflections on the Origin and Spread of Nationalism*. London, UK: Verso.
Bentzen, Jeanet S. (2019). "Acts of God? Religiosity and Natural Disasters Across

Subnational World Districts," *The Economic Journal*, 129(622), pp.2295～2321.

Berger, Arthur Asa (1997). *Narratives in Popular Culture, Media, and Everyday Life*. Thousand Oaks, CA: Sage.

Berger, Peter (1967). *The Sacred Canopy: Elements of a Sociological Theory of Religion*. Doubleday.

Chang, Kyung-Sup (1999). "Social Ramifications of South Korea's Economic Fall: Neo-liberal Antidote to Compressed Capitalist Industrialization?," *Journal of Asian Sociology*, 28(1), pp.49～91.

Cloud, Dana L. (1998). *Control and Consolation in American Culture and Politics: Rhetorics of Therapy*. Thousand Oaks, CA: Sage.

Davidson, Markus A. (2013). "Fiction-based Religion: Conceptualizing a New Category against History-based Religion and Fandom," *Culture and Religion*, 14(4), pp.378～395.

Davis, George B. (2011). *Oprah Theology: A Comparative Analysis of Oprah Winfrey's Worldview of Christianity and Biblical Christianity*. Bloomington, IN: Crossbooks.

Dawkins, Richard (2006). *The God Delusion*. [이한음 옮김. 《만들어진 신》. 김영사. 2007].

Dayan, Daniel & Katz, Elihu (1992). *Media Events: The Live Broadcasting of History*. Cambridge, MA: Harvard University Press

Dégh, Linda (2001). *Legend and Belief: Dialectics of Folklore Genre*. Indiana University Press.

Dewey, John (1934). *A Common Faith*. Yale.

Donzelot, Jacque (1979). *The Policing of Families*. New York: Pantheon.

Edgar, Andrew & Sedgwick, Peter (1999). *Key Concepts in Cultural Theory*. London, UK: Routledge.

Eagleton, Terry (2010). *Reason, Faith, and Revolution: Reflections on the God Debate*. Yale University Press. [강주헌 옮김. 《신을 옹호하다: 마르크스주의자의 무신론 비판》. 모멘토. 2010].

Forbes, Bruce David (2000). Introduction: Finding Religion in Unexpected Places. In Bruce David Forbes & Jeffrey H. Mahan (Eds.). *Religion and Popular Culture in America*. University of California Press. pp.1～18.

Furedi, Frank (2004). *Therapy Culture: Cultivating Vulnerability in an Uncertain*

Age. London, UK: Yale University Press.

Glock, Charles Y. & Stark, Rodney (1965). *Religion and Society in Tension*. Chicago, IL: Rand McNally.

Gramsci, Antonio (1971). *Selections from the Prison Notebooks*. New York: International Publishers.

Gross, Paul (1977). "Television as a Trojan Horse," *School Media Quarterly*, Spring, pp.175~180.

Herman, Edward S. & Chomsky, Noam (1988). *Manufacturing Consent: The Political Economy of the Mass Media*. New York: Pantheon Books.

Hitchens, Christopher (2007). *God is Not Great*. [김승욱 옮김. 《신은 위대하지 않다》. 알마. 2008].

Holyoake, George J. (1896). *English Secularism: A Confession of Belief*. Chicago, IL: Open Court Publishing.

Hoover, Stewart (1998). *Religion in the News: Faith and Journalism in American Public Discourse*. Thousand Oaks, CA: Sage.

Hoover, Stewart (2006). *Religion in the Media Age*. Routledge.

Hoover, Stewart (2012). "Religion, the Media, and 9/11," In Gordon Lynch, Jolyon Mitchell, and Anna Strhan (Eds.), *Religion, Media and Culture: A Reader*. New York: Routledge, pp.75~88.

Hoover, Stewart (2014, January). "Media in the Global Imaginary of Religion. Address delivered at the Opening Plenary of the Conference on *Media and Religion: The Global View*," Boulder, CO.

Horsfield, Peter (2015). *From Jesus to the Internet: A History of Christianity and Media*. West Sussex, UK: Wiley Blackwell.

Hume, Janice (2000). *Obituaries in American Culture*. Jackson, MS: University Press of Mississippi.

Hwang, Sun-Jae (2015). "Long-Term Implications of Neoliberal Restructuring and Rising Inequality: South Korea After the 1997 Asian Financial Crisis," *Korean Journal of Sociology*, 49(3), pp.97~120.

Illouz, Eva (2008). *Saving the Modern Soul: Therapy, Emotions, and the Culture of Self-Help*. Berkeley, CA: University of California Press.

Jenkins, H., Peters-Lazaro, G., & Shresthova, S. (2020). "Popular Culture and the Civic Imagination: Foundations," In Henry Jenkins, Gabriel Peters-Lazaro, and Sangita Shresthova (Eds.), *Popular Culture and the Civic Imagination:*

Case Studies of Creative Social Change. NY: New York University Press. p.5.

Jindra, Michael (2000). "It's about Faith in our Future: Star Trek Fandom as Culturla Religion," In Bruce. D. Forbes and Jeffrey. H. Mahan (Eds.), *Religion and Popular Culture in America*. University of California Press, pp.165~179.

Juergensmeyer, Mark (1993). *The New Cold War? Religious Nationalism Confronts the Secular State*. Berkeley, CA: University of California Press.

Kesley, Morton T. (1973). *Healing and Christianity: In Ancient Thought and Modern Times*. New York: Harper & Row.

Kim, Sung Hae (2014). "Ecological Spirituality as the Theme of Buddhist-Christian Dialogue at the Seton Interreligious Research Center, Seoul, Korea," *Journal of Korean Religions*, 5(1), pp.71~79.

Kintz, Linda & Lesage, Julia (1998) (Eds.). *Media, Culture, and the Religious Right*. Minneapolis, MN: University of Minnesota Press.

Koehler, Robert (2013). *Religion in Korea: Harmony and Coexistence*. Honolulu, HI: University of Hawaii Press.

Koutsulkos, Christina (2016). *The Journalist: A Secular Priest*, A PhD thesis submitted to University of New Castle.

Koven, Mikel J. (2007). "Most Haunted and the Convergence of Traditional Belief and Popular Television," *Folklore*,118(2), pp.183~202.

Lasch, Christopher (1979). *The Culture of Narcissism: American Life in an Age of Diminishing Expectations*. New York: W.W. Norton & CO.

Lindlof, Thomas R. (1988). Media Audiences as Interpretive Communities, In J. A. Anderson (Ed.). *Communication Yearbook 11*. Newbury Park, GA: Sage. pp.81~107.

Lofton, Kathryn (2006). "Practicing Oprah: Or the Prescriptive Compulsion of a Spiritual Capitalism," *Journal of Popular Culture*, 39(4), pp.599~621.

Lowney, K S. (1999). *Baring Our Souls: TV Talk Shows and the Religion of Recovery*. Livingston, NJ: Transaction Publishers.

Marx, Karl (1964). *Selected Writings in Sociology & Social Philosophy*. New York: McGraw-Hill.

Meyer, Birgit (2009). From Imagined Communities to Aesthetic Formations: Religious Mediations, Sensational Forms, and Styles of Binding, In Birgit Meyer (Ed.), *Aesthetic Formations: Media, Religion, and the Senses*. Palgrave Macmillan. pp.1~28.

Nolan, James (1998). *The Therapeutic State: Justifying Government ad Century's End*. New York: New York University Press.

Nyhagen, Line (2017). The lived religion approach in the sociology of religion and its implications for secular feminist analyses of religion, *Social Compass*, 64(4), pp.495～511.

O'Dea, Thomas F. (1966). *The Sociology of Religion*. Englewood Cliffs, NJ: Presntice-Hall.

O'Dea, Thomas F. (1970). *Sociology and the Study of Religion: Theory, Research, Interpretation*. New York: Basic Books.

Park, Jin Kyu (2005). "Creating My Own Cultural and Spiritual Bubble: Case of Cultural Consumption by Spiritual Seeker Anime Fans," *Culture and Religion*, 6(3). pp.393～413.

Park, Jin Kyu (2011). What a Secular Society Expects from Religion?: Analysis of the Media's Representation of the Death of Religious Figures, Paper Presented at the Fifth Global Seminars in Media, Religion, and Culture, University of Hyderabad, India.

Park, Jin Kyu (2017). "Healed to Imagine: Healing Discourse in Korean Popular Culture and Its Politics," *Culture and Religion*, 17(4), pp.375～391.

Partridge, Christopher (2005). *The Re-enchantment of the West, Vol 2: Alternative Spiritualities, Sacralization, Popular Culture Occulture*, London: T&T Clark.

Peck, Janice (2008). *The Age of Oprah: Cultural Icon for the Neoliberal Era*. London: Routledge.

Polsky, Andrew (1991). *The Rise of the Therapeutic State. Princeton*. NJ: Princeton University Press.

Possamai, Adam (2005). *Religion and Popular Culture: A Hyper-Real Testament*. P.I.E-Peter Lang.

Roof, Wade C. (1992). *A Generation of Seekers*. San Francisco: HarperCollins.

Roof, Wade C. (1999). *Spiritual Marketplace: Baby Boomers and the Remaking American Religion*. Princeton, NJ: Princeton University Press.

Rosenthal, Michele (2002). "Turn it Off": TV Criticism in the Christian Century Magazine, 1946～1960. In Stewart Hoover & Lynn S. Clark (Eds.). *Practicing Religion in the Age of the Media: Explorations in Media, Religion, and Culture*. New York, NY: Columbia University Press. pp.138～162.

Schmalzbauer, John (2002). "Between Objectivity and Moral Vision: Catholics and Evangelicals in American Journalism," Stewart Hoover & Lynn S. Clark (Eds.). *Practicing Religion in the Media Age*. New York: Columbia University Press, pp.165~187.

Silverstone, Roger (1999). *Why Study the Media?* Sage. [김세은 옮김. 《왜 미디어를 연구하는가?》. 커뮤니케이션북스. 2009].

Skidelsky, Robert & Skidelsky, Edward (2012). *How much is enough?* [김병화 옮김. 《얼마나 있어야 충분한가》. 부키. 2013].

Smythe, Dallas W. (1981). *Dependency Road: Communications, Capitalism, Consciousness, and Canada*. Norwood, NJ: Ablex.

Taylor, Charles (2003). *Modern Social Imaginaries*. London, UK: Duke University Press. [이상길 옮김. 《근대의 사회적 상상》. 이음. 2010].

Till, Rupert (2010). "Pop stars and idolatry: an investigation of the worship of popular music icons, and the music of Prince," *Journal of Beliefs and Values*, 31(1), pp.69~80.

Tuchman, Gaye (1978). *Making News: A Study in the Construction of Reality*. New York: Free Press.

Turner, Victor (1977). "Variations on a theme of liminality," In Sally F. Moore & Barbara G. Meyerhoff (Eds.), *Secular Ritual*. Amsterdam: Van Goreum. pp.36~52.

Warren, Hillary (2001). "Southern Baptism as Audience and Public: A Cultural Analysis of the Disney Boycott," In D. A. Stout & J. M. Buddenbaum (Eds.). *Religion and Popular Culture: Studies on the Interaction of Worldviews*. Ames, IO: Iowa State University Press, pp.169~186.

Weatherhead, Lesley D. (2007). *Psychology, Religion, and Healing*. Stewart Press.

Wilkinson, Lain (2005). *Suffering: A Sociological Introduction*. Cambridge: Polity Press.

Williams, J. Paul (1962). "The Nature of Religion," *Journal for the Scientific Study of Religion* 2(1), pp.3~14.

Wright, Katie (2008). "Theorizing Therapeutic Culture: Past Influences, Future Directions," *Journal of Sociology*, 44(4), pp.321~336.

Wuthnow, Robert (1992). *Rediscovering the Sacred: Perspectives on Religion in Contemporary Society*, William B. Eerdmans.

Yoon, Sunny (2014). "Asian Modernization and Mediatization of Religion," *Journal*

for the Study of Religions and Ideologies, 39, pp.68～90.
Zuckerman, Phil (2014). *Living the Secular Life: New Answers to Old Questions*. [박윤정 옮김. 《종교 없는 삶》. 판미동. 2018].

http://www.ikpec.or.kr/sub/sub_0101.asp
https://www.pewresearch.org/global/2021/11/18/what-makes-life-meaningful-views-from-17-advanced-economies/pg_11-18-21_meaning-of-life_0_2/

찾아보기

가톨릭　21~22, 32, 38, 56, 91, 97~100, 102, 104, 139~140, 153, 157~158, 208, 227
개신교　16, 21~22, 32, 38, 46, 54~58, 60~62, 65, 70~78, 90~91, 97~100, 102, 104~106, 108~112, 118~135, 139~140, 144, 156~157, 168~172, 174~175, 208, 217, 234~237, 241
객관성　11, 60, 94~95
계열체 분석　142, 145, 147, 149
공공성　73, 120, 237
광장 정치　235, 238
권력화　102~103, 109~110
근대성 modernity　37, 93, 224, 229
기대　13~14, 18, 21, 25, 61, 73, 75, 78~79, 84~85, 96, 103, 113~114, 132, 135~136, 138~139, 141, 149~153, 156~157, 159~160, 163,~164, 168, 174~175, 177, 218, 229, 233~241, 243~244, 247, 250~252
기성 종교　61, 65, 67, 88, 97, 105, 180, 216
김수환 추기경　140, 241

〈나는 신이다: 신이 배신한 사람들〉　9~10
납량특집극　191
내러티브 narrative　123, 129~130, 137, 141~144, 147, 167, 176~177, 181~182, 186, 188, 195~196, 198~199, 201, 203, 220~221, 239, 245

〈다수의 수다〉　91
다른 세상　244~245, 247~249
다원주의　59~60, 93~94, 108~110, 112, 138, 235~236
대안성　102~103, 149, 151, 153, 156~157, 168, 175, 177, 244
대안적 가치　148~149, 151, 162, 164~165, 167, 176~177, 227, 242~244, 248~250, 252
대중 언어 리터러시　73~74

대중 종교 popular religion 188~189, 191
도킨스, 리처드 Dawkins, Richard 19~20, 35, 227
듀이, 존 Dewey, John 39

루소, 장자크 Rousseau, Jean-Jacques 81
리미널리티 liminality 158, 175

마르크스, 칼 Marx, Karl 36, 220, 227
마이어, 비르기트 Meycr, Birgit 44
매개 medation 44~48, 52, 56, 70, 72, 74, 82, 84, 105, 113, 136, 156~157, 159~160, 167~168, 174, 200~201, 230, 232, 251
매개 종교 mediated religion 12, 21, 24, 27, 43~45, 47~48, 56, 75, 80, 85, 113, 116, 131, 134~135, 138, 156, 206, 213, 216~218, 224~225, 227, 229~230, 233, 237, 239~241, 243~244, 251~253
《멈추면 비로소 보이는 것들》 208, 214
멈춤의 영성 220~222
문화 전쟁 culture war 131
물질주의/물질 만능주의 101~104, 148~149, 164~165, 167~168, 174, 176~177, 222~224, 226, 228, 234, 241~242, 246~247, 249~250
미디어관 117~119, 121, 123~125, 127, 129~131, 133~135
미디어 리터러시 46~47
미디어와 종교 10~14, 22~25, 30, 32, 37, 42~45, 49, 53, 56, 79, 83, 117, 180, 182, 185, 203, 206~207, 225, 232, 244, 252
미디어 이벤트 media event 53, 82
미디어화 mediatization 218

반개신교 정서 169, 174, 241
버거, 피터 Berger, Peter 41~42
법정 스님 140, 241
보수 개신교 74, 106, 112, 118~123, 127, 130~135
복음주의 119~120, 140
불교 21~22, 28, 32, 38, 56, 72, 91, 97~102, 104, 125, 137, 140, 213~215
비와이 25, 153, 156~157, 168~176, 241
빙의 191~192, 196, 200~201

사이비 종교 9, 32, 61
사회 변화 36, 150~153, 175~177, 186, 191, 206, 210, 216, 220, 224~230, 239, 244, 247~249, 251, 253
사회 참여 101~104, 120, 142~145, 148, 163, 166, 238~239
사회적 고통 social suffering 218~220
살아내는 종교 lived religion 38~40
상상/상상력 13, 25, 45, 46, 196, 223~227, 229~231, 242~244, 248~253
상징의 창고 symbolic inventory 48, 223
세속 사제 secular priesthood 51, 82, 84, 182
세속 사회 10, 12~13, 17~18, 20~21, 25, 32, 34, 37, 49, 61~62, 67, 71~75, 81, 85, 89~91, 103, 114, 117, 122, 125, 130, 132, 135~136, 138~139, 141, 145, 147, 149~151, 156~159, 163, 165, 168, 172, 174~175, 177, 185, 218, 232~237, 240~241, 243~244, 247, 249~250
세속성 secularity 13, 31, 37, 58~59, 72, 75, 93~96, 108, 112, 114, 134~135, 139, 141, 233, 236, 240, 249~250
세속 저널리즘 57~58, 61~62, 64, 66,

68~69, 74~75, 78, 94, 139, 141, 148~149
세속주의 secularism 57~61, 67, 72, 135, 233~234
세속화 secularization 12, 20, 33, 37, 59
세월호 참사 24, 49, 53, 66, 84, 158, 166
시민 종교 civil religion 81~82
시민적 상상 civic imagination 248
〈신의 길 인간의 길〉 92, 105~108, 112, 123, 152, 235
신자유주의 143, 152, 167, 190~191, 202, 209, 211~212, 214, 220~221, 223~226, 249
신천지예수교증거장막성전 / 신천지 16, 54~58, 61~69, 74, 236
신화 81, 105, 140~143, 145~152, 163, 175, 191, 239, 242~243
신화 분석 142, 151, 163, 175
신흥 종교 16, 23, 54, 61~67, 181, 187
실버스톤, 로저 Silverstone, Roger 43
〈싸우자 귀신아〉 47, 191~195, 197~201

악귀 191~193, 197~200
안티기독교 122, 124, 129~130
엔터테인먼트 49, 89~90, 122, 211, 233
역설적 기대 paradoxical expectation 85, 114, 233
영적 가치 167~168, 185, 240, 242
영적 전쟁 spiritual warfare 131~132
〈오 나의 귀신님〉 47, 191~201
〈오프라 윈프리 쇼〉 207, 211
옥한흠 목사 140
우드나우, 로버트 Wuthnow, Robert 37~38, 42
윌리엄스, J. P. Williams, J. P. 40
예기치 않던 곳 unexpected places 20, 41
의미 생산 meaning making 42, 48
이글턴, 테리 Eagleton, Terry 35~37, 227~228
이단 61~62, 65~66
이원규 30
이항 대립 146~147, 161~162, 167~168, 200, 239
일상성 158, 200~201

자기 계발 190~191, 194, 202, 208, 212, 221
자유-다원주의 59~60, 110, 112, 139
재난 24, 49, 51~56, 66~67, 79~80, 82~84, 180
재현 representation 23, 43, 45~46, 54, 74~75, 91, 116, 126, 141, 149, 156, 158, 163, 182, 186~187, 190~191, 195~196, 200, 202~203, 235~236, 239
저널리즘 25, 41, 48, 53, 56~62, 64, 66, 68~70, 72~75, 78, 83, 85, 87, 89, 92~97, 99, 101, 103~112, 122, 138~142, 147~153, 161~162, 167, 176, 230, 233~236, 238, 242
전문직주의 93, 112, 139
전문직 규범 93, 105, 110~111
정교분리 34, 59, 81, 163
정신적 가치 162, 164, 168, 240
정진홍 29, 217
정체성 정치 identity politics 132
제도 종교 organized religion/institutional religion 19~21, 25, 32~42, 45~49, 53~56, 59, 61~62, 72~75, 78~81, 84~85, 89, 97, 104, 110, 113, 116, 131, 133, 140, 144, 156~158, 163, 165, 180~183, 185, 187~188, 203, 208, 216~218, 224, 227, 232~234, 236~237, 250~253

젱킨스, 헨리 Jenkins, Henry 248
종교적인 것 the religious 21, 37, 39~40, 47, 97, 178, 180, 182~183, 185~187, 203, 233, 251~252
종교 미디어 22, 41, 54, 58, 95
종교 시장 religious market 139
종교 영웅 137, 140, 142~153, 163, 175, 239, 242~243
종교의 사회적 역할 13, 18, 20, 25, 84, 88, 101, 103, 114, 176, 218, 241
종교 보도 58, 60~62, 64, 68~69, 73, 92~96, 126, 139, 152
종말론적 절망 245
주류적 가치 151, 244
주커먼, 필 Zuckerman, Phil 19~20, 31, 37
중립성 60, 94
지저스웨거 168~169
〈지옥〉 90, 180~181
짝패 145, 147, 149

초자연성 25, 30, 180~183, 185~189, 193~196, 199~203
초월성 10, 25, 35, 172, 183, 185~186, 203

코로나 팬데믹 18, 24, 49, 56, 79, 84

타자화 63~64, 66~69
탈물질주의 177, 223~224, 226, 241~242, 249
테일러, 찰스 Taylor, Charles 229
통합체 분석 142, 144, 147
퇴마 191~192, 194, 196~201

판타지 182, 186~189, 194, 199~203
포사마이, 애덤 Possamai, Adam 187, 189, 194
푸코, 미셸 Foucault, Michel 210~211
프란치스코 교황 Pope Francis 25, 153, 156~159, 163, 166~167, 174~176, 241~243

한국교회언론회 106, 121~125, 127, 129
해독 공동체 interpretive community 117, 133
현상 유지 status quo 206~207, 211
혜민 스님 208, 213~215, 220~222, 224
호스필드, 피터 Horsfield, Peter 46
홀리오크, 조지 Holyoake, George J. 58
후버, 스튜어트 Hoover, Stewart M. 11, 14, 42, 45, 48, 92~93, 113
히친스, 크리스토퍼 Hitchens, Christopher E. 19~20, 35, 227
힐링 223, 225~226
힐링 담론 25, 178, 182, 203, 209, 217~222, 224, 226
힐링 문화 205~213, 215~220, 224~226, 242~243, 249
힐링 열풍 206, 209, 213, 225~226
〈힐링캠프〉 208~209